伊藤博

したのは誰なのか

安重根と

真犯人

大野芳

二見書房

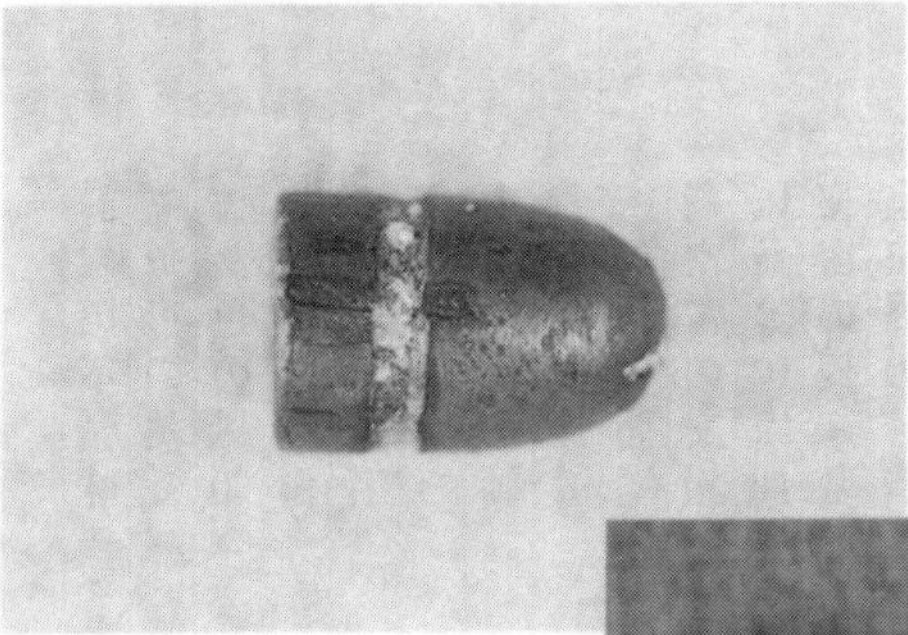
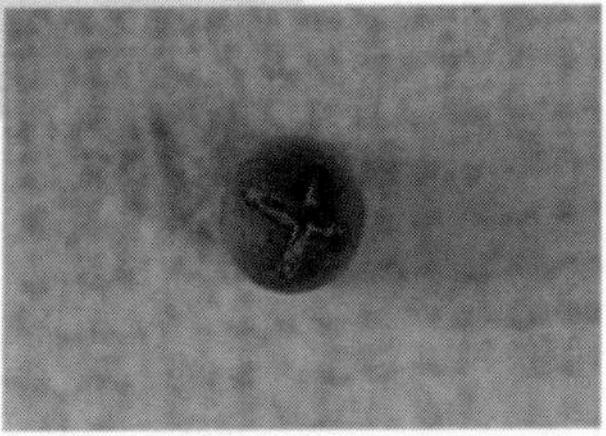
安重根が発射したとされる弾丸（憲政記念館所蔵）

死刑直前の安重根

ブックデザイン　ヤマシタツトム
編集　幣旗愛子
DTP　片野吉晶

※本文中の鉤括弧は原則として、典拠がある引用については二重鉤括弧、通常の会話文および強調部分には一重鉤括弧を使っております。

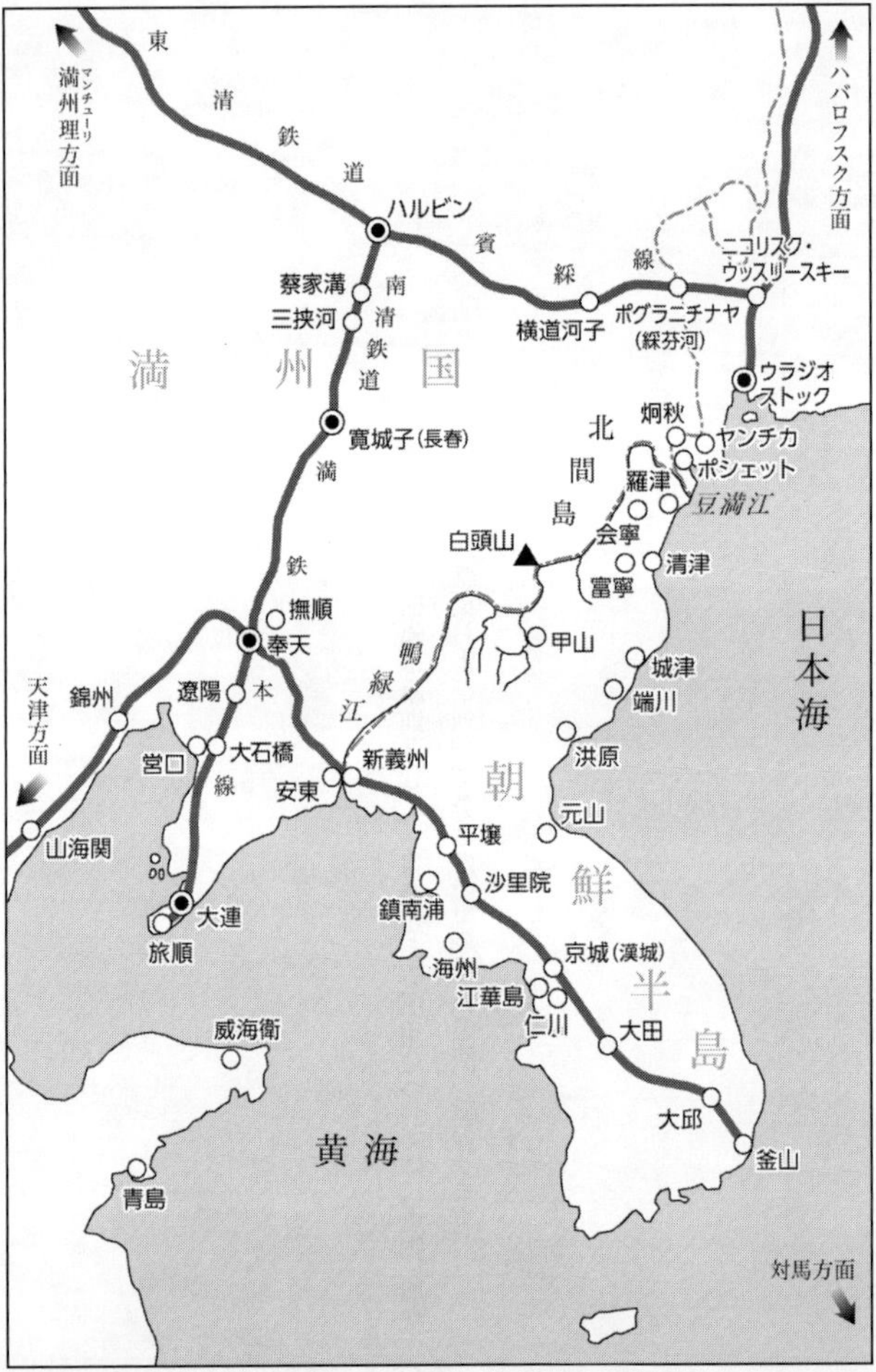

伊藤博文暗殺当時の朝鮮半島と満州国の概要図

プロローグ

夕食の買物をしていたH夫人の目に、『平成の遣唐使』の文字が飛び込んだ。サブタイトルに『日中国交正常化三十周年特別企画』と銘打ってある。三十年前といえば、彼女は、生まれたばかりであった。

真っ青な空に浮かび上がる積み木のような万里の長城が旅情を誘う。

「行ってみたい」

H夫人は、咄嗟《とっさ》に旅行パンフレットに手を伸ばした。

去年の夏、H家では、やっと独り歩きができるようになった長女をつれて北海道旅行をした。グズる娘に振り回されたけど、楽しかった。そんな家族旅行も、当分はお預けである。彼女は、ふたり目を身ごもっていた。出産予定は、四カ月後の十月である。

その日、H夫妻にとって、五回目の結婚記念日だった。妻は、近所でも人気の高い『レリッシュプレイン』で苺のショートケーキを買うと、その夕刻、ささやかに三人で祝った。

H氏は、妻が持ち帰ったパンフレットを何気なく見た。ページを繰っていると、『大連・ハルピン《ママ》・長春・瀋陽五日間』のスケジュール表が現れた。

H氏は、閃いた。


夜十時、部屋のチャイムが鳴った。

「誰だろう」と、わたしは訝《いぶか》りながらドアを開けた。

税理士のH氏であった。同じビルの部屋を事務所にしている。

「これ、何か参考になるのではないかと思って」と、旅行パンフレットを出し、「今日、わたしたちの結婚記念日ですので、ほんのおすそ分けです。とても美味しいケーキ屋さんなんです」と、皿に盛りつけ、ラップをかけたショートケーキを差し入れてくれた。

「お茶でもどうですか」と、わたしは誘った。

「いえ、いま決算期を控えておりますので」と、H氏は辞退した。

H氏には、パソコンのデータベースでお世話になっている。わたしも一台持っていた。ずいぶんと努力をしたつもりだったが、使いこなせずに粗大ゴミとして捨てた。パソコンには、恨みこそあれ感謝した試しがなかった。しかしH氏は、大小さまざまな機材を備えつけ、自家薬籠中の物としていた。

数日前、わたしは、ハルビンの最新情報を得ようと相談に伺った。生憎と求める情報はなかった。H氏は、それを気にかけてくれていたのだった。

パンフレットには、ピンクの付箋《ふせん》があった。

東京―大連―ハルビン―東京。わたしが歴史の海を彷徨《さまよ》っていた地域である。

全日空機成田発一〇時三五分で、大連着が一二時三五分である。時差の一時間を加えて三時間の空の旅だ。いまから九十三年前、伊藤博文は、汽車と船を乗り継ぎ、片道だけで四日をかけて移動した。まさに隔世の感ありである。

旅行パンフレットでは、大連から空路一時間二十分でハルビンに到着する。旅は、ハルビンを起点として鉄道で四時間三十分で長春に戻る恰好だ。つい先日、北朝鮮人家族の亡命騒ぎで注目された瀋陽を除けば、一度は訪れたかったコースである。

機会がなかったわけではなかった。友人と計画を立て、飛行機で上海に入り、ハルビン間を汽車で二週間かけて往復する予定でいた。ところがお互いのスケジュール調整がつかなかったのと、中国側の手続きがあまりにも厄介だったこともあって中止した。

かつて伊藤は、この旧東清鉄道沿線の風景を眺めることなく、柩に納まって帰ってきた。無停車の特別列車で六時間ほどかかった。

後日、わたしは、この旅行を企画した全日空ワールドに電話をかけた。

気まぐれではない。この五日間のコースであれば、わたしも可能だったからだ。

電話に出たのは、中国担当のK氏であった。入社八年になるベテランである。

「このコースの企画は、四年前、一九九八年に立ち上げました。全日空が中国の三都市から八都市に飛行便を拡大した年です。昔、中国東北地方には、大勢の日本人が住んでおられました。そうした方々のご希望がありましたので、ご自分が生活しておられた場所を確認する旅を企画したわけです。最初は、体験者が多かったのですが、いまでは次世代、親から聞かされたお話を旅する方が増えております」

「ハルビン駅で伊藤博文が安重根《あんじゅうこん》に撃たれた歴史をご存じでしたか」

わたしは、訊いた。

「知ってはおりましたが、教科書に載っている程度の知識しかありません」

「ハルビンでは、どういったところを観光するのですか」

「歴史的な建物、たとえばヤマトホテルとか満鉄ビル、日本総領事館といったものが当時のまま残っておりますから、それを中心にご案内しております」

「他にはありませんか？」

「七三一部隊が記念館になっていたり、旧日本軍の憲兵隊司令部が東北歴史博物館になっておりまして、旧日本軍の残虐行為が展示されております。が、ご希望の方にしかご案内しておりません」

「なぜですか？」

「いきなりそれを見せられますと、日本人には辛いものがありますから」

「やっぱり、辛いですか……」

「辛いですね」

K氏は、率直に言った。

そう。辛いものがある。中国、韓国などアジア諸国から教科書問題や歴史認識の欠如を指摘されるたびに、日本人はシュンと萎縮してしまう。決して欧米列強が侵略した時代をあげつらって抗弁したりはしない。これを自虐的というひともいるが、わたしは多くの異民族が流れ着いた島国で、なんとか共存してきた日本人の特性だと思う。

ひとつ日本で例外があるとすれば、ヒロシマとナガサキであろう。毎年、原爆投下の日には、世界平和の記念式典を行っている。あくまでも「平和式典」である。何年か前、アメリカで原爆展を開催しようとしたら、アメリカ人の間で反対運動が起きた。彼らは、原爆投下は戦争を長期化させないための手段であったと抗弁する。こじつけだろうが、それもまた、歴史認識の違いで片付けられている。

天皇が公式に英国を訪問されたことがあった。その歓迎のパレードで、東南アジアで捕虜にされ、虐待を受けた旧英国軍人が抗議した。彼らが、なにゆえに東南アジアに駐屯していたか。その歴史を省みることなく、捕虜虐待のみをあげつらっている。

いや、多くを語る資格は、日本人にはないのかもしれない。日本人は、彼らの歴史を見倣ってきたからだ。欧米の言語を公用言語として使っている国々を見てみるが良い。彼らが好んで異国の言葉を使いはじめたとは、到底、考えられない。そんな侵略者を追い出して、アジアはひとつに纏まるべきだという大義名分も、いまや色あせて口外もできない。二百年前までの侵略は許されても、百年前のそれは極悪非道の行為と非難されるからだ。だが、当時を知ることは無意味ではなかろう。

ハルビン駅で起きた伊藤博文の暗殺事件もまた、同じである。

今、韓国の二大英雄は、李舜臣《りしゅんしん》と安重根である。ともに日本を相手に勇猛果敢に戦った歴史的人物だ。ソウル市内に屹立する南山中腹には、安重根義士記念館がある。ウィークデーでも、見学者があとを絶たない人気ぶりである。

日本人の中にも、安重根を尊敬するひとが多い。

なぜだろうか。

安重根義士記念館には、一枚の絵の拡大写真が飾ってある。阿鼻叫喚のなかを、片膝をついた安がロシアの官憲に捕えられた様子が描かれている。

明治四十二年（一九〇九年）十月二十六日、午前九時半過ぎ、事件は、伊藤を歓迎するハルビン駅頭で起きた。そして三十分後、伊藤は死に、安は死刑となった。

わたしの知識も、この程度であった。ところが——。

昭和四十五年（一九七〇年）ごろのことである。

わたしは、I・R氏なる六十歳半ばの経歴不明の人物と関わりをもった。知り合う経緯を説明すれば長くなるので省略するが、夏でも長袖シャツを着、決して素肌を見せなかった。たまたま台東区下谷の自宅に訪ねたとき、彼は、白地に紺の縦縞の浴衣を着流しにしており、はだけた胸から肩にかけて入れ墨がちらりと見えた。おそらく背中にも彫っているのだろうと想像した。そういえば戦前、吉原の大門に立ちふさがり、大刀をふりまわして警察を相手に大立ち回りした、と彼から聞かされたことがある。誰かを匿《かくま》うためだと言ったが、誰だったか。

またそのころ、朴正熙《パクチョンヒ》韓国大統領と直通電話で話せる、とも聞いた。

「タカちゃん、Rさんと呼び合う仲だ」と。

ちなみに朴大統領の日本名は、高木正雄。満州の軍官学校から陸士五十七期に内地《ないち》留学し、昭和十七年から十九年までの二年間を日本で過ごしている。朴大統領の姉が結婚して東京都の下谷あたりに住んでいたらしいから、その時代の交流だったのだろうか。とにかくI・R氏は、ときには院外団、ときには任侠と、裏の世界に通じていた。

そのI・R氏から――。

「伊藤博文は、ハルビン駅二階のレストラン従業員の更衣室から、フランス製の騎馬銃で撃たれたんだぞ。真犯人は、安重根ではない」と、聞かされた。

不謹慎と思われるかもしれないが、わたしは、これを面白いと受け止めた。

当時、わたしは創刊準備号から数年のあいだ、『週刊ポスト』誌の記者をしていた。政界、外交、そして右翼の黒幕といった人脈をネタ元に記事を書いていたが、そのI・R氏は、右翼の系列から紹介された。

情報のウラを取ろうと、わたしは、元憲兵大尉だった月刊誌編集者T氏（当時は、まだこうした経歴の編集者が現役で働いていた）に相談して、I・R氏の後ろだてと思われる小《こ》日向白朗《ひなたはくろう》氏を訪ねた。もちろん、I・R氏が小日向氏の名前を明かしたわけではない。結論を急げば、情報源は小日向氏のようであった。

「わしが中国人から聞いた話では、騎馬銃で撃った。それがハルビン駅の二階のレストラン従業員の着替え室からだ、と」

小平市の自宅で、小日向氏は言った。当時、七十歳ぐらいだっただろうか。

この証言は、I・R氏の話と符合した。

小日向氏は、知るひとぞ知る満州馬賊の頭目をしていた人物だ。作家朽木寒三が小日向氏をモデルに『馬賊戦記』（番町書房刊）を書いているが、大正五年から敗戦にいたる混乱の中国大陸を、縦横無尽に駆け回っていた大陸浪人である。気宇壮大な話をどこまで信じて良いのかわからないが、彼が率いた馬賊と国民党軍だか八路軍だかの幹部と一緒に撮った写真では、常に最前列中央に坐っている。

いずれにせよ、当時、この事件を知る読者が少なかったために、この企画はポシャッた。

そして、わたしが『宮中某重大事件』（講談社刊）を執筆している最中の平成四年ごろ、偶然にも昭和四十六年五月に発行された『近代日本世相史』（全日本新聞連盟編纂／同連盟新聞時代社刊）の中に、元貴族院議員室田義文《よしあや》の証言を目にした。

伊藤博文狙撃の犯人安重根（三二）は露国官憲から日本側に引き渡され、関東都督府地方法院判事真鍋十蔵が事件を担当、明治四十三年二月七日、高等法院で審理の結果、安重根は死刑、連累者京城の煙草商禹連俊（三四）は懲役二《ママ》年、咸鏡南道洪原の洗濯屋曹《ママ》道先（三八）、元山の無職柳江露（一九）は懲役一年半に処せられた。

ところが公判廷における安重根の陳述と、伊藤博文はじめ随員の弾丸の当り場所に疑問があつたが、この疑問はのちに貴族院議員になつた室田義文が三十年後はじめてつぎのように真相を明らかにした。

伊藤公を狙撃した犯人が果して安重根であつたか、私はそこに大きな疑問をもつ、伊藤公の傷あとを調べると、弾丸はいずれも右肩から左下へ向つて走つている。もし、安重根が撃つた弾ならば、下から上へ走つてゆかねばならない。上から下に向つた弾道を見ると、これはどうしてもプラツトホームの上の食堂あたりから撃つたものと想像される。しかも弾丸を調べてみるとすべて十三連発の騎馬銃のもので、蔵相ココフツオフ伯があとで、その前夜騎馬銃をもつた韓国人を認めたといつているのと思い合わせると、安重根のほか意外のところに別の犯人がいるのではなかろうか、しかし当時、わが官憲はそんなことは日露国交に影響ありとして口止めしていた。

この『近代日本世相史』は、犯人の年齢を間違え、偽名をそのまま採用したりしているが、明治元年から昭和四十六年までの約百年間の新聞記事を年表にし、それぞれの主要な事件の裏話を網羅した編集が特徴である。わたしが忘れかけていたI・R氏らの証言は、その中で活字になっていたのである。わたしは、いつかは真相を突き止めなければならないと覚悟した。

そしてついに、この真相に迫る外交資料に突き当たった。

この事件は、外務省外交史料館のファイルに『伊藤公爵満州視察一件』として纏めてある。ところがそのファイルは、事件当日、外務省に宛てた「伊藤公遭難」の緊急電報から始まっている。つまり、伊藤訪満の準備段階が抜け落ちていたのである。

確かに暗殺事件は、突然に発生した。単純に考えるとそれで充分だろうが、暗殺者が無計画であろうはずがない。交渉の段階で情報が漏れ、その日程に従って行動しているはずなのである。わたしは、係官に頼んで目ぼしい資料を捜してもらった。

結果的に言えば、交渉を示す電報は見つからなかった。しかし、意外にも『要視察外国人の挙動関係雑篇（韓国人の部）』なる資料に辿り着いたのであった。

それは、明治四十二年十一月七日、つまり事件発生から十一日目に、韓国統監《とうかん》曾禰《そね》荒助《あらすけ》から総理大臣桂太郎宛に出された機密電報だった。文面に曰《いわ》く。

真の兇行担任者は、安重根の成功と共に逃亡したるものならんか。今、浦潮《ウラジオ》方面の消息に通ずる者の言ふ処に照し兇行首謀者及び兇行の任に当りたる疑ある者を挙れば、左の数人なるべきか。

真の凶行担任者は、逃げたものだろうという。そして二十五名の容疑者名が挙げられ、それぞれ簡単な略歴が記してあった。

『真の兇行担任者は、安重根の成功と共に逃亡したるものならんか』

すなわち、犯人複数説を窺わせるものだ。この情報を提供したのは、当時韓国政府に派遣されていた参与官松井茂である。松井は、日本の警務を統括する内務省の高級官僚でもあった。その松井から曾禰、桂へと伝えられた。当然に、外務大臣小村壽太郎のもとへも――。

桂首相は、事件に複数の人間が関わっていたのを知っていた。

だが、その外交情報は、完全に無視されたのである。

なぜなのだ。伊藤が死んだあの明治四十二年前後、日本、韓国、中国東北部、ロシア極東にまたがる地域で、いったい何があったのか。

ときあたかも韓国併合の前年である。いや、併合を早める結果を招いた重大事件でさえある。以来三十五年間、列強認知のもとに日本が韓国を統治するのである。いったい誰が何を目的に蠢《うごめ》いていたのか。

国権の回復か、それとも覇権の確立か。危ない綱渡り外交に身を委ねた韓国をめぐる陰謀と策略は、安重根の快挙の前に、今も漆黒の闇に包まれている。だが、伊藤暗殺事件をめぐっては、政治の闇に光を当てる秘密のキーワードがいくつか消し去られてきた。それらを辿っていくと、意外な日韓併合の暗闘が白日の下に晒《さら》されるのである。

まずは、事件を暗示させる序曲から入ろう。

第一章

静寂の不気味

伊藤暗殺事件は、あたかも日本が強引に韓国を統治し、その圧政に耐えかねた排日派韓国人によって起こされたかに見える。だが、東アジアにおけるもう一つの勢力であったロシアが、微妙にからんでくるのを見落としてはならない。むしろ事件発生のきっかけは、日露の関係が主体であった。

ふりかえって朝鮮半島をめぐる日本と清国、そしてロシアとの関係を見ておこう。これが後の日韓関係を、正直に物語ってくれるはずである。

半島の覇者李氏朝鮮王朝は、一三九二年に高麗王朝を倒して建国以来、明から清に移行した隣国に朝貢《ちょうこう》・服従して外国の侵略に対して充分な備えをしてこなかった。一朝ことあらば、宗主国清が助けにきてくれる、という関係である。ところが一八四二年、その宗主国がイギリスとの阿片戦争に敗れ、香港を開放したのである。

それ以前、国後島に寄港したロシア艦のゴローニン艦長を逮捕したり、アメリカ艦とイギリス艦が浦賀に来訪して開国を迫られていた日本にとっては、清国の敗北によりロシアに対して「丸裸」となった朝鮮半島の命運が焦眉の急となった。詳細な経緯は省くが、こうした背景から幕末のころ、日本国内で『征韓論』が深刻に取り沙汰された。

攘夷思想の吉田松陰は朝鮮・満州を取ると主張し、幕府の少壮学者橋本左内はこれらを併合して国の独立を守る、と。幕府の重鎮勝海舟は欧米と対抗するためにアジア各国が海軍力を増強し、まずは朝鮮に修好を求めて、承諾しなかったら征服する、とした。これが欧米侵食の外圧を意識した『征韓論』の起こりである。

その後日本は、安政五カ国条約によってイギリス、アメリカ、フランス、オランダ、そしてロシアと修好を結んだが、依然としてロシアの脅威は拭えなかった。やがて日本は、明治維新を迎える。

さて、朝鮮をどうするのか。明治元年（一八六八年）、新政府は、王政復古を朝鮮に通告し、中絶していた旧交を温めようとしたが、書契《しょけい》（注・書式）が異なるという理由をもって拒絶され、明治六年の西郷隆盛ら参議の下野する事件にまで発展した。そして『征韓論』が国運を左右するに至った。

明治八年（一八七五年）、日本の軍艦は、朝鮮首都漢城（注・後の京城）の入口に位置する江華島を武力制圧し、李氏高宗を国王とした閔《ミン》氏政権を成立させた。翌年、日朝修好条規を締結し、ここに朝鮮を独立国として認めるに至った。のちに伊藤博文が「朝鮮を世界で初めて独立国として認めたのは、日本である」と言ったのがこれである。

さらに明治十五年、壬午《じんご》の軍乱などが朝鮮国内に起こり、やがて親日的政権をめざす甲《こう》申《しん》政変の失敗と続いて、朝鮮の宗主国として残ったのが清国であった。しかし朝鮮は、ロシアとも陰で友好関係をむすび、明治二十七年（一八九四年）の甲午東学党《こうごとうがくとう》の乱へと移行する。この東学党の乱については後述するが、これを制圧するために朝鮮に派遣した清国軍と日本軍とが、制圧後に全面衝突した。これが日清戦争である。

イギリスに服従したとはいえ、清国は、東洋随一の海軍力を誇っていた。それが新興勢力日本に敗れた。清国与《くみ》しやすしと見たロシアは、ふたたび日本に対してドイツ、フランスとともに「三国干渉」を行い、清国から得た遼東《りょうとう》半島を日本に放棄させ、清と朝鮮両国への影響度を増した。このあたりも後述することになる。

明治三十年（一八九七年）、朝鮮は、大韓帝国と改名した。日本とロシアが軍隊を派遣し、韓国を共同警備した。これを機に欧米による清国の蚕食《さんしょく》が始まった。そして日露は、韓国内における経済活動を日本へゆずるかわりに、遼東半島におけるロシアの租借を黙認する秘密協定を締結。日本は、韓国の鉄道敷設に着手した。

ここでいったん、日露の蜜月が続くかに見えたが、ロシアの南下政策は衰えるどころか、南満州、韓国へも侵出してきたのである。

明治三十四年（一九〇一年）十二月、日露協商会議の席で日本は、脅威となるロシア軍を長春以北に撤退させ、韓国への介入をやめるよう要求した。これに対してロシアは、韓国に北緯三十八度で線を引き、南北を日露で分割する案をだした。同会議は、不成立。

その年十二月、伊藤博文は、ロシアを説得するために首都サンクト・ペテルブルグを訪れた。ロシア側の強硬な態度で交渉が決裂。その足でイギリスへ回った伊藤は、日英同盟を締結した。

そして明治三十七年二月、日露戦争に突入。翌三十八年九月、連戦連勝の戦果をひっさげた日本は、アメリカのポーツマスにおいてロシアとの講和条約を締結。こうして韓国は、完全に日本の勢力下におかれ、欧米の認めるところとなった。

日本は、韓国を統治する統監府を京城に置き、初代統監伊藤博文が乗り込んだ。そのとき政界の頂点にいた伊藤は、日本の皇室と韓国皇室との融和が両国の運命を担うと見定め、他方で韓国に近代化政策を敷いて、膨大な国家予算を投じた。

にもかかわらず韓国は、皇帝自らの裏切りもあって治まらず、いっそのこと「併合」すべきとの世論が巻き起こった。伊藤の融和策が手ぬるいというのだ。これに屈した伊藤は、ついに統監の職を辞し、後継に曾禰荒助を指名して日本に帰ったのである。

両国の併合が閣議で合意を見、天皇の裁可がくだった直後の明治四十二年（一九〇九年）八月二十三日、伊藤は、東北・北海道の旅から戻った。

大韓帝国皇太子李垠《ぎん》殿下に随伴したこの旅は、昨年夏の関西に続く二度目のものである。殿下の太師《たいし》（注・御教育掛）に勅命された伊藤は、臣下の礼をとって恭《うやうや》しく各地をご案内したのであった。

伊藤は、いまだ融和策を断念していなかった。日本国内の併合論者を抑え、曾禰新統監に併合は、七、八年後と言い聞かせて、融和に腐心していた。

李垠殿下を日本へお迎えしたのは、二年前の十二月十五日であった。殿下は、御歳十年であられた。ご到着の新橋駅には、その年の九月、すでに韓国を訪れて殿下とご親交を結ばれた東宮（注・のちの大正天皇）をはじめ有栖川宮威仁《ありすがわのみやたけひと》親王らがお出迎えなされた。これらすべてをお膳立てしたのが、伊藤であった。

殿下との最初の旅では、伊藤は機密とされる横須賀や呉の軍港、大阪兵器製作所をご案内した。ひとえにこの軍備が韓国を護ると示唆し、また今回、殿下が巡幸された東北・北海道は、韓国の将来がこのように豊かになることを実際に見ていただくためである。

三年半にわたる韓国統監を辞したいま、伊藤は祈る思いであった。

旅から戻った伊藤を待っていたのは、天皇の参内《さんだい》の命《めい》だった。

その企図するところは——。

東亜の平和を維持するには、一韓国ばかりではない、支那も問題である。世界各国が、支那に於ける凡ゆる利権を獲得しようとして、餌をつひばむむら烏の如く密集して来てゐる。そしてたえず紛争をつづけてゐるのである。従つて東亜の平和確立には、どうしても支那を各国の手からときはなつて完全に独立せしむるの他はない。しかし、支那を一たいどうして独立せしむるか。支那独立を名として日本が発動すれば、列強は忽ち黙視しないであらう。同時に露国が単独でそれをするも同様である。

当時日本と英吉利《イギリス》の間には、日英同盟が締結されてゐた。従つてあと二三国が協約に参加すれば、支那の独立は訳なく出来る筈であつた。しかも、露西亜《ロシア》は、世界最大の強国として、その辺境を支那と等しくしてゐる。故に日露両国だけで、完全に相提携するも、その目的はほゞ達せられる。（以下略）

当時、貴族院議員だった室田義文は、『室田義文翁譚』（田谷廣吉・山野辺義智共編／常陽明治記念会東京支部刊）に述べている。そして、ロシア皇帝ニコライ二世と親書を交わした、という。

天皇自らの意思というよりも、最高顧問府枢密院をあずかる伊藤自身の考えであろうか。初代内閣総理大臣に就任してその職責にあること四度、枢密院議長にも初代から歴任して四度、その間、初代宮内大臣を十一年間にわたって務めた伊藤は、まさしく明治の御世《みよ》の申し子であり、アジアの覇権をほしいがままにした男であった。政府部内にロシアと対等にわたりあえる人材もまた、権力の表舞台を歩いた伊藤をおいて他になかった。

ちなみに伊藤の随行員は、次の構成である。

貴族院議員錦鶏間祗候《きんけいのましこう》　室田義文
陸軍中将　村田　惇
式部官枢密院議長秘書官　古谷久綱《ひさつな》
陸軍少佐　松木直亮
宮内大臣秘書官　槐南《かいなん》　森泰二郎

東京駐箚《ちゅうさつ》清国公使館二等書記官　通訳　鄭　永邦
宮内省御用係　医師　小山　善
宮内属　黒沢慈十郎
従者　小林勝三郎
従者　奥村金之助

随行の筆頭に挙げられた室田は、日露戦争後、大韓帝国を日本の保護国としたとき、伊藤について韓国に乗り込んだひとりである。陸軍少将（当時）村田惇と枢密院議長秘書官古谷久綱もまた同じである。

親書の往復があった後、『東亜の平和を確保するには、日本と露西亜が手を携へて支那保全の途を講ずるの他はない、それで日露両国元首間の御協議として、最も信任すべき使臣をハルビンに於いて会商せしめよう』（同書）となったと室田は言うが、当事者間では、いくらか事情が異なっている。

まず、伊藤博文側だが、二年前の明治四十年七月三十日にサンクト・ペテルブルグで締結された日露協約中、四カ条からなる密約があった。そこには韓国は日本に、外蒙古はロシアの勢力範囲にすると明記され、満州に関しても南北に分けて北をロシア、南を日本に分割して勢力下におく内容を約していた。それは奇しくも伊藤が日露戦争を回避するために、ロシアに提案して果たせなかった分割案であった。

今年四月十日、首相桂太郎、外務大臣小村壽太郎と三者会談をもって韓国を「併合」する案に内諾した伊藤は、この密約を再確認し、さらに中国内のロシアとの境界線を確定しておく必要があった。

折しも、「南満州鉄道の中立化」という新たな難題をアメリカが、イギリスやドイツなど列強に同意を求めていると伝えられ、伊藤は、その前に日露協議の場を持たねばならない事情も手伝った。

公（注・伊藤）は当時逓信大臣たる後藤新平と向島の大倉喜八郎別邸に会し、曩《さき》に同人（注・後藤）の勧告せし海外漫遊の時機到れることを告げたるに、後藤は公の外遊が関係列国をして我が国の真意を諒解せしむるに多大の効果あるべしとて、その決心を奨頌《しょうしょう》し、その欧洲行に先だち、東洋事務主管者にして現今露国に於て最大の勢力を有する蔵相ココフツヱフと会見し、極東問題殊に韓国の処理に就き、予《あらかじ》め我が国の方針を暗示し置かれては如何《いかん》と述べ、且つ公に於て同意せらるゝに於ては、予めココフツヱフと交渉協議すべき旨を述べ、公は若し同蔵相にして同意せば、自分は欣《よろこ》んで会見すべき旨を答へた。因《よっ》て後藤より駐露公使（注・前年五月大使に昇格）本野一郎を経てココフツヱフと打合せることとなつた。

と、『伊藤博文伝』（春畝《しゅんぼ》公追頌会編／統正社刊）にある。ここに書かれた「欧洲行」とは、二年前、当時満鉄総裁だった後藤新平が、伊藤を広島県宮島の厳島《いつくしま》神社参拝を名目に誘い、『韓国統監をやめることを勧め、欧米の大西洋世界とアメリカとアジアの太平洋世界とを視野におくパン・アジア主義の立場に立って、東西文明の融合をはかる世界政策の確立を勧告した』（『安重根と伊藤博文』中野泰雄著／恒文社刊）ことを指す。

自由の身となった伊藤にとって、まさに好機到れり、ここでココフツェフと会談し、韓国と清国における諸問題を話し合ってはどうか、と後藤が言うのである。

このところ二代統監曾禰荒助の健康状態が思わしくなかった。このさい伊藤は、六十八歳の老躯に鞭打って、一気にこれらを解決しておこう、と考えたのであろう。

会談の下準備は、八月二十四日以降、九月初旬にかけて始められたと推測できる。そして公式決定は、九月二十九日、伊藤が桂首相を訪ねて諒解を求めたときである。すぐには公表されなかったが、この日時の決定が、やがて重要な意味をもつようになる。

さて、伊藤との会談を諒承したはずのココフツェフ大蔵大臣の態度が、どうもおかしいのである。なんと彼は、伊藤の訪満を事前に知らなかったという。伊藤は天皇の許しを得、他方の大蔵大臣は皇帝の命を受けた。それを一方が知らないとは理に合わない。

やがて事件当日、ハルビン駅頭で安重根の凶弾を受けた伊藤を支え、特別列車内に運ぶ羽目になるココフツェフが、なぜこう応えたのか。

この世界を震撼《しんかん》させた暗殺事件に、ロシア人の関与を知ったからだ、とするのは穿《うが》ち過ぎだろうか。たとえ青天の霹靂《へきれき》だったとしても、状況からいえば、ロシアが伊藤をおびき出したようなものだ。これにロシア政府が関わっていたと憶測されては困る。噂が囁かれることさえ、彼は避けたかったと考えられるからである。

そんな立場も、彼がハルビンへ向かった経緯を知れば、納得できる。

ウラディミール・ニコラエヴィチ・ココフツェフ伯爵は、五十六歳である。一八〇センチを超す堂々たる体躯、秀でた鼻の下に八の字髭をたくわえ、あご鬚を短く刈り込んだこのロシア紳士は、十九歳のときに法律学者を断念し、ひたすら官僚の道を突き進んできた。いまではロシア皇帝ニコライ二世の信頼を一身に集め、数年後には首相に抜擢される逸材である。サンクト・ペテルブルグ駐箚《ちゆうさつ》日本大使本野一郎と親しい親日派だが、そのころココフツェフを悩ます事態が起きていた。

ココフツェフには、ロシア革命後、亡命先のパリで出版したロシア語版『回顧録』(一九三三年刊)と、英国オクスフォード大学と米国スタンフォード大学出版部、これに日本の丸善が協力して出版された、英訳版『わたしの過去より』(一九三五年刊)がある。英訳版は、生存者を慮《おもんぱか》って確認できない記述を省略し、他方、新たに補足した部分もあって興味深いのだが、そのロシア語版『回顧録』によれば——。

一九〇九年（明治四十二年）前半、国会と参議院の仕事に奔走しているなか、大蔵省の仕事に関してきわめて望ましからぬ問題がまったく忽然として発生し、それによってわたしは、ふいに非常にむずかしい立場に立たされることとなった。（池上みどり訳）

以下、訳文を要約する。

一九〇六年、ココフツェフは、ニコライ・ニコラエヴィチ大公（訳者注・ニコライ二世の叔父）が議長をつとめる国防会議の席で、当時参謀本部長だったスホムリノフ陸軍大将と会った。そのスホムリノフがやがて出世し、陸軍大臣となって対立する関係になった。表面化したのは、今年七月、次年度予算会議の席上である。

同会議は、日本が極東にふたたび攻めてきた場合を想定して、ウラジオストック要塞を補強するか、それともローデガー将軍が代案で提出した陸上防衛線をニコリスク・ウッスリースキー（注・現ウスリースク）に新設するかで、論争になった。

この論争の原因は、極東を担当したアムール沿岸地区総督ウンテルベルゲル大将が、「日本による極東の脅威」の電報を頻繁に打ってきたからである。山と寄せられた電報は、ついにスホムリノフ陸相からニコライ皇帝にまで達した。

ことの重大さに驚いたストルイピン首相は、閣議の後、外務大臣イズヴォーリスキー（注・かつて駐日公使を務めた知日派）と海軍大臣ビリレフ、陸軍大臣スホムリノフ、そしてココフツェフを集めて、極東の防備が完全かどうかを問いただした。

ココフツェフは、大蔵省が東清鉄道を管轄するところから、同じ電報の写しを受け取っていた。このとき各閣僚は、こぞって日本の脅威論を否定し、それぞれの情報を披露。そして——。

「ウンテルベルゲルの電報は、むやみにパニックを煽るだけの空言であり、一九〇七年と八年に調印にこぎつけた『極東ロシア領海における漁業活動に関する協定』以降、良好に発展しつつある日露の関係に一影を投じかねない。加えて、清国および日本に潜入させたスパイの報告は、好ましいものばかりだ。日本をきわめて懐疑的に見る清国人スパイの情報でさえそうなのだから、信頼性はすこぶる高い」

外相は、言葉を荒らげてウンテルベルゲルの電報をこきおろした。

「日本にとっても和平が必要不可欠であり、戦意をもつ理由がないばかりか、日本がふたたびわが国と一戦を交えるとなれば、ポーツマス条約の立役者を自負するアメリカの機嫌をそこねる。わが国との戦争を唯一可能にした資金援助を、またもイギリスから受けられる可能性はないことを日本はわきまえているだろう」と、海軍大臣も否定する。

「だが、現場の報告は、信じてやるべきだ。『用心深いものは、神もお守りくださる』というではないか」と、当の陸軍大臣がうしろめたさを隠しながら、かろうじて言いぬけた。

これを憂慮したのが、皇帝だった。

一ト《ひと》月後、ココフツェフは、皇帝から参内の命を受けた。そのころすでに、陸軍大臣とのやりとりも沈静化していたのだが――。

「極東から再三にわたって日本の脅威を報せてくるが、防備はどのようになっているか。陸軍に予算をつけられん理由が大蔵省にあるのか。わけがあれば話してみよ」

例のウンテルベルゲルの電報についてのご下問であった。

「三年あまり前の国防会議において、陸軍省の提案を精力的に援護したわたくしが、陸軍大臣の言う予算請求を邪魔だてしたとは、理に合いません。日本との講和成立以来四年のあいだ、大蔵省は、ただの一度たりともウラジオ関連の経費削減案を出してはおりません。国家管理局からは、一九〇六年と七年分の予算が手つかずのままだと報告を受け、一九〇八年度分を減額するよう勧告されました。現場からの報告書によれば、いまもって防衛施設建設用地の選定という基本的な問題さえ解決されておりません。中央司令部と砲兵隊司令部から提出された計画書さえ、承認されずに放置されております。にもかかわらず、大蔵省は、陸軍が要求した予算をそのまま承認しております」

ココフツェフは、証拠をあげて応えた。

すると皇帝は、眉根《まゆね》に皺を寄せて――。

「陸軍大臣には、余から責任転嫁はよくないと伝えよう。余も日本がわが国に対してなにかを企てているとは思わぬ。ただ、われわれがこうも遅々として、やらねばならぬこともロクにせず、互いに責任をなすりつけ合うばかりなのが情けないのだ」

皇帝は、ココフツェフが提出した書類を手元に引き寄せていった。

「わたくしの不徳といたすところでございます」

ココフツェフは、うやうやしく低頭。

「先に、本野男爵がこの三年間で初めて、特別謁見を求めてまいって一時間半ほど話したが、わが国へ新たに攻撃をしかけることは悲劇にほかならぬ、そのような考えはまったくないばかりか、わが国に対して不満の種をなんら有しないと、そなたが閣僚会議録で述べている内容とほぼ同じことを述べておった」と、皇帝は言い、「余が驚きを禁じえないのは、友好を望む気持ちを一心に説く日本大使の熱意ではない。日本がこと細かに極秘情報を把握している事実と、なぜ陸軍大臣が執拗に工事の遅滞を資金不足のせいにするかだ。そこでそなたは、極東へ行って調査をして参れ」と、命じた。

このような展開はきわめて意外なものだったが、極東行をいままで考えないではなかった。しかし、一刻を争う仕事が山積するなかで、具体化する余裕がなかった。たとえ六、七日とはいえ、仕事から離れることは、ただの論外としかいいようがなかったからである。

と、ココフツェフは『回顧録』に書いている。時期の記述はないが、八月末から九月にかけてのことだと推測される。

出発を九月末か十月初めと定め、予算の割り振りと並行して準備が始まった。だが、ここに至っても、伊藤との会談について、何も記述していないのである。

同行のメンバーが選ばれ、東清鉄道の特別列車をハルビンから差し回すことになった。エフゲーニー・D・リヴォフ大蔵大臣官房長、アレクサンドル・N・ヴェントツェリ東清鉄道副総裁、ジャドヴォイン鉄道管理局長、理事会秘書官らが同行する。そして、先遣隊として数日前にニコライ・A・プィハチョフ護境軍団軍務長の出発が調《ととの》えられ、特別プログラムによってなされる旅行に、持参すべき鉄道および極東問題の関連資料が集められた。

ロシア語版『回顧録』にはないが、英訳版『わたしの過去より』に次の内容が補足されている。それによれば、本野大使は「閣下が日本へ行かれるならば、わたしに仰ってください」と申し出た。そしてイズヴォーリスキー外相に口添えをお頼みしましょうか、とも。ココフツェフは、「ご招待はありがたいが、大蔵大臣の日本訪問が外務大臣の職掌を侵すのではないかと、新聞が書き立てるに違いない。こういう世論に敏感な外相が反対するだろうから」と断り、日本招待は実現しなかった。

ここに見る限り、ココフツェフの極東訪問は、日本との交渉、とりわけ伊藤との会談が前提となっていたのが窺い知れる。つまり、日本に招待されれば、国益に関する話題が出るに違いないことを恐れたのだ。

事実、『伊藤博文伝』には、『本野公使より、ココフツヱフは十月下旬東清鉄道視察の名義を以て哈爾賓《ハルビン》に赴き、伊藤公と会談することを快諾したりとの返電が来た。かくて公は愈々哈爾賓行の意を決したのであつた。』とある。

これについても詳しく後述するが、合意もなく伊藤が動けるはずがないのである。

伊藤は、『九月二十九日桂首相を訪ひ、事情を打明けてその諒解を得』た。『十月九日参内、天機を伺ひお暇を乞ひ奉つた。十一日公は霊南坂官邸に山県元帥の来訪を受け、後事に就き談ずる所あり、その夜桂首相の晩餐に招かれしが……。』（同書）と、着々と出発に向けた日程がこなされる。

そのころニコライ皇帝は、静養先のトルコにいた。イズヴォーリスキー外相を随伴させた今回の旅には、イタリア訪問の予定が組まれてあった。

十月二日付『東京朝日新聞』は、「二日浦潮特派員発特電」として『露国蔵相　来る九日露都出発当地に向ふ』と、初めて報じている。さらに五日付同紙には、「四日倫敦《ロンドン》タイムス社発」として、『露国蔵相極東視察』の見出しで『露都来電＝大蔵大臣ココウゾフ氏は十月十二日露都出発浦潮斯徳《ウラジオストック》港に赴き商業不振の事情、北満露国鉄道活動の状　及び哈爾賓露清居留地の実情等を調査す可し』と、報じた。

こうしてココフツェフの極東訪問は、公知の事実となった。

他方、伊藤博文に関して十月八日付『東京朝日新聞』は、「七日発本社朝鮮特電」として、『藤公《とうこう》満洲行の意味』と題して、『伊藤公（注・公爵）の満洲行に就き某昵近者《じっきん》（注・消息筋）は曰く。是れ公が統監在任中は、日本の外交基礎が韓国本位なりしも、今後満洲本位となるべき証拠にて、事ここに至りしは、後藤男（注・男爵）が桂侯（注・侯爵）を介し伊藤公をして満洲政策を確立せしめんが為なり。従つて今回の旅行は、最も注意すべきものなり、と』と報じている。ここに登場する『某昵近者』こそ、後藤新平自身とも考えられるが、ともかく『最も注意すべきものなり』である。

そして翌九日付同紙には、『伊藤枢密院議長は、愈《いよいよ》来る十四日大磯出発、神戸若《も》しくは馬関より乗船』と旅程を発表し、『全く個人としての旅行にて』と書いた。

また十月十二日付同紙は、「伯林《ベルリン》電報」として『露国蔵相極東行』の見出しで『九日伯林特約通信社発　露国大蔵大臣ココウトソフ氏は、極東に向けて出発せり。氏は特に浦潮斯徳港につき調査する筈』と報じた。

十月八日、外務省から一本の公式電報が、哈爾賓日本総領事館宛に打たれた。

『伊藤公満州漫遊ノ為メ本月廿日ヨリ廿五日迄ニ貴地ニ赴ルヘシ貴官旅行中ナレバ同公応接ノ為メ一時帰館セラルヘシ』

翌九日に着信した文面には、『伊藤公哈爾賓ニテ露国蔵相ト会見』とあった。

十月十日夜、旅行先からハルビンに戻った総領事川上俊彦《としつね》は、急いで歓迎の準備にとりかかった。

一方ココフツェフは、「十月九日」にペテルブルグを出発した。日本の外務省が川上総領事に打電した翌日のことだ。

翌十日にはモスクワに立ち寄り、ハルビンに商館を設けて進出した地元経済界の歓迎式典に臨み、日本の織物業界の急成長に対抗する措置をとってくれるように陳情されたあと、同日夕方には、シベリア鉄道の客となった。

ココフツェフは、途中で意外な報せを受ける。

以下は、英訳版『わたしの過去より』からの引用である。


満州のマンチューリ駅から東清鉄道の領域に入ったわたしは、シベリア鉄道の特急列車をおりた。そこからわたしと随行員、同駅で待ち構えていたホルヴァット将軍を長とする鉄道の役人たちは、東清鉄道がさし回した特別列車に乗り換えた。その駅でわたしは、「ハルビンでは、びっくりすることがありますよ」と、いきなり話しかけてきたプィハチョフ将軍と再会した。ホルヴァット将軍は、副官から受けとったばかりの電報を見せながら説明した。

『明日、公爵が会見のために出発。到着予定は、十月十三日（注・西暦十月二十六日）火曜日、午前九時、ハルビン駅にて』とあった。確認したところ、『公爵』とは、日本の大物政治家伊藤博文公爵のことだった。彼がハルビンにやってくる報せは、わたしを驚かせた。（中略）このことは、サンクト・ペテルブルグでは誰からも知らされていなかったし、ホルヴァット将軍自身も、ハルビンを出発してマンチューリ駅でわたしを出迎えたときに口頭で告げられただけであった。

ココフツェフは、最大限の驚きを書いている。

いよいよ出発を控えた伊藤博文は、十月十一日夜、桂首相主催の晩餐会に臨み、同席した国際新聞協会員を前に挨拶した。そのあと東京英字新聞『ジャパン・メール』主筆英国人F・ブリンクリーが質問した。『伊藤博文伝』によれば——。

『時には往時危険の場合に身を処せしことを思ひ出さるゝならん。』

と尋ねたるに、公は即座に、

『何時に限らず予の身は危険に曝され居れり。昔は少し位は命も惜しかりしが、今日となりては余命幾何《いくばく》もなければ、国の為めとあらば何時でも喜んで死なん。予の懸念する最後の問題は韓国なれば、それさへ形が付けば安心なり。』

と答へた。

身の危険は、いまも変わらない。昔は命が惜しかったが、余命も短いこの歳になってみると、国家のためならばいつでも喜んで死ねる。とりわけ自分の心配は韓国だから、それさえ片づけば安心できる、というわけである。

十月十四日午後五時二十分、大磯駅を出発した伊藤は、一路下関へと向かった。

翌十五日、郷里山口の春帆楼に一泊し、十六日午後一時門司港から鉄嶺丸に乗って日本海をわたり、十八日大連に到着したのであった。

そのころ、ひとりの男が豆満江《とまんこう》近くの村で鬱々とした日々を送っていた。

身長、一六三センチ。髪を洋風に整え、ドジョウ髭をたくわえたこの男こそ、満三十歳になったばかりの安重根だった。

この時期を窺い知る唯一の資料として、漢文で書かれた獄中記『安重根伝記』（以下『伝記』と呼ぶ）がある。その『伝記』によれば、彼の排日運動は、完全に暗礁に乗り上げていた。

『日本は、わが大韓国の独立を約束しながら、われらの土地を奪い、利用して満州への野望を着々と進めている。いま、われらが手を携えて奸賊《かんぞく》を討たなければ、孫子《まご》の代まで悔いを残すことになる……』と訴えて、同胞の決起を促すのだが、前年までと違って聴衆に熱はなく、戸惑いさえ見せるようになった。そして安も、ふりあげた拳を打ち据えることもできず、呆然とする毎日であった、と言うのである。

彼が排日独立運動に身を投じたのは、一九〇七年（明治四十年）春であった。当初は、日本から借りた国債一千三百万円を突き返して、日本の軛《くびき》から逃れる募金活動だった。家族と別れて安が向かった清国領間島《かんとう》省は、韓国咸鏡北道と国境を分けていたが、かねて多くの朝鮮族が入植し、自国の領土同様に出入りしていた。日本軍は、その韓国民の権益保護を理由に間島各地に駐屯した。

国債返還運動は、すぐに方向転換を迫られた。同年六月半ば、韓国皇帝高宗がオランダのハーグで開かれた第二回国際平和会議に密使を派遣したのが発覚したからである。詳しくは後述するが、統監伊藤博文は、すぐさま韓国政府に七カ条の条約をつきつけて高宗を廃し、新帝純宗を輔弼《ほひつ》して報復に出、軍隊を解散させた。

平和裡に日本の支配から逃れるチャンスは潰《つい》えた。京城は騒然となり、全国で義兵が蜂起した。義兵のほとんどは旧軍人と地方の農民で、その数七万を超えた。ほどなく帝都の乱は鎮圧されたが、地方ではなおも戦闘が続いた。

三カ月ばかりで募金活動を断念した安は、武力闘争のほかなし、と覚悟した。そして有力な同胞を求めてロシア領の炯秋《けいしゅう》（注・烟秋《えんしゅう》または煙秋とも。ロシア名ノウォキエフスク）から越境し、ウラジオストックに入った、と『伝記』にいう。

だが実際には、ハーグ密使事件の前に密使のひとりとロシア入りをしている。

ウラジオストックには、四、五千人（注・七千人ともいう）の韓国人同胞が肩を寄せ合って暮らしていた。政治亡命、経済難民と、それぞれ理由は異なっても不安定な祖国を捨てざるをえなかったひとびとだ。小学校が三校、排日的組織『青年会』も各地にあって、愛国思想を培っていた。

その地で排日派の首魁とされていたのは、北間島管理使（注・総督）を務めた李範允《りはんじゅう》と、韓国中央政庁で活躍した金斗星《きんとせい》である（注・日本側の調査によれば、金斗星は登場せず鄭警務こと鄭済岳、字は干淳元になっている）。

安は、すぐさまふたりに会い、義兵の必要性を説いた。彼らは、志は良しとしても、兵力も資金もない状態ではどうにもならない、と嘆くばかりである。

だが安は、ふたりに「脈あり」と見た。すぐさま沿海州をまわって、三百の兵力を得た。そして軍資金を調達して去年六月、義兵司令官（大将）に金斗星を立てて反抗の態勢を調えたのである。

安は、金大将の右令将（注・参謀中将）になった。このとき左令将に指名されたのが、のちに義兄弟の契りを結ぶ厳仁燮《じんしょう》である。

義兵軍は、秘密裡に日露戦争時代の旧式な兵器をロシア軍から調達。大砲をもつ日本の守備隊と較べればあまりにも軽装備であったが、ロシア領豆満江《とまんこう》に集結した。安の思いは、仮に一回で成功しなくても、二回、三回、十回と繰り返し、百回敗れても屈することなく、今年の成功なくしても、明年を期し、明年あるいはその翌年、さらには十年、百年と、孫子の代まで続いても大韓国独立の悲願を成就させる決起行動の嚆矢《こうし》となるはず、という物凄さである。

義兵軍は、夜陰に乗じて豆満江を渡り、北間島の日本軍守備隊に攻撃をしかけた。だが、衆寡《しゅうか》敵せず、決死の戦いは義兵軍の惨敗に終わった。

安は、その戦いで日本軍兵士数名を捕虜にしたが、これを諭《さと》して解き放った。安はこの行為によって部下の信を失い、残った三人で食うや食わず、筆舌につくせない艱難辛苦《かんなんしんく》のすえ、一カ月半をかけてやっと炯秋にたどり着いた。そして十日後、体力を養った安は、ウラジオストックに戻った、と『伝記』に書く。

そして今年正月、安重根は、ふたたび炯秋方面へ行き、ノウォキエフスクの近郊下里村《かりそん》に集まった同志十二名と盟約を交わし、左手の薬指を切って太極旗（注・韓国の国旗）に『大韓独立』と血書して万歳三唱した。これが世にいう「断指の盟約」、または「断指同盟」である。

一方、韓国内には、日本と連携して東洋の覇者を志す面々がいた。

歴代の王朝が清国の保護国に甘んじ、清国が日本に敗れるやロシアに追従し、ロシアが敗れたら雲散霧消した皇帝や貴族たちに反感をもつグループ一進会の連中である。安からすると、彼らは、日本の国士グループ黒竜会と手をむすぶ売国奴であった。

安は、その一進会の下部組織に捕らえられ、散々な目に遭わされた。それでも日本の走《そう》狗《く》となった彼らに、哀れみを覚えこそすれ、憎む気にはなれなかった。

そして先の八月二十二日、日清両軍は、間島で衝突。清国軍が徹底的に撃破されて九月四日には、日清協約が成り、最上質の無煙炭を産出する撫順《ぶじゅん》と煙台《えんたい》の採掘権を日本に奪われた。刻々と強まる日本の影響力に危機感をつのらせた安は、朝鮮語新聞『大東共報』の購読拡販員として各地を巡り、再度の反抗を企てようとするのだが、反応が悪いばかりか、迷惑がる同胞が増えていたのであった。

安は、『安重根と日韓関係史』（市川正明著／原書房刊）所載の『伝記』に、次のように書いている。

　初秋九月（すなわち一九〇九年九月）になって、たまたま烔秋方面に滞在していた折、ある日突如として、わけもなく心神憤鬱の状態となり、悶々として自分で自分を制止することが出来なくなった。親友数人に、自分は今からウラディヴォストークに行こうと思うと述べた。（中略）友人は、今ここを去ってまたいつ還って来るのかと質問したが、自分は無意識のうちに、また還って来る気はないと答えてしまった。友人は非常に怪しんだが、自分もまた自分の気持がはっきりしなかった。こうして、ここで互いに別れて、穆口港《ぼくこう》に行ったら、偶然にも汽船に出逢い（この港の汽船は一週間に一、二回海港を往来している。）乗船してウラディヴォストークに到着した。聞けば、伊藤博文がまさにこの地に到着しようとしているとの噂で持ちきりになっていた。そこで、その事実を確かめようとして各種の新聞を購読してみると、彼のハルビン到着のことは真実で疑いのないことであった。

ここにある『初秋九月』は、旧暦である。西暦の十月十四日が旧暦九月一日にあたる。鬱々とし、憤激に耐えない心境になって烔秋をでたのは、『伊藤博文と安重根』（佐木隆三著／文藝春秋刊）では、『十月十八日』ごろとしている。いずれ日付も確定できるだろうが、以上が安の『伝記』を主体に展開した筋書きである。

安重根は、不気味な蠢動をはじめた。

第二章

三角形の熱愛

明治四十二年十月十八日正午、大連港に到着した伊藤博文は、盛大な歓迎を受けた。一万トン級の貨物船が横づけした埠頭からは、肥料や繊維、工作機器、鋼板、建築資材などが陸揚げされ、穀物、繭、石炭、鉄や銅の鉱石などが積み込まれる。伊藤は、忙しく働く苦力《クーリー》たちを見て大いに満足したに違いない。

翌十月十九日、官民一体となって開かれた歓迎式典で、伊藤は演説した。『伊藤博文伝』によれば――。

予が今回の旅行は固より何等の公務を帯びたものでなく単なる漫遊である。予は年来満洲を視察したいと希望して居たが、殊に最近の四年間は、職を隣邦の韓国に奉じて居たので、公務多忙急に其の機会を得なかつた。此頃閑暇を得たので、至尊《しそん》（注・天皇）の御許しを得て此の旅程に上つた訳である。（略）

伊藤は、『極東の平和がわが国に多大な恩恵をもたらす。清国人と日本人、そしてロシア人が互いに協力して利益の増進を計るよう期待している』と熱弁をふるったが、聴衆の誰ひとりとして、「単なる漫遊」と思ってはいなかった。

遼東半島の黄海側にある大連は、かつて二、三の村が点在する青泥窪《チンニーワ》と呼ばれる低湿地だった。明治二十八年（一八九五年）、日清戦争に勝利した日本は、遼東半島を占領し、ここを大陸への足掛かりにしようとした。が、ドイツ、フランス、ロシア三国による干渉によって断念。そのあと清国を懐柔したロシアは、この地を含む関東州を租借すると、すぐさま半島突端の旅順要塞を強化。青泥窪をパリに倣った四万人規模の都市に造り替えはじめた。

中央広場を中心に七つの小広場を設け、クモの巣状に街路網をめぐらして大連と命名。海浜《かいひん》を浚渫《しゅんせつ》して軍事・商業港とし、ハルビンと大連・旅順を鉄道でつないで勢力の拡大を図ろうとした。そして、朝鮮皇室と手を結んで仁川港を租借。ふたつの不凍港を得たロシアの太平洋艦隊は、清国と朝鮮への影響度を高めたのである。

これに危機感をつのらせた日本は、明治三十七年二月、仁川港沖に停泊するロシア太平洋艦隊を撃破し、旅順口を封鎖。八月に最難関の旅順要塞二〇三高地を攻略、翌三十八年三月には奉天大会戦、そして同年五月、バルチック艦隊を日本海で殲滅して九月、アメリカ大統領セオドア・ルーズヴェルトの斡旋により、アメリカ合衆国のポーツマスにおいて講和条約締結にこぎつけた。これが日露戦争である。

戦勝した日本は、ロシアが清国に持つすべての権益を手順を踏んで正式に受け継ぎ、軍政を敷いて大連港を閉鎖。これに対して列強の批判が高まり、ついに明治三十九年九月、日本は自由貿易港として開放し、満州開発に必要なあらゆる業種を網羅した半官半民の南満州鉄道株式会社の本社を設立した。政府の出資一億円と民間投資家が投じた一億円、計二億円を株式として発足した新会社は、初代総裁に台湾民政長官から転じた後藤新平が就任し、明治四十年四月一日、営業開始にこぎつけた。

当初後藤は、イギリスが一六〇〇年に設立した「東インド会社」を手本に、「満鉄総裁は国内の大臣よりも格上とし、租借地における警備から諜報活動、鉄道の技術開発など、あらゆる機能に政府の干渉を受けない職権が与えられなければならない」と建白《けんぱく》した。だが中央集権を国是とした政府にその案は容認されず、現地を統括する関東都督府の監督を受け、外務大臣の指揮下でスタートしたのであった。そして明治四十一年、後藤は満鉄を逓信省の管轄に組み入れ、自ら逓信大臣に就任し、後任総裁に副総裁だった中村是公《よしこと》をすえて独自の方針を着々と進めた。

だが、ここに問題があった。再燃したと言うべきか。

明治三十八年八月末、ポーツマス講和条約締結を見越したアメリカの鉄道王ハリマンが来日。一億円の出資と引き換えに南満州鉄道の共同経営を提案した。これを諸手を挙げて歓迎したのは、時の首相桂太郎はじめ朝野の面々だった。わたりに舟とばかりに「諒承」の覚書を手わたした。

当時、日本のGNPは、百二十億円であった。日露の戦費に二十億円を出費し、さらに戦争を継続するとなれば、十億円を調達しなければならない。すでに法外な戦時国債を発行した政府は、五億円たりとも算段がつかない状況にあった。従ってアメリカの調停は、日本にとって時宜を得たものであり、ハリマンの提案に飛びついたのである。

ハリマンと入れ違いに、ポーツマスの交渉を終えた小村外相が帰国した。桂の報告を聞いた小村は、「そんなバカな」と、これを一蹴。南満州経営の大動脈となる満鉄こそ多大な犠牲を払った代償である。「清国との交渉、いまだ決せざる」を理由に、覚書の無効を通告したのだ。しかしハリマンは、断念していなかったのである。

明治四十二年一月、その反故《ほご》にされた覚書を楯に、ハリマンはアメリカ政府を動かし、満州における鉄道の中立化とイギリス、フランス、ドイツをたきつけて共同経営を非公式に提案してきた。当然のことながら、ロシアと日本は無視したが、ロシア側が管轄する「ハルビン―長春（寛城子《かんじょうし》）」間と、日本側の「旅順―長春」間の正式な境界線を一刻も早く確定しなければならなかった。

ポーツマス条約締結のとき、両国首脳は、東清鉄道が長春市街地を通っているとばかり思っていた。ところが現地は、そうではなかった。長春の外れを通って、ハルビンをつないでいた。そのためにロシアは、条約に明記した「ハルビン―長春（寛城子）」を理由に寛城子駅までを管轄し、日本は手前の孟家屯《もうかとん》駅までと主張。日本は、長春とあれば、当然に寛城子駅も含まれると認識し、両国の食い違いが明白になった。

昨四十一年、両国はペテルブルグで会合を持ち、長春市街地の中央と寛城子駅を図上でむすんだ中間点を境界とした。この時訪露したのが、満鉄総裁後藤新平である。とりあえず日本は、ロシア側の寛城子駅に隣接して西寛城子駅の建設を進め、長春市街地へも新線を敷設する工事をしていたが、現地における境界線の確定も急務であった。

さらにアメリカの満鉄中立化の提案は、多国管理によって利害が複雑化し、将来の国際関係に禍根を残す。ひいてはアメリカの一部資本家の市場独占を助長するおそれがあり、そこに日露で密約した清国と韓国への対応が輻輳《ふくそう》してくるのであった。

今回の伊藤訪満には、列強の圧力をはねのける両国の固い連携と、利益を保全する意味合いからも、想像以上の重要性と期待がこめられていた。後藤が積極的に日露の会談を急いだのもそのためである。伊藤は、必ず満州経営を円滑にしてくれる。そうでなければ、わざわざロシアの大蔵大臣と会ったりはしない。両首脳ともに国家元首の信任が厚く、事実上、満州の将来を決定づける。そんな思いをこめた聴衆は、割れんばかりの拍手の後、万歳三唱で歓迎式典を終えたのであった。

安重根の動きを追ってみる。

同じ十月十九日、ウラジオストックの韓人街開拓里《かいたくり》に到着した安は、伊藤博文の来訪が確かと知り、「虫の知らせだ」と思った。そして、このときをおいて積年の恨《はん》を晴らす機会はない。安は、躊躇することなく伊藤暗殺を決意した。これを行動に移すには、もっと詳しく日程を把握する必要があった、と『伝記』に書く。

逮捕後の『供述書』によれば、その日の夜、安は、李致権宅に向かった。看板すら掲げていないそこは、韓国人を相手とした木賃宿で、長期にわたって下宿するものもいた。義兵運動たけなわのころ、同志は行商人に混じってここに結集し、烈しい思いをぶつけあった。その熱気もうたかたのように静まりかえり、長い冬支度に入っていた。狭い部屋に入ると、安は携帯した夜具を敷いて旅の疲れを癒すのだった。

ひとまず、安が『伝記』や『供述書』に書き、語った筋書きに沿って進める。

翌十月二十日朝、安は、李致権宅に届けられた朝鮮語新聞『大東共報』をみた。伊藤に関する記事はなかった。すぐさま歩いて数分の大東共報社へ行った。事務所では、編集主任李剛がロシア語の東清鉄道機関紙『ハルビン・ウェストニック』を読んでいた。

李剛は、排日派闘士のひとりである。昨年三月、彼は、サンフランシスコで「スティーブンス暗殺事件」に遭遇している。スティーブンスは、アメリカから派遣された大韓帝国外部（注・外務省）の顧問官である。ことごとに日本に有利な政治指導をしたところから、郷里ワシントンへむかう途中を朝鮮人刺客に狙われ、暗殺された。帰朝後、李剛は同事件について朝鮮語新聞『海朝新聞』に連日、礼賛記事を書いた。同紙は、排日運動を積極的に応援し、安重根も原稿を寄せたことがあった。あまりにも激しい論調のために、支援する同胞に敬遠されて廃刊に追い込まれ、再刊したのが、『大東共報』である。

李剛が手にした十月二十日付の『ハルビン・ウェストニック』紙は、『わが大蔵大臣と駐清公使ならびに日本国代表者の、同時にハルビンに来遊することにつき』と、伊藤の来満を報じていたが、日時は不明であった。

安重根は、禹徳淳《うとくじゅん》を訪ねた。一八〇センチの長身をもてあますように猫背にし、やや額の禿げあがった禹は、安より一歳年長の義兵決起以来の同志である。もとは銀細工師をしていた禹は、新牙山《しんがさん》で日本軍に捕らえられ、元山《げんざん》の監獄にぶちこまれたが脱走。煙草の行商をしながら同紙の拡販員をしていた。胸のうちに、ふつふつたる思いを秘めた抗日の闘士である。

安は、禹を李致権宅の食堂に誘った。そして、伊藤を狙う相談をした。

『伝記』にいう。

これを見てひそかに喜び、多年願うところの目的を達する時機がいま到来した。老賊が自分の手中に入ってきたと考えた。しかしここでは詳細が不明なので、ハルビンに行って、さらに詳しく調べたのち事を成せば間違いないと思い、ただちに出発しようとした。しかし活動費を作るのに良策がない。そこで、いろいろ考えた末、この地に居住する韓国黄海道義兵の将軍李錫山を尋ねたところ、李氏はたまたま他に行くため旅立とうとしていたが、急いで呼びもどし、密室に入って一百元（注・日本円でも百円）を貸し与えてくれることを頼んだが、李氏は承諾してくれなかった。事ここに至ってはやむをえず、脅迫して一百元を奪い帰った。こうして事は半ば成就したのも同然であった。

資金を手にした安重根は、禹徳淳の下宿先の高俊文宅へ赴いて合流。その夜、すぐさま携帯用の夜具をまとめて停車場へ向かったが、午後十一時発の貨客混成の夜行列車は、出たあとだった。仕方なく李致権宅の部屋に戻って一夜を過ごした。

安が『伝記』に、伊藤来訪の日時はいまだ不明と記しながら、『半ば成就した』と書いたのは、ことが成就した後の記述だからであろうか。やがて判明する。

同じ日、伊藤は、二〇三高地に登り、五カ月あまり続いた激戦の跡を見た。ロシア軍の四万五千人に対して、日本軍が五万九千人の命を失った丘の斜面には、いまも縦横に塹壕の跡があった。そこに死屍《しし》が累々《るいるい》と折り重なるさまを想像した伊藤は、『空をみれば嶺のうえを白雲が還る』と感慨を寄せ、盛大な官民歓迎会席上でも、次のように挨拶した。

『伊藤博文伝』によれば――。

戦争の屢こ《しばしば》起るは国家の不利益なるのみならず、人道のためにも好ましからず。平和の裡に必要の設備を為して国運の伸長を計るは最も努むべきことなりとす。然れども方今《ほうこん》世界の大勢を通観するに、何れも平和を主張しながら競ひて武備を盛んにし、而して国運の発達を計りつゝあり。換言すれば未だ武装の平和を免かれず。随《よっ》て国民の負担は非常に重からざるを得ざるなり。

伊藤の「いまだ武装の平和でしかない」という演説には、説得力があった。国費を投じて殖産し、欧米を排除して全アジアを自立させることこそ日本国民に負わされた責務である。そのためには、祖国の尖兵となり、艱難辛苦に堪えぬいて、武力を用いてでもいまの平和を維持しなければならない。匪賊《ひぞく》や抗日ゲリラの出没に悩まされる現地日本人には、伊藤の言葉が重く心に響いたであろう。

十月二十一日、安重根は、ニコリスク駅までの三等車の切符を二枚買うと、禹徳淳と共にウラジオストック駅午前八時五十分発の郵便列車に乗った。安は薄い布団を、禹は毛布をもっていた。寝具を携帯するのは、この国の旅行者の習慣である。

ニコリスク駅までおよそ五時間の旅程である。安が手にした水色の布袋には、ブローニングの自動拳銃とスミス&ウェッソン社のリボルバーが入っていた。禹には、すでにブローニングを一挺持たせてあった。これら拳銃については、詳しく後述する。

午後三時六分、ニコリスク駅に着いた安重根は、国境の駅ポグラニチナヤ（注・中国名

＝綏芬河《すいふんが》）までの二等車の切符を二枚買った。国境を越えるとき、二等車の乗客は荷物検査をされないからである。一時間二分停車した列車は、その日の午後九時二十五分、ポグラニチナヤ駅に到着。それが午後十時三十分に発車することを確認すると、安は、禹徳淳を残して駅近くの税関吏宿舎へ向かった。

駅構内の引込線に停めた一等車が、税関吏の宿舎になっていた。韓国鎮南浦《ちんなんぽ》時代からの知己、鄭大鎬《ていたいこう》が主事をしている。三カ月ほど前に立ち寄ったとき、鄭大鎬は、鎮南浦にいる家族をつれて来るといった。安にも、「義兵運動もいいですが、いつまでもやってはいられません。そろそろ家族を迎えてあげたらどうですか。交通費ならわたしが用意しますからと勧めた」と、逮捕後、鄭大鎬は供述している。安は、断った。

九月になって、安は鄭大鎬を訪ね、「家族が希望すれば連れて来てほしい」と頼んだ。妻にも「弟の定根と恭根に財産を処分してもらい、一千円ぐらい持参するように」と、手紙を書き送った。妻からの返事はなかったが、緊急事態が発生した今、それを鄭大鎬に確認し、事後を託さねばならなかった。安の『供述』によれば、鄭は三週間ほど休暇を取って韓国へ家族を迎えに帰った、と留守番の支那人が応えたという。出発の日時は、定かではなかった。

安は、礼を言って駅近くの漢方医劉敬絹《りゅうけいけん》宅へ向かった。その家には、ロシア語に堪能な若者がいた。やがて連累として逮捕される劉東夏《りゅうとうか》、十七歳である。

安は、「ハルビンまで家族を迎えに行くのにロシア語のできる知り合いがいない。お宅の息子さんをお借りできないか」と切りだし、往復の旅費を負担すると言い添えた。品切れの薬があった劉敬絹は、ふたつ返事で承諾し、必要な漢方薬を紙に書きだした。それを受け取った小柄な少年は、毛皮のコートに身を包むと、寝具を抱えて喜び勇んでついてきたのである。

安重根たちは、あたふたと郵便列車に乗り込んだ。

そして三人は、翌十月二十二日午後九時十五分、ハルビン駅に到着した。

まず、訪ねる相手は『大東共報』のハルビン通信員をしている金衡在《きんこうざい》だった。ウラジオストックで二、三回会ったが、これも熱烈な排日派闘士であった。ひとり者だから、突然に訪ねて困る相手ではなかった。幸い、禹徳淳も彼とは面識があった。

あたりはすでに真っ暗である。道を聞きながら歩くうちに、埠頭区の路地裏の雑貨屋に行き着いた。店を経営する韓国人を訪《おとな》うと、二階の部屋から明かりが漏れていた。

丸めた布団に小机がひとつあるだけの小部屋だった。隅には、反故にした原稿用紙が散らかっている。安は、一瞬、一夜の宿を借りられないと見た。こうなったら、劉東夏の親戚金成白《きんせいはく》の家に泊めてもらうほかないな、と考えながら「伊藤が日本から来るんだってな。ウラジオでも噂でもちきりだ」と、さりげなく探りを入れた。

金衡在は、三十歳。地元韓民会の世話役のひとりでもある。安は、今回の計画には深く関わらせないほうが良いと考えた。第一報を発信させなければならないからだ。

金衡在は、噂は確かだが、詳しく知らないという。やがてこの金衡在も逮捕されるのだが、証拠不十分で釈放される。

安は、金成白の家に泊めてもらうと言い残し、劉東夏の案内で同区内レスナヤ街に向かった。

金成白は、三十二歳。建築請負業を営んでいる。幼いころ両親に連れられて沿海州にやってきて帰化。ロシア名をチホン・イワノヴィチ・キムと名乗った。東夏のふたつ違いの妹が金成白の四番目の弟に嫁ぎ、三番目の弟が劉敬絹の医院に二カ月前から入院と、両家は近しくしていた。

家は、高い塀に囲まれていた。なかに別棟の家があり、数家族が同じ屋敷内に住んでいる。東夏が門を敲《たた》くと、隣のロシア人が出てきた。のちにロシア官憲から証言を求められる製本屋である。成白宅に用事と知って隣家に声をかける。しばらくすると足音がして、成白の妻がでた。

金成白は、民会の寄合で留守だったが、妻は家に招じ入れた。劉東夏は、安たちは郷里からくる家族を迎えにきた、と紹介した。しばらくして、金成白が帰ってきた。安と成白は、劉敬絹の家で面識があった。とはいえ、お互いにつもる話などはなかった。

「おい、なにか食べてもらいなさい」

金成白は、妻に言いつけると自室に入った。

安と禹のためにひと部屋があけられ、東夏は妹夫婦と一緒に寝ることになった。

旅順を出発した伊藤たちは、二十二日に遼陽、二十三日朝には撫順へと向かった。行く先々での歓迎ぶりは、どこも同じだった。そして、熱い期待も――。


十月二十三日朝。

安重根は、金成白の家で目を覚ました。

「明日、墓を改葬せにゃあならん」

成白は、居間で漢字新聞『遠東報』を読んでいた。

「なぜ？」と、安は、新聞を覗きこみながら訊いた。

「土地が低いんでね。浸水したり犬に荒らされたりする」

言いながら金成白が新聞を安にゆずる。

「そう」と、安は気のない返事をしつつ紙面をみた。

『前韓国統監伊藤博文ら一行は、東清鉄道総局の特別列車にて、二十五日午後十一時に寛城子駅を出発……。ハルビンへ』

新聞は、小さく報じていた。安は、禹徳淳のもとへ持っていった。

安は、『伝記』に『金聖伯《きんせいはく》の家に滞在し、さらに新聞を見て伊藤博文の日程を詳しく知ることができた』と書いている。成白を「聖伯」としたのは、民会長に迷惑が及ぶのを慮《おもんぱか》ってのことだろうか。それもいずれ明白になるが、安の『伝記』に沿って進める。

安重根と禹徳淳は、『遠東報』の記事に悩まされた。

列車が寛城子駅を午後十一時に出発すれば、ハルビン駅到着は、遅くとも午前七時前後になる。特別列車だから、もっと早く着く可能性も捨てきれない。しかもハルビン駅では、ロシアの大蔵大臣らが出迎える。警備も厳重のはずだ。ならば出発駅寛城子駅で狙えばいいではないか。乗り換えの混乱で警備も手薄になる。安は、『伝記』には、ただ『さらに南、長春等の地に向かい事を挙げようとした』としか書いていないが、『訊問調書』に、『当地は警戒厳重だから』と、理由を述べている。

安、禹、そして劉東夏の三人は、散歩がてらにハルビン駅へ向かった。列車の時刻を確かめるついでに、東夏は頼まれた漢方薬を買うことができた。

都市建設から十年余り、ロシア人は、不毛の大地をレンガ造りの建物で埋めつくした。そして金融から商業・建設などすべての分野を独占してきた。ところが近年、日本企業の進出が激しく、とりわけ綿製品の業界に陰りが見えはじめた。皮肉にも日本人の流入は、朝鮮系の建築業者を潤わせた。金成白も、そのひとりである。

駅まで、歩いて十五分ばかりかかった。駅舎は、中央が三、四等客用、左側が一、二等客用の出入口になっている。安たちは、中央口を入った。

時刻表は、支那語とロシア語で書かれていた。下り寛城子行は、一日、二本あった。午前九時発の郵便列車と午前十時二十分発の貨客混成列車だ。前者で九時間、後者が十二時間三十分かかる。上りの所要時間は、郵便列車が八時間、貨客混成で十一時間二十分と、上りが優先されているのがわかる。また、混成が遅いのは、積荷の関係である。

安たちが乗るとすれば、午前九時発である。寛城子駅着が午後六時。問題は拳銃だ。時がときだけに、ロシアの官憲も神経を尖らせている。となれば、二等車に乗らねばならない。安は『訊問調書』に、『汽車なども上等に乗らねばならぬ』と述べている。

安は、財布の中身が気になった。三人は、中央通りを繁華街へ向かう。途中で劉東夏が漢方薬を買った。三人は、ほとんど口をきかなかった。

金成白の家に戻ると、東夏は妹夫婦の部屋へ消えた。

ここで問題がひとつ持ち上がった。通訳である。劉東夏のロシア語は、期待したほどではなかった。誰か、ロシア語のうまい通訳が欲しい。地理に詳しいのが良い。あれこれ条件を言い合っているうちに、安がひとりを思いついた。

曺道先《そうどうせん》。一ト月ほど前、綏芬河《すいふんが》の税関事務所で鄭大鎬に紹介された男だ。禹徳淳も、三年ばかり前にイルクーツクで会ったことがある。十五年前、東学党の乱に加わってロシア領に逃れてきた男だ。同じ人物だとすれば、ロシアの女と結婚したばかりだ、と禹が言った。

「住所を知ってるか」と、安。

「いや」と、禹が応える。

結局、身動きもならなかった。昼どき、金衡在がひょっこりやってきた。

「曺道先？　ひょっとして洗濯屋をやりたがっていた男かな？」と、金衡在。

「そいつだ。イルクーツクでも日本人の洗濯屋で働いておった」と禹が言った。

「ならば、金成玉《きんせいぎょく》先生の家に下宿しているはずだ……」と、金衡在。

「金先生の家なら、ぼく、知ってます、同じ漢方医だから」と劉東夏が言う。

安と禹は、東夏に案内されて埠頭区内の漢方医宅を訪れた。松花江沿いにあるロシア風の民家である。医院を示す小さな看板が玄関先にあった。

東夏が訪うと、「うん？」と、金成玉医師が訝る目を安と禹に向けた。痩身のドジョウ髭を生やした五十がらみの男だった。東夏の説明に、医師は二階に声をかけた。鼻の下に黒々とした髭をたくわえた大柄な男が降りてきた。

「おう」と禹が言い、「やあ」と安が言った。「えっ？」と一瞬、曺道先は戸惑いを見せた。どうしてふたりが一緒かと疑う目をしている。

「ありがとう。あとはいいから、君は帰りたまえ」と、安は劉東夏に四元を握らせて帰すと、「ところで、いよいよ奸賊《かんぞく》を殺《や》ろうと思う」と、曺に向けていった。

「女房を呼び寄せるつもりだったが……」

曺道先は、言い訳めかした。奸賊が誰かは、察したようだ。

「ついては、一番手っとり早い方法でやろう」

安は、寛城子駅で殺る案をだした。承知しなければ、仲間から外すだけのことだ。

「よしっ」と、曺が応じた。大筋の合意は、こうして成立した。問題の凶器は、それぞれ以前から護身用にしていたというが、それも虚偽だと最後に判明する。

安は、『伝記』にこう書いている。


さらに南、長春等の地に向かい事を挙げようとしたが、劉東夏は年若くて一日も早く家に帰ることを望んだので、さらに別の通訳を傭おうとしていたとき、たまたま曺道先に逢った。そこで家族を迎えるために一緒に南行してもらいたいと頼むと曺氏は承諾した。（以下略）

それにしても資金が心許なかった。所持金は記録に残されていないが、安が義兵将軍李錫山を脅して拠出させた「百元」に少々手持ちを加えた程度で出発し、ハルビンまで七十元は使っている。寛城子まで二等車に乗るとなれば、ひとり二十元は必要であった。あと四、五十元は欲しいところだ。安は、ふたたび禹と曺を伴って金衡在を訪ねたが、持ち合わせがないと言う。

三人は、いったん、金成玉の家に引き返して資金の捻出を考えた。曺道先は、職捜しに来て一ト月ほどしかたっておらず、日々の暮らしに困るありさまである。

夕方、三人は外に出た。居酒屋で安酒を呑みながら、金成白に借りるよりほかに手はないとなった。戻ったのは、夜九時過ぎだった。生憎と金成白は、『東興学校』のロシア語講座の教壇に立っていて留守にしていた。

安は、劉東夏に頼んで金成白から五十元の借用を申し出た。東夏は、あからさまにイヤな顔をした。妹の婚家に無心するのが憚られるのだろう。

安は一計を案じ、『大東共報』の李剛宛に一筆認《したた》めた。どうせ李剛《りごう》と兪鎮律《ゆちんりつ》には、経過を報告せねばならなかった。

前出『伊藤博文と安重根』（佐木隆三著）によれば、以下のごとくである。


拝啓。

十月二十二日午後九時過ぎ、ハルビンに安着して金成白氏宅に滞在しております。

当地で『遠東報』を散見するところ、伊藤博文は、東清鉄道総局の特別列車で、二十五日午後十一時に寛城子を出発して、ハルビンに向かうようです。

私等は、曺道先氏とともに、私の家族を出迎えるために寛城子へ赴くと称し、その手前の某停車場で待ち伏せ、いよいよ決行する心構えです。
右、ご了知下さい。
大事の成否は天に任せますが、同胞の善禱《ぜんき》と助けを、切望する次第です。なお当地において、金成白氏から金五十元を借用しました。至急、ご返済下さるよう、切望いたします。
大韓独立万歳。
一九〇九年十月二十四日　午前八時出発、南行す。
禹徳淳（印）
安重根（印）
ウラジオストク大東共報社
李剛様
追伸　ポグラニチヌイより、劉東夏氏とともにハルビンに到着。向後《こうご》のことは、御社に通知いたします。

原文では、伊藤を「伊哥《いか》」（注・伊藤兄の意か）と秘匿し、書き終わった日時を出発の日の午前八時にしているが、大筋は同じである。
安は、東夏に文面を見せ、禹徳淳の連署を示して確約した。東夏は、漢字が読めなかった。とにかく出発は、明朝九時である。ふたりが印鑑を押したのだから大丈夫だ、君が宛名を書いて投函すれば、確実に返済されると、安はロシア語の住所を取り出した。

劉東夏は、封筒に宛名を書くと、不承不承に家を出ていった。

十月二十六日朝まで、あと三日である。ほどなくして少年が手ぶらで帰ってきた。

金成白は、持ち合わせがないからと断った、と言う。再度、頼んで欲しいと安が言うのを東夏は、「直接、おじさんから訊いてよ」と拒んだ。

どうやら調達の可能性はないらしい。

劉東夏の『供述』によれば、安と次のようなやりとりがあったと言う。

「わかった。われわれは、とにかく明日朝に出発する。もし、家族と行き違ってはいかんから、日本の重要人物がハルビンへやってくる時間がわかったら、必ず電報をくれ。居場所は、電報で知らせる」

安は、次善の策として途中駅で待ち伏せることにした。

「ええっ。そんなこと言ってなかったのに……」

「実は、そうなんだ。公言を憚るが、その重要人物と一緒に来るひとは商取引きで親しかったんで、その列車に乗る手筈《てはず》になっているんだ」

「だけど、そのひとは誰なの？」

「伊藤博文だ。二十六日の午前中にハルビンに到着するはずだ。誰にも言うなよ。言ったらおまえも殺すぞ」

安は、脅すように釘を刺した。

劉東夏は「いつもの安と違って恐ろしく不安に感じた」と供述している。

翌十月二十四日朝、安は、用意した夜具を丸めると布袋を手に禹徳淳と曺道先、それに劉東夏を伴ってハルビン駅へ向かった。

好天に恵まれたが、昨日と同様に寒かった。駅頭は、軍隊が出動するものものしい厳戒態勢が敷かれていた。ロシアの大蔵大臣が到着するらしく、軍楽隊と儀仗兵がプラットホームに整列している。

安は、劉東夏に駅員から寛城子駅発の列車が確実にすれ違う駅を訊かせた。ポイントの切り換え作業には、少なくとも二、三十分はかかる。その間隙を衝いて特別列車内に突入する決死の作戦だ。

「三挾河《さんきょうか》だそうです」と、東夏が報告した。

「じゃあ、二等を三枚、これで買ってくれ」

安は、お金をわたした。ハルビンから百二キロ。時間にして五時間あまり、と安は計算した。切符を受けとると、安は東夏に五元を持たせた。

「これで、いつ重要人物が到着するか、われらに電報を打って知らせてくれたまえ。あくまでも家族を迎えに行くことにしておく。連絡先は、到着したらすぐに知らせる」

「はい」と、東夏は承知した。

安重根たちは、厳重な警戒網を敷かれたプラットホームに出て列車の個室に入った。

安と入れ違いに、ココフツェフが盛大に迎えられたのは、十月二十四日、日曜日の午前九時半だった。プラットホームと駅前広場は、ロシア人で埋まっていた。軍楽隊の吹奏と儀仗兵の閲兵は、満州各地に散らばったロシア居留民が待つ東清鉄道の主要な駅でも催されたが、ここでの歓迎式典にはゆうに二時間を要した。

おそらく伊藤たち一行も、これに準じた盛大な歓迎を受ける予定である。

式典が終わって、すぐさまココフツェフはニコライ聖堂へ向かった。旅の安全に感謝し、遠く離れた居留地で国家建設に邁進するロシア国民の安寧を祈るために――。

ココフツェフの『回顧録』にこうある。


駅からニコライ聖堂に至る長い沿道は、このような行事に飢えた人民で一杯であった。国境警備隊と鉄道隊のハルビン守備隊全軍が道の両側を絨毯《じゅうたん》のように彩り、道を進むごとに国境警備隊行進曲でわたしを迎えてくれた。ハルビン中の正教会の聖職者によってミサは行われ、その後、聖堂前に整列したブラスバンドの奏でる国歌をバックに陛下の長壽が祈られた。国歌が終わると聖堂前に集まった大変な数の大衆が雷よ

ろしく「万歳」を叫び、その万歳の声はわたしが駅に戻るまでの間、ずっとやむことなく繰り返された。（池上みどり訳）

ココフツェフは、車輛（注・四輛連結の特別列車を宿舎にしていた）に戻ると、ほんのひと息入れただけで、外出の準備をした。

そのころ、伊藤たち一行は、撫順炭鉱を視察していた。六十平方キロメートルという大地が、表土を取り除けば最上質の無煙炭である。炭層は、二十メートルから百三十メートル、埋蔵量九億五千万トンと推測された。これら無尽蔵といわれる燃料が満州開拓に大きな働きをするはずである。

同日午後〇時十三分、安重根たちが乗った列車は、蔡家溝《さいかこう》駅に到着した。すれ違う列車を待つのか、すぐに発車する様子もない。個室からでた乗客がプラットホームで背伸びをしている。そこは高架になっていた。どんよりと濁った荒寥たる原野に、くすんだ三角屋根が町並みをつくっている。駅からかなりの距離があるようだ。

「曺さん。どこの駅だと確実に待ち合わせられるか、駅員に訊いてくれませんか」

安は、念のために確認させた。

三挟河駅まで南下すれば、さらに一時間半ばかりかかり、深夜にすれ違うことになる。伊藤は、個室で寝ている。仮に所要時間を八時間として、ハルビン到着が午前七時。ここの通過が午前四時ごろの計算だ。まだ夜明けには遠いが、起きている可能性もある。

汽車から降りた曺道先が、外套の襟をかき合わせながら駅員のもとへ歩いた。

彼らが駅員と見たのは、鉄道隊のショーミン軍曹であった。

ショーミン軍曹がロシア官憲に述べた『証言』によれば、「ロシア語のうまい男が『三挟河駅では上り列車とすれ違うのか』と訊いてきたので、『三挟河駅は大きいが、この蔡家溝駅なら確実だな』と応えた」という。

そこへ上り列車が入ってきた。プラットホームを挟んで上下の列車が並んだ。駅員が線路の切り換え作業にかかった。彼ら三人は列車を見送ると、階段を降りた。所持した切符は、三挟河駅までであった。ショーミンは、彼らに切符を返した。

何かを企んでいるに違いない、と軍曹は睨んだ。前日、ハルビン駅警察隊本部から要警戒の連絡が入っていたからだ。彼らは、高架下の食堂へ入った。そこは、中年のロシア人夫婦と十二、三の娘の三人がやっていた。

安重根を語る上で貴重な『伝記』は、ときとして重要な部分を書き落としている。安の心の動きを知る上で重要な事柄になるから、時間をハルビン駅出発前まで遡って確認しておこう。

まず、『伝記』を――。

翌日早朝（注・二十四日）、禹、曺、劉の三人と一緒に停車場に行って、曺氏に、南清列車の交換する停車場はどこかを駅員に詳しく尋ねてもらったところ、蔡家溝の地であることがわかった。そこで、禹、曺両人と劉氏に別れを告げ、列車に乗って南下し、目的地に到着、汽車を下りて宿を決め、滞在した。（中略）日本の大臣伊藤を迎えて、明後日朝六時、この駅に到着するという。（以下略）

ここに蔡家溝が当初からの目的地として書いてある。安が述べた『訊問調書』によって修正しながら経緯を前述したが、李剛に宛てた手紙には、『寛城子を巨《へだた》（注・距の誤りか）る幾十韓里手前なる某駅』とあり、行き先を決めていなかったと考えられる。また、ショーミン軍曹の『証言』から三挾河駅までの切符が確認され、『明後日朝六時、この駅に到着』も、同軍曹から聞いたものに違いないのである。このハルビンからの「移動」を最後まで記憶に留めておいていただきたい。意外な事実に突き当たるはずである。

さて、安重根だが――。

安は、劉東夏に電文を書いた。

『蔡家溝駅で待つ　家族が来たれば知らせよ』

露文に翻訳した曺道先が、駅前の電報局へ走った。ちなみに電報は、すべて証拠物件として押収されている。

ココフツェフは、活動を再開した。

まず、ハルビン駅に出迎えてくれた高級官吏や各国領事に礼を言い、明後日の伊藤公出迎えと鉄道ホテルに用意した晩餐会にも出席してもらわねばならない。友好を内外に示す会談が賑々しく世界に報道されるには、どうしても彼らの協力が必要だった。特に、病気を理由に自分を出迎えに来なかったドイツ領事には、何としても会わねばならない。ところが川上総領事によれば、ドイツ領事の病気は本物らしく、ついに面会が叶わなかった。

そして車輛に戻ったのは、午後五時過ぎであった。

そこへ川上がやってきた。

ココフツェフは、『回顧録』にこう書いている。

わたしは、かなりの長いあいだ日本の川上総領事と車中で会っていた。彼は、いままでなしてきた伊藤公爵の歓迎式典から余興の準備に至るまで、適切な助言をしたホルヴァット将軍に謝意を述べた。ホルヴァットは、わたしが受けたと同様の歓迎会を再現しようとしていた。総領事は、日本人居留民有力者たちのさばき方を検討する、といって領事館へ戻って行った。(池上みどり訳)

ココフツェフは、駅の警備を心配した。

川上総領事は、なるべく多くの日本人が出迎えられるよう、ロシア側が用意した招待状を出さない方針だという。身分の確認ができないで、どうやって取り締まるのか。むろん、ロシアが国賓待遇で迎えるからには警備に万全を期すが、そのために一生に一度、祖国から訪れる偉大な政治家に会うチャンスを、日本居留民から奪うようなことがあってはならない。そこは、ホルヴァット少将に任す他にないと観念した。

夜遅く、民政部長アファナーシェフ少将をはじめ、東清鉄道営業部長、護境軍団軍務長、憲兵大尉ら警護の将校数名、そして特別に名コックまでそろえた迎えの特別列車は、川上総領事を乗せてハルビン駅を出発した。あとは、ひたすら到着の無事を祈るばかりであった。

十月二十五日朝、安重根は、蔡家溝駅食堂の二階で目を覚ました。

昨夜、食堂の店主セミコーノフは、家族を迎えに来たという安たちに同情して、ふた部屋しかないうちのひとつを空けてくれた。とはいえ、安眠できたわけではなかった。

昨日午後二時過ぎに劉東夏から第一報があり、『明日朝くる』と知らせてきた。まさかと思い、問い合わせたところ午後七時ごろに電報があり、『ウラジオストックから来る、帰れ』と言うのである。寛城子から来ると報じた『遠東報』の記事が誤報だったのか。しかも『明日朝』となれば、今すぐに出発しなければ間に合わない。だが、列車はない。

安の心境を忖度《そんたく》すれば、相当に狼狽し、不安のうちに朝を迎えたはずである。本当の理由は最後に明かすが、ひとまず安たちは、ハルビン駅に戻るか、それとも蔡家溝駅で辛抱強く待ち伏せるかである。だが、劉東夏の電報が気になった。

彼らは、相談の上、ふた手に分かれることにした。禹と曺が蔡家溝駅に残り、安がハルビン駅に戻るのである。そして「やつが着いていたら電報で知らせる。間違いだったら、おれはここに戻って来る。間に合わなかったらふたりで殺って欲しい」と安は、布に包んだ弾丸《たま》を禹に手渡した。弾丸の先端に「十」字の切れ込みを刻んだダムダム弾である。

「よしっ」と頷いた禹が、それをポケットにねじこんだ。

朝食ができていた。

「ハルビン行の列車が何時か、訊いてくれないか」

安は、曺道先に言った。すぐさま曺がセミコーノフに訊いた。

「混成が今朝五時半に出たから、あとは午後〇時四十五分の郵便だなぁ」

店主が呑気に応えた。昨日、すれ違った列車である。

安は、心急《せ》く思いで朝食のスプーンをとった。


同日、ココフツェフは、午前中に東清鉄道理事会に出席して、さまざまな重要案件の会議をこなしたあと、山と積まれた書類に目を通していた。伊藤公爵と協議する鉄道関係の書類だが、改めて目を通すと、意外と初歩的な事柄が抜け落ちていた。満鉄との境界線は、ほぼ現状通りとしても、長春に在住するロシア居留民の身分をどうするのか。支那人とロシア人を同等に扱うにしても、裁判権の所在とか商業権、私有財産をどのように日本側が保障してくれるのか。従前通りといっても、日本の司法当局が庇護してくれなければ、無意味である。ココフツェフは、すでに東清鉄道総局の敷地内におけるすべてを治外法権にする承諾を清国から取り付けていた。長春の場合は外務大臣イズヴォーリスキーの管轄になるが、このさい伊藤から言質《げんち》を取っておく必要があった。

それにしても約定、約定とつづく書類に辟易させられる。

午後四時、ココフツェフは、地元商工会議所へ出かけた。

安重根は、途中駅で『遠東報』を買って読んだが、それらしい記事はなかった。列車は、午後三時にハルビン駅に着いた。すぐさま支那人の駅員に伊藤たちが来たかとたずねたが、

「まだ」とのこと。ほっとして金成白の家へ向かった。

「東夏君。この電報の意味はなんだ」

安は、語気を荒らげた。『明日朝くる』との誤報は確認できたが、東夏が根拠とした情報の出所を問い糺《ただ》したのである。

「新聞のどこにも出てなかったんです」

劉東夏はうろたえて、『ハルビン・ウェストニック』を示した。

「そんな」といったが、到着時間などは書いてない。つまり、なんの根拠もなかった。

安の『訊問調書』によれば、このとき東夏は『明日帰つて呉れれば宜《よ》ひと思ふて電報を打つた』と応えている。思うに、後に伊藤の来訪も知らなかったと検察官に前言を翻した東夏は、ことの重大さに逡巡したのであろうか。

このあと安は、金衡在を訪ねている。そして昨夜十一時、迎えの特別列車が寛城子に向けて出発したのを知らされた。予定通りに獲物は来る。禹たちが仕留めれば良し、失敗したならばと、安はまたも焦燥に駆られたはずである。

十月二十五日午後四時ごろ、伊藤は、孟家屯駅から新たに市街地に乗り入れた長春駅に到着。内外の官民出迎えのうちに満鉄クラブに入った。

このとき、都督《ととく》府の憲兵隊と警察官がハルビンまで護衛すると申しでた。都督府民政部参事官（注・東京出張中の白仁《しらひと》武長官の代理）の大内丑之助が、「軍服がだめなら平服ではどうか」と、秘書官古谷久綱に進言したのだ。「他国へ入るのに、自国の護衛をつけたとあっては礼を失する」と、伊藤が断ったと室田は証言している。

夕方六時半、伊藤は、清国道台《どうたい》（注・地方総督）主催の歓迎晩餐会に出席した。午後九時に閉会。一行は、長春駅からおよそ十五分をかけて孟家屯駅へ戻り、ロシア側の寛城子駅まで馬車で移動した。

東清鉄道の特別列車は、五輛編成だった。蒸気機関車のすぐ後ろの車輛には、ロシアの出迎え陣が搭乗し、二輛目が食堂車、三輛目が日本人随行、四輛目が中村是公、川上俊彦、室田義文、そして伊藤博文である。最後尾五輛目に応接セット、執務机とバーを備えた貴賓車をつけていた。いずれの車輛にも分厚い絨毯が敷かれている。

定刻午後十一時、列車は発車した。『室田義文翁譚』によれば――。

・

一行は、東京より帯同した随行の他に、満鉄総裁中村是公、同理事田中清次郎、同秘書長龍居頼三、同社員庄司鐘五郎、同じく天野明、関東都督府民政部長官代理大内丑之助及び長春まで出迎へに来たハルビン総領事川上俊彦が加はつてゐた。そして、露西亜側からは一行出迎へのため、東清鉄道民政部長アフアナーシエフ少将及び営業部長ギンツエの他十数人の将校が接待員として同乗してゐた。列車が動き出すやそれ

等の接待員一同から、

『公爵閣下に御見知りの栄を得たいから、食堂車まで御出席願へないだらうか。』

とのことであつた。早速伊藤にその由を通ずると、伊藤は快く義文等を従へて出席した。

アファナーシエフ少将の歓迎の辞があり、伊藤の健康を祝して一同は三鞭《シャンパン》酒の杯をあげた。そして茶菓の饗応があつた後、伊藤はやおら立ち上ると、

『自分が此の度ハルビンを訪問するのは何等政治外交上の意味を含むものではありませぬ、たゞ新しい土地を視察し、天下の名士ココーフツオフ氏其他に会見するのを楽しみにして居る次第であります。（中略）どうかこの親和の関係が、親しむべき諸君と同席するを得たる、この汽車中に始まつて、ます〳〵鞏固《きようこ》なる関係を助長し得ることを期したいのであります。いま、諸君の健康を祝し、盃を挙げたいと思ひます。』

と言つて乾盃した。するとそのときギンツエ部長が起ち上つて、

『如何なる障礙《しようがい》如何なる困難ありとも、私共はその困難のために両国の親交を害するやうなことがあつてはならないと思ひます。』

と言つた。そしてじつと伊藤の方を見つめた。（中略）

十一時半過ぎ、食堂車を退出した伊藤は、義文及び秘書官の古谷久綱と一緒に、総領事の川上俊彦を呼び、一時間半にわたつて、北満地方の事情について聴取するとこ

ろがあつた。そして伊藤が寝台に入つたのは、最早や午前一時を少し過ぎてゐた。

十月二十六日午前〇時十分、特別列車は、米沙子《べいさし》を通過した——。

そのころココフツェフは、ようやく書類から解放された。

「まあ、大変だろうが、リヴォフ君、あと二、三日の辛抱だ。頑張ってくれたまえ。寝る前に、頭を冷やしがてら月でも見ないかね」

ココフツェフは、官房長リヴォフを車外に誘った。あちこちの歓迎会を断り、午後七時から会談の準備に忙殺されていた。

「はい、お供をいたします」

ふたりは、オーバーコートに身を包んで車輛を降りた。歩哨のふたりが敬礼した。辞退したが、万が一を慮《おもんぱか》って鉄道隊がつけた警護である。

駅の寒暖計が零下十度を指していた。風はなく、耳が痛くなるほどの静けさだ。ウラジオストックでは、警戒電報の主ウンテルベルゲル将軍に会わねばならない。それも気の重い仕事である。

三等待合室の前でふたりは、立ちどまった。壁にとりつけられたアセチレン灯が部屋を昼間のように照らしだしていた。ホールの中央に椅子やテーブルが寄せられ、床は見事に水拭きしてある。

「これを見せて鉄道の責任者に文句を言わせたいものだね」

ココフツェフは、笑った。鉄道総局中央の責任者は、駅舎を清潔に保つために金がかかって仕様がないとこぼしていた。この無駄な徹底ぶりを、どう見るかである。

「まったく」と、リヴォフも微笑みながら頷く。

そしてココフツェフは、『回顧録』に『この一見して何気ない出来事が翌日に重大な意味をもつことになった』と書く。この『重大な意味』は、十二時間後に捕らえられ、待合室で一夜を明かしたと証言した安重根の嘘を、あばくのである。


午前一時三十分、渤海《ぼっかい》を通過――。

午前二時過ぎのことだ。『室田義文翁譚』によれば――。


いきなり義文の寝てゐる車室の境ひの板壁をどん〳〵打つ音がする。義文は、はッと耳をすました。すると、

『おい室田、室田、話があるから出て来い。』

と言ふ声がする。それはまぎれもなく伊藤の声である。義文は、伊藤をもつと寝させておかぬと、もし体躯に障るやうなことがあつては大変だと考へて、

『でも、こんな寒い晩には風邪をひきます。御免被ります。』

と言つて、あけすけに断つた。が伊藤は承知せず、（中略）

『いや、特別の用はないが、詩を一篇つくつたから見てくれ。』

と言つて、奉書の紙片に墨痕鮮かに認めたものを義文に手渡しした。

『何だ、詩か。』

と思ひながら義文は、それを見た。それは次ぎの如きものであつた。

萬里平原南満洲　風光闊達一點秋　当年戦跡止余憤　更使後人牽暗愁
伊藤は義文が一通り読了したと見るや、

『どうも〔更使〕の二字が面白くないやうに思ふ。明日森に見せたいと思ふが、忘れるといけぬから書いて置いたんぢや、一つ君預かつて置いてくれ。』

と言つた。

『承知しました。なか〳〵よく出来たやうです。』

義文はさう言つて、お世辞を言つた。そうしてその儘寝巻のポケツトにねぢ込んだ。

この詩が、はからずも大政治家伊藤の絶筆にならうとは誰がはたして予期したであらうか。（以下略）

午前三時十分、窰門《ようもん》を通過。

午前四時三十分、桃頼照《とうらいしょう》を通過。

そのころ、禹徳淳と曺道先は、駅の食堂に閉じ込められていた。

昨日の夕方から兵隊の出入りが激しくなった。曺道先が訊くと、明日午前六時ごろ、日本の大官を乗せた特別列車が通過するという。「シメタ」と思ったところが、日が暮れて店主セミコーノフが駅の助役に呼ばれた。店主は何を言い含められたか、「二階の部屋は娘が嫌がるから」と、一階の控室を用意した。そして「寒い、さむい」と、声を震わせて来る兵隊のために、サモワールの火を落とさないで起きていた。兵隊は、たっぷりとミルクを入れた紅茶を啜っては、立哨に戻っていく。

眠ったふりをしていた禹徳淳は、気が気ではなかった。

午前五時、禹は、曺道先の身体をゆすった。

「うん？」と、曺が顔を禹に向けた。眠っていなかった。

「小便をしたくないか」と、禹が小声で訊いた。

「うん」と曺が応えて、ふたりは起きあがった。

「ご主人、ちょっと外で用足しをしたいんだが」

曺が、嗄れた声で訊いた。

「ああ、そうかい。ちょっと待ってくれよ。兵隊がうるさくて敵《かな》わんからなぁ」

セミコーノフは、ぶつぶつ言いながら店を出た。そしてすぐに、「ダメみたいだ。すまんがこれにしてくれ」と、店の奥からごみ箱をもってきた。

午前六時、特別列車は、寝たふりをしたふたりの頭上を、重い動輪の音を響かせ、そして軽やかに線路を鳴らして遠ざかった——。

第三章

薔薇色の風船

明治四十二年十月二十六日——。

安重根は、決死の朝を迎えた。

逮捕後の『供述』に、『青無地毛織の折襟《おりえり》の背広』を着、ワイシャツに『新品のカラーをつけた』とある。ロシア官憲が撮った写真では、黒に近い濃い目の、礼服に似た半コートのようだ。厳粛に臨もうとしたか、歓迎式典に溶け込むためだったか。

窓の外は、暗かった。安は、夜具の下に忍ばせた拳銃を左胸の内ポケットに入れる。同じ部屋に寝ていた劉東夏が、目を覚ました。

「やっぱり殺るんですか」と、東夏が訊いた。少年は昨日、安の拳銃を見て、いままでの行動に合点がいったのか。安は、黙って鳥打ち帽子をまぶかにかぶった。

玄関のドアを静かに開けると外にでた。

「あの手紙は、どうしますか」

劉東夏の不安そうな声が追いかけた。

「銃声が聞こえたら投函してくれ。もしおれが帰らなかったら、夜具と青い布の鞄は君にくれてやろう。中身は、小銭と手帳、印鑑ぐらいのものだが、適当に処分してくれたまえ。だが、このことは誰にも言ってはならんぞ。君は、何の関係もない。そう自分にいい聞かせるんだ。わかったか」

安は、噛んで含めるようにいった。

李剛究の封書には、安が書いた漢詩と禹徳淳の諺文《げんぶん》の詩が同封してあった。金銭の授受はなかったが、送金があれば、金成白が謝礼に受け取ってくれても良かった。

「はいっ」と、少年の返事を背中で聞いた安は、住宅街を足早に抜けた。

午前六時四十五分、ようやくにして迎えた北国の遅い朝は、厚い雲に覆われていた。そちこちに立哨する兵隊の姿があった。兵隊の毛皮の帽子に雪が積もり、吐く息も白い。

石づくりの駅舎は、威風堂々としていた。西は首都サンクト・ペテルブルグ、東はウラジオストック、南は大連、上海へとつながる東アジアの要衝である。長春以南を失った今も、ロシアの栄光に輝きを添えて見せた。

立哨は、中央通りをほぼ二十メートル間隔で立つ。植え込みにも、兵隊の姿が散見できた。蟻一匹入れない警備は、伊藤の身になんらの異変がなかった証拠である。

安は、肩の雪を払うと、中央口から入った。駅は、改札口を持たない開放式であった。プラットホームへの出入りは自由で、切符は車内で検札を受ける。

プラットホームに出る左手前に、開店したばかりの喫茶店兼食堂があった。安は、プラットホーム全体が見てとれる窓際に坐ると、紅茶を頼んだ。

午前七時、事件発生の二時間半前である。

逮捕後、安重根は、プラットホームの様子を『じっと見守った』と供述している。初めから日本人に紛れ込む気はなかったようだ。また、喫茶店まで劉東夏がついてきたという証言もあるが、確たる証拠はない。何しろ、ころころ変わる東夏の供述に、日本の検察官もほとほと手を焼いた。ここでは『伝記』に沿って、東夏の存在を消しておく。

配置についた軍楽隊の向こうで、儀仗兵が分列行進をしている。日本人の数が、徐々に増えた。

午前八時、特別列車は、速度を落としてハルビンの手前三十キロメートルの地点にいた。雪が舞う。寒暖計が零下五度を示している。このあたりの情景は、『室田義文翁譚』に詳しい。平文に直すと、おおよそ次のようになる。

「こんな秋のさなかに雪とは」

室田は、つぶやきながら身支度をした。

板壁が叩かれた。隣室の伊藤である。室田は、また昨夜の漢詩の続きかと辟易しながら「はい」と応え、伊藤の車室に赴いた。

「雪が降っておる。わしは、風邪を引くといけないから肌着の厚いのを着たが、君は薄いのを着ているようだな。これに着替えると良い」

真綿入りの白絹の肌着がテーブルのうえにあった。

肌着は、英国で誂《あつら》えたものだ。赤い布の縁取りは、梅子夫人の手縫いであろうか。随行の医師小山善は、夫人が夫の無事を祈る「千人針」を連想した、という。

室田は、伊藤の知遇を得て三十七年になる。水戸生まれの素浪人だった室田が二十六歳のとき、伊藤は外交官への道を開いてくれ、貴族院議員から金融界と、活躍の場を与えてくれた。位人臣《くらいじんしん》を極めた今も、何くれとなく心配りをしてくれる。わずかばかりの出世に威張り散らす政治家が多いなかで、伊藤ほどの人物はいないと室田は思う。

身を整えて伊藤の車室に戻ると、伊藤は葉巻を銜《くわ》え、じっと窓外の風景に見入っていた。白雪に蔽われた北満の曠野が、朝の微光を受けて寒々と展開していた。

昨夜、「両国の親和の関係が、この汽車中に始まる」と、伊藤は挨拶した。そして「例えば、この列車の進行するがごとく前進しつつある」とも。日露が干戈《かんか》を交えて四年、いまや両国は、眼前の曠野を緑野に変える運命共同体になろうとしている。

室田は、伊藤の眺める風景と同じ映像を網膜にかさねた。

特別列車は、到着時間に合わせながらゆっくりと走っていた。

『回顧録』によれば、そのころココフツェフは、車輛の応接間にいた。

給仕が空になったカップに紅茶を注ぎにきた。ココフツェフは、「もう結構」と手で制して時計を見た。

午前八時半。プラットホームには、ハルビン市の高級官吏や各国の外交官が群がっていた。

東清鉄道理事ホルヴァット将軍との打ち合わせでは、まずホルヴァットが伊藤公爵に挨挨した後、東清鉄道副総裁ヴェントツェリと護境軍団軍務長兼ザアムール軍管区長プィハチョフ中将の順に引見し、そして儀仗兵の検閲をお願いする。その後公爵は、日本人代表団に挨拶する手筈になっていた。ホルヴァットの言葉を借りれば、「歓迎式典の後、公爵の身柄を日本人に引き渡す」わけである。

そこでいったん、公爵一行には特別列車へ戻っていただき、公爵の答礼をココフツェフの車輌で受ける。ご所望があれば、簡単な食事をしているうちに公爵の列車を自分の車輌に移動させ、渡り廊下をしつらえて自由に出入りできるようにする。宿泊は、日本総領事館の計画もあるだろうが、列車内で寝泊まりしてもらっても良いようにしておく。とにかく昼食のときにすべてが決まるはずであった。

日本総領事館員が挨拶に来た。万事、うまくいっていると謝辞を述べる。

調整を終えた儀仗兵が所定の位置についた。あと三十分の辛抱である。

特別列車内では、軽い朝食の後、食堂から貴賓車に移った室田義文、古谷久綱、中村是公、そして川上は、伊藤を囲んで雑談していた。全員がフロックコートに黒い外套、そして山高帽《やまたかぼう》といった出《い》で立《た》ちである。

「あと数分でございます」

川上俊彦が、アファナーシェフ少将の言葉を通訳した。

特別列車は、駆け足ほどの速さになった。

室田は、窓の外を見た。右側前方にロマネスク風の建物があった。

「ほほう。だいぶん兵隊が並んでいるのう」

伊藤が軽い感嘆の声をあげた、と『室田義文翁譚』にある。

軍楽隊が、高らかに歓迎の演奏をはじめた。

午前九時、ゆっくりと蒸気機関車に牽《ひ》かれた特別列車は、南からプラットホームに進入した。在ハルビン日本人会の代表団、ロシア官憲と各国駐在領事団、清国軍隊、ロシア軍各部隊長、そしてロシア軍儀仗兵、軍楽隊の順に行き過ぎ、最後尾の貴賓車を駅舎のほぼ中央、ココフツェフの前に停めた。

「ただいま、ご到着になられました」

ホルヴァット少将がココフツェフに敬礼し、型通りの報告をする。

ふたりの衛兵が小走りして昇降口に小梯子《こばしご》を立てかけ、銃剣を右手に両側に立った。

ココフツェフは、一段ずつ踏みしめるように小梯子を登った。

満鉄から派遣された庄司鐘五郎の『証言』によれば、松木直亮、森泰二郎、龍居頼三ら随行は、特別列車の四輛目から先にプラットホームに降りた。

「では、そろそろ下車しましょうか」

室田は、椅子に腰を沈めた伊藤を促した。

「そうだな」と、伊藤が立ちかけた。

するとそこへ、「ようこそ、ハルビンへ」と、いきなり乗り込んできたココフツェフが挨拶を始めた。

『伊藤公の最期』（佐藤四郎著／哈爾賓日日新聞社刊）を抄出すれば——。

『衷心《ちゅうしん》より閣下の御安着を祝す。而して今日、自分が図らずも日本帝国の元勲たる公爵閣下と偶然、旅行中に相見《あいまみ》ゆるの機会を得たるを最も欣喜し、且《か》つ深く光栄とするところなり』

通訳に立ったのは、川上俊彦総領事である。

『伊藤博文伝』によれば、伊藤は、次のように応えた。

『曩《さき》に閣下が東清鉄道視察の為めに満洲に来らるゝ予定なりと聞くや、従来日露間に於て利害の相抵触する問題の起る毎に、公平且つ賢明なる態度を以てその措置に当られたる閣下が、若しその旅程を日本にまで延長せらるゝならば、両国の親交に資する所多大ならんと思ひしに、議会開期切迫し、公務多端なる為め、その事の行はれざること判明せしにより、我が政府は予をして満洲に於て閣下を迎へしむるに至りたるなり。』

閣下が東清鉄道視察のために満州へ来られると聞いたものですから、かねて公平な態度で日露の問題を処理してこられた閣下を日本へご招待したいと願っておりましたが、公務多忙と承りましたので、日本政府は、わたしを派遣して閣下を出迎えさせていただきました、という内容である。

　ここからも、突発的な会談の認識は、伊藤の側にはなかったことが窺える。

　ところが、『伊藤公の最期』の記述は――。

『自分は今回、満洲漫遊を思ひ立ち、急遽、東京を出発したる次第なるが、その出発前一日、恰《あたか》も閣下の極東御巡視のことを耳にし、衷心、閣下と相見へんことを希望し居たるに、今日ここに素懐《そかい》を達することを得たるは、最も欣幸《きんこう》とし、且つ光栄とするところなり』

　そして伊藤は、「わが国へご来遊あり、わが官民の熱烈な歓迎を受けられますことを切望しておりましたが」と、招待の件に触れたことになっている。

　よく吟味すると、伊藤は『閣下の極東御巡視のことを耳に』した。ココフツェフは『偶然、旅行中に相見ゆるの機会』だった。ならば伊藤は、なぜ蔵相が『伊藤公と会談することを快諾したり』と、『伊藤博文伝』に書いたのか。ココフツェフはロシア人の事件関与を恐れて事前の協議を否定したとわたしは憶測したが、こうなると両者が「偶然」の出会いを前提としていたかに見える。

　邂逅《かいこう》の細部にこだわるのは、これで止める。

「ありがたいお招きにあずかりまして、まことに喜びといたすところでございます。いま、偉大なる発展をとげておられる貴国に一遊し、各方面の社会状態に親しむのを願ってはおりますが……」

ココフツェフは、またも長々とした返礼の挨拶を述べる。それに伊藤が答え、蔵相が丁寧にかえす。その往復が三、四度におよんだと、室田はいささか辟易したように交歓の様子を描いている。

ココフツェフは『回顧録』に、『伊藤公爵は、終始うなずき、どうにもわたしに真似ることも出来そうにないが、喉を鳴らすような音を発しておられた。どうもそれは満足の意を表しているようだった』と、興味ある生前の伊藤の姿を描写しながら――。

わたしが話し終えると、公爵はじっとわたしの目を見て以下のことを仰った。

「わたしはいい加減年寄ですから、ものを言う前に、きちんと考えられるようになりまして、わたしと閣下とは、これから沢山いろんなお話が出来ると思います。ただ、その前に、もう一度言わせていただきたいのですが、わたしは今回、閣下にお会い出来て幸せです。（中略）閣下が、わたしの口から貴国皇帝陛下のお気に召さぬようなこと、あるいは貴国にとって害となるようなことは、何一つお聞きになることはありますまいと、前もってお断りできます。貴国の未来に幸あらんことを願い、わが国と

貴国とが、ふたたび敵となることは、決してありません」（以下略）

『回顧録』は、逐一、事件の直後に記録したメモをもとに書かれている。そして、この友好的な両国の交歓がどれほど皇帝陛下をご安心させることか、とも。

プラットホームで事件を見守る羽目に至った日本人たちは、どうだったか。本筋からは外れるが、貴重な証言をすることになる人物を紹介しておこう。

料理店土屋の酌婦阿部タカは、数えの二十歳である。伊藤公爵の姿をひと目見ようと、紫色の銘仙に黒いショールを肩に羽織ってめかしこんだ。昨夜、十六歳になる稲田ハルを誘うと、料理店の主人森良一も行くというので、早起きして一緒にやってきた。

プラットホームには、すでに大勢の日本人がいた。その集団に加わろうとすると、「女はダメだ」と、日本総領事館員に追い払われた。

「では、旦那さん、わたしらは」と、泣く泣く一、二等出入口のあたりに退いた。すると今度は、「あっちへ行け」と、ロシア人将校が言った。

ふたりは、わずかに三等出入口寄りに移動した。

しばらくして軍楽隊の演奏が始まり、特別列車が入ってきた。

ところが、列車が停止しても、伊藤公爵たちはなかなか降りてこなかった。

料理店『土屋』の主人森良一は、阿部タカに誘われなかったら、朝早くから見物なんぞに来なかっただろうにと、最後尾の車輛の真ん中あたりに目をやった。そこには、写真でしか見たことのない伊藤がいた。途端に喜びと活力が全身に満ちてきた。この興奮をふたりに分けてやろうと、日本人の団体から抜け出て儀仗兵の後ろを小走りした。

女たちふたりは、三等客用の出入口に悄然と立っていた。森は、車輛を指でさし、「あの小柄な方だ」と教えた。背伸びしたふたりが喜色を満面に浮かべるのを見届けると、森は踵《きびす》をかえした。

事件発生の十分ばかり前の光景である。

車内では、ようやく伊藤が室田から古谷、中村の順に紹介し始めたところだった。ココフツェフは、微笑みながらひとりひとりに近づいて固く手を握りしめた。あまりの長さに、室田はまたも辟易させられる。そして、車中でおこなう昼食会について打ち合わせたあと、『室田義文翁譚』によれば——。

『時に閣下にお願ひがございますが、此処に整列してゐる軍隊は、閣下に敬意を表するため　特に差廻されたものであります。特に閣下に、これ等の軍隊の仮指揮官としての御検閲を願はれますならば、非常なる光栄に存じます。』

『ほう……しかし。』

と瞬間、伊藤は一寸考へた。そして、

『自分は相憎く旅行中で、正装の準備をして居りませぬ、平服で軍隊の検閲をするのは如何なものでせう。』

と言つて、一応辞退した。が、ココーフツオフが重ねて、

『いや、左様なことは一向差支へありませぬ、此の際是非どうぞ。』

と言ふので、遂に承諾し、伊藤はハルビン停車場に於ける軍の仮指揮官として、検閲することになつた。（中略）

『よろしい、それでは。』

と言つて伊藤は、ココーフツオフの先導により、貴賓車を出て、義文及び古谷、中村、川上の随員を従へ、プラツトホームに降り立つた。


九時二十五分。伊藤博文は、山高帽を手で浮かせて衆人に会釈した。

検察官に対する『供述』によれば、安重根は、すぐには喫茶店から動かなかった。彼は、伊藤の顔を新聞でしか見たことがなかった。その写真に似た男がもうひとりいた。その男は、貧相な口髭の男に続いて降り立ったが、年齢も似通って恰幅がよく、身形《みなり》もしっかり

している。そのうちに大柄なロシア人と小柄な通訳に挟まれ、貧相な男が先頭を歩きだした。ここで安は立ちあがった、という。

この時刻を、目撃証言から検討してみる。

料理店土屋の酌婦稲田ハルは、『伊藤さんが汽車から降りる少し前でありました』と証言。同阿部タカは、『(プラットホームに出る姿は) 見ませぬ。私が待合室の入口の所へ行き《ママ》た時、最早其人は、先に行きて居りました』と証言している。

前述のように阿部タカたちは、日本の総領事館員から「女はダメだ」といわれて一、二等出入口へ。そして「あっちへ行け」と、ロシア人将校に言われて三等出入口寄りに移動。その時、軍楽隊の演奏が高らかに鳴り始めて、特別列車が入ってきた。伊藤たちは降りてこなかった。この時点で「安と思われる」男をプラットホームで目撃している。

つまり安は、列車到着前に喫茶店を出、駅舎を背にして様子を窺っていたのである。

さて、検閲の式典が始まった。

事件直前の貴重な写真を撮った男がいた。先に下車した満鉄社員庄司鐘五郎である。

庄司は、整列した儀仗兵を撮ったあと、降りてくる伊藤たちに向けてシャッターを切った。プロの報道写真家ならば、世紀の大スクープである。伊藤最期の姿を写真におさめた庄司は、後に検察官の求めに応じて被写体を次のように絵解きしている。

右端に後ろ姿の田中満鉄理事、ロシアの儀仗兵を挟んで満鉄代理店主夏秋亀一（注・前年、後藤新平に随伴して訪露）、山高帽をもちあげた川上、大柄なココフツェフが白い手袋をはめた手で誰かを紹介し、その向こう側に山高帽をとろうとする伊藤、手前の大きな背中が活動写真技師である、と。

庄司は、ふたつのシーンをおさめた写真機を列車内に置いて急いで列に加わった。

歓迎式典は、室田と庄司の『証言』によれば、次のように展開した。ちなみに庄司は、ロシア語に堪能であった。

まず、護境軍団ザアムール軍管区十九中隊の軍楽隊がひとしきり到着を言祝《ことほ》ぐあいだ、ココフツェフがホルヴァット少将を紹介した。

伊藤がホルヴァットと握手。そして副総裁ヴェントツェリを引見させる。

「どうぞ閣下、閲兵してやってください」と、ココフツェフが伊藤を促した。

脚立《きやたつ》に登った写真技師が、儀仗兵の後ろから活動写真機を回している。

庄司は、その回転ぶりを見て「早いものだ」と、興味深く眺めやった。

「いや、閣下がお先に」と伊藤。

「閣下がおひとりでどうぞ」と、ココフツェフ。

「それでは、ふたりにて」と、伊藤が勧める。

ふたりは、並んで立った。

ロシアの儀仗兵が捧銃《ささげつつ》をする。

答礼した伊藤は、右へ歩調をとった。左側に半歩遅れてココフツェフが、後ろからホルヴァットとヴェントツェリが、伊藤の右側を半歩さがって川上が、そして室田、古谷、中村と続く。

清国儀仗兵の前を過ぎて各国代表団のところへ来ると、ココフツェフが清国のダオ・タイ総督を紹介し、北京駐在のロシア公使コロストヴェッツ、リヴォフ、ジャドヴォイン、プィハチョフらを、そしてハルビン市長ベルグ、始審裁判所長ストラーゾフ、検事ミルレルと紹介が続いた。このなかの何人かは、庄司の顔見知りであった。

安重根は、目星をつけた男が遠ざかるのを、「いずれ戻って来る」と待ち構えた。予想通りに貧相な男を囲んだ一群が、列を崩して元の位置に来た。安は、静かに駅舎の壁面から離れた。無意識のうちに小走りしていたかもしれない。

安の『供述』には、このとき「旦那風の男のあとをついていった」とある。これが森良一だとすれば、時刻が合わない。が、「旦那風の男」は、駅舎と歓迎陣との間を自由に通行できる状況を示したことになる。

室田は、伊藤から二、三歩遅れてついていった。ロシア正教会の聖職者たちが待ち受ける向こうに、日本人の団体が整列していた。その手前にさしかかると、ココフツェフが言った。

「ここで日本の総領事に閣下をお任せするわけでございますが、その前に儀仗兵の分列行進などをご覧に入れてからにさせてください」

「おやおや」と、室田は思った。一番待ちこがれていた日本人が後回しとは。

始審判事ストラーゾフに対するココフツェフの証言によれば――。

『儀仗兵整列区域の終わる地点に於いて、余は市長および数名の名士を紹介したり。その名士の中には地方裁判所長（注・ストラーゾフ）あり。余は裁判所検事（注・ミルレル）を公爵に紹介せり。それより儀仗兵の分列行進の検閲を乞ひしが為、その方へ復帰せるやう公爵に懇請せり』

やがてこれら司法官が数分後に起きる事件を担当する――。

室田によれば、閲兵が終わり、「そうか」と頷いた伊藤が、日本人の群に会釈して儀仗兵の方向へと戻りかけると、案の定、列が崩れて口々に挨拶が返された。やや疲れた表情をした伊藤を取り囲むように、随行員たちが立ち止まった。

これから分列行進がはじまる。並んで観るべきか、それとも思い思いに立っていれば良いのか。随行員たちに戸惑いは見られたが、いくぶん和んだ雰囲気があった。

儀仗兵側から見て一番右手前に伊藤、奥隣にココフツェフ、左半歩前進した場所に川上総領事、その左奥に森泰二郎、手前左に中村是公、鄭、古谷、龍居、田中らが行き場を失って群がっていた。

森と中村のあいだにいた室田は、これで小村壽太郎と後藤新平も満足するだろうと思った。ふたりは、満鉄が生命線といい、この交渉が成立すれば、願望の九分九厘が達成できるわけだ。

「ずいぶんと中に入れなかったものがいるなぁ」

室田は、待合室に群がった群衆に目をやった。

「いや、歓迎会を総領事館で予定しておりますから、どうせそこで会えます」

川上が言った。芸者や手品師、中国舞踊団も長春から呼び寄せてある、という。

案外、警備は甘いと見た安重根は、躊躇しなかった。軍楽隊のうしろを抜け、儀仗兵を大方通り過ぎようとしたあたりで、安は内懐に手をさし込んだ。拳銃を握りしめる。引き金に指をかけ、親指で安全装置を外す。さらに足早になる。

儀仗兵のあいだをうしろから割り込んだ。

「いまだっ！」と思った瞬間、ロシア人将校の身体が伊藤の姿を遮った。

一撃のチャンスを逸した。

このとき、東清鉄道警察隊ハルビン駅分署長心得騎兵一等大尉ニコライ・ニキホロフは、儀仗兵の列から前に出ようとする不審な男を見つけて駆け出した。

その刹那――。

拳銃を抜いた男は、右腕を伸ばして構えた。

銃声がした。

ココフツェフは、伊藤と並んで振り向こうとした瞬間――。

『余は余の後面に方《あた》りて恰も玩具の爆竹とも思はるゝか如き極めて小さなる爆声を耳にしたり。此時余は公爵と同時に其響の来りたる方面へ振り返へり又この瞬間時に於て余は最初のものと同様なる数声の低き爆声を聞けり。其の爆声は直接余の方向に向けられたるものゝ如く思はれたり。如何となれば余は伊藤公爵と共に立てる時公爵よりも爆声の起りたる場所へ少しく近くに在りしを以てなり此時余は群集の喧囂《けんごう》及び既に公爵及余の反対の方向に向けられたる猶数回の爆音を認めたり』

と、ストラーゾフに証言している。

拳銃は、前後三回に分けて発射された。

大臣の傍らにいた護境軍団長ニコライ・プィハチョフ中将は――。

『余は右方に当り銃声（複数）を耳にせし時、右方に振り向きたるか此瞬間に数は分ら子《ね》ど銃声響けり之に次で犯人は急遽左方九十度の角に身を転じ、余の感せし所によれば随従員の方向に向ひ一発或は二発を発砲せり』と証言。

阿部タカは、「ポン、ポン」と、二、三発を、稲田ハルも「パン、パン」と三発ばかり聞いた。

室田義文は、伊藤から三メートルほど離れた場所にいた。

最初、「ピチピチ」という音を聞いた。それから爆竹のような音。プラットホームの外にいる日本人たちが歓迎の意味をこめて花火を鳴らしたのだろう、とまず思った。続いて「パン、パン」と、今度は明らかに銃声だった。

「何者だ」

伊藤が短く声を発するのを室田は聞いた。

はっと気がついてみると、儀仗兵のあいだから、小さな男がロシア兵の股のあいだをくぐるような恰好で拳銃をつきだしていた。おやっと思って伊藤を見ると、伊藤も室田をちらっと見た。足元が覚束なく、何かに寄り掛かりたい様子であった。

ロシア語新聞『ノーヴァヤ・ジーズニ』紙は、『活動写真技師ズエフは、公爵が到着してからずっと撮影していた。彼は、暗殺の瞬間をよく見ていたが、驚いて写真を撮るのを忘れた。ズエフの話では、暗殺者は、予想外に冷静であった。二発を撃って、一歩前進し、ピストルを別の方向に向けて撃った』と、報じている。

（注・作家斎藤充功《みちのり》氏によれば、この時撮ったニュース映画がロシアに保存されていると判明、暗殺の瞬間が写っているかもしれない、という。）

また、同紙によれば――。

耳元で銃声を聞いた護境軍団長プィハチョフ中将の副官特務将校騎兵二等大尉ティツコフは、いきなり現れた凶漢の手首をとってねじあげようとすると、男が数発を発射した。ティツコフ大尉は男をプラットホームに組み伏せようとしたとき、儀仗兵の指揮官も抜剣して襲いかかろうとした。

最後に伊藤と握手をしたコンスタンチン・ミルレル検事も証言している。

『公爵及大蔵大臣は、五歩及至七歩を進み未《いま》だ日本人の集団に達せざるとき此の集団と露国の儀仗兵の空間より数回発銃の低音を発せり。最初二回発射の後余は他の者と共に発射の箇所に駆付けたるに犯人と認むべき者は左手にて右肘を支へ尚ほ一発を儀仗兵の前面を進行中の公爵に向て放ち夫《それ》より急に転回して公爵の従者に発射し、其数凡《およ》そ三四発なりしか最后の発射は地上に近く放ちたり。思ふに此の弾丸は田中氏を傷けたるものならん。（中略）兇行者は全力を以て頑強に格闘せしが、是れ蓋《けだ》し残余の一弾を以て自射せんと欲せしためならん。兎に角格闘の際拳銃を携へたる手を自己の方に向けんと努むる挙動をなしたり』

安は、一瞬、自殺しようとしたのか。

騎兵一等大尉ニキホロフが現場に到達したとき、犯人はティツコフ大尉に組み伏せられようとしていた。ハルビン市警察署長心得騎兵一等大尉ニコライ・チェルノグラーゾフと後黒竜護境軍管区第六歩兵中尉ミハイロフ・ワデツキーも来ていた。男は、おとなしく拳銃を放した。ニキホロフは、凶漢のポケットを検《あらた》めた。ナイフが一丁出てきた。

「ウラ・カリヤ（韓国万歳）、ウラ、カリーヤ」

男は、ロシア語で三たび絶叫した。

このとき、ココフツェフは、『公爵は余に向て何事か聞き取り難き言葉を低調なれ共《ども》極めて力ある声にて囁かれたり。之れと同時に何か凭《もた》れ懸りたき容子をなされたり。此異常を認めたる近侍《きんじ》及他の日本人が公爵を支へんとせし時、余は右手を以て公爵を抱き支へたり』と、ストラーゾフ判事に証言。

『回顧録』では、『伊藤公爵の身体がいきなり倒れかかってきた。小柄とはいえ、いきなり体重をあずけられてふらついていると、書使のカラーセフが駆けつけて助力した』と書いている。書使とは、秘書兼記録係である。

「ヤポーネツ、ヤポンツァ（日本人が日本人を）」

ロシア兵から悲鳴があがった。あたりを見渡すと、われ先にと線路に飛びおりて惨劇の舞台から逃げるひとびとに混じって、長い裾をはしょった清国総督とロシアの少将の姿があった。

室田義文は、「閣下っ」と、ココフツェフが支える伊藤のそばに駆け寄った。そして伊藤の手をしっかりと握った。中村是公が反対側から支えた。

「室田、やられた。身体のうちにだいぶ、弾丸《たま》が入ったようだ」

「わたしも撃たれた経験があります。決して死にはしませんよ」

室田は、戊辰《ぼしん》戦争のとき、水戸藩の徹底抗戦派に斬りこんで撃たれたことがあった。

「いや、弾丸の数なら、わしのほうが多いよ」

言いながら、一、二歩踏み出した伊藤は、三歩目が出せなかった。

「誰かっ。誰か日本人のなかに医者がおろう。急いで集めろ」

室田は、随行のひとりに命じた。そして蔵相が伊藤の両脇に手を差し込んで抱えあげるのを見て、室田は胴体のあたりを両手で受けた。

随行の医師小山善が駆け寄った。

「古谷っ。桂首相と大磯の夫人に電報を打て」

室田は、秘書官に命じた。

伊藤の顔面がまたたく間に蒼白になった。

二十六日午前十時四十五分発
桂総理大臣宛　　　古谷秘書官
（電文）
伊藤公今朝九時ハルピン《ママ》着大蔵大臣ト共ニ停車場ニテ
軍隊検閲ノ後「プラットホーム」ニテ韓国人ノ為ニ「ピストル」ニテ
打タレ生命覚束ナシ委細後報

ココフツェフの『回顧録』によると、様子が少し違っている。

ココフツェフが伊藤の上半身を抱えあげると、カラーセフが足を持ちあげた。そこへ日本人の随行数名が、伊藤の身体に取りついた。とりあえず貴賓車へ運び込むと、伊藤の身体をソファに寝かせた。

「大至急、外科医を呼んできたまえ」

ココフツェフは、頭の下に革のクッションを差し込みながらカラーセフに命じた。

伊藤は、まったく動かなかった。そしてゆっくりと呼吸していたが、すでに死相が現れていた。そこへカラーセフが戻ってきた。

「閣下。医師の手配を完了しました。ティツコフ大尉の話ですと、犯人は朝鮮人のようです。ウラ・カリヤと叫んだらしいですから」

「そうか」と、ココフツェフは書使に応え、「犯人は、朝鮮人のようです」と、ロシア語の通じる満鉄の通訳に伝えた。

たったの三十分前まで、公爵は満面に笑みを浮かべて貴賓車のソファに深々と腰をおろしていたのに。ココフツェフの心は、千々《ちぢ》に乱れた。

小山善の溝淵検察官に述べた『証言』によれば、彼は、急いで伊藤の衣服を脱がせた。出血はおびただしく、絹の肌着がぐっしょりと吸い込んでいる。

聴診器を患部に当てると、多量の出血を示す音が聞き取れた。

ひとまず、鎮痛剤を胴体に注射してから創口《きずぐち》を清拭《せいしき》した。

右上腕肩口から二発が射入し、貫通して一発は胸部肺臓を、もう一発は右肘関節を砕き右肺より腹部横隔膜《おうかくまく》のあたりに盲管《もうかん》（注・銃弾が貫通せず体内にとどまっていること）。さらに一発が腹部下方より射入し、十センチばかりの筋肉内に盲管している。弾丸は、右から入ったようである。

小山は、怪我用に持ってきた包帯で腕と胴体をぐるぐる巻きにした。誰かが伊藤の車室からガウンを持ってきた。ひとまずそれを身体にかぶせる。

「どうだろう。かなりご衰弱のようだから、ブランデーでもさしあげたら」

室田が言った。このあたりは、『室田義文翁譚』の描出による。

「そうですね」

小山は、気付薬になると判断した。

室田がさしだした小ぶりなグラスを伊藤の口許に持っていった。

「誰が、撃ったか」

ブランデーを呑み干した伊藤は、やや興奮ぎみに訊いた。

「韓人のようです。すぐにとりおさえられました」

小山の肩ごしに誰かが応える。室田か古谷か。小山の『証言』には、人物は特定されていない。『室田義文翁譚』では、室田が告げたとある。

「ほかに怪我をしたものはおらんか？」

「川上、田中、森が撃たれました」と、室田の声。

「そうか、ばかなやつだ」と、伊藤が吐き捨てた。

小山がもう一杯勧めると、それも伊藤は呑んだ。

三人の日本人医師がやってきた。四十前後と思われる森矯《たかし》と成田十郎、三十歳をでたばかりの若い志方虎之助である。彼らは、たまたま歓迎陣に加わっていただけで、往診鞄すら持っていなかった。

「ここでは、応急処置しかできませんが」

小山は、三人に言った。

「ロシアの中央病院ならば設備が整っております」

森医師が応えているうちに、伊藤の息づかいが激しくなった。激痛のためと思われる。両足を伸縮させ、必死に堪えている。臨終が迫っている、と小山は思った。

「鎮痛剤などは？」と、森医師が訊いた。

「もう、打ちましたが、この深手では効かないようです」

小山は、応えた。

三杯目を与えたが、嚥下《えんげ》する力もなかった。

ココフツェフの『回顧録』では――。

ロシア人医師がふたり駆けつけた。何分後かは記述していない。とにかく、ハルビン中央病院長モズロフスキーと東清鉄道付属病院長ブッドベルグ男爵のふたりである。

「そのテーブルに移動させよう」

モズロフスキーが身振りを交えて言った。

白布の掛かった組立式のテーブルがあった。日本人医師が手伝った。

ココフツェフは、またも伊藤の頭の下にクッションを持っていった。ふたりの医師が包帯を取り外して創口を検めた。

「これは、完全に心臓をやられてる。二発ともだ」

モズロフスキーが言った。

「脈拍も微弱です。ですが、やれるだけは……」

ブッドベルグ医師がカンフル剤のアンプルを慣れた手つきで折る。そして一気に注射器に吸いあげると、長い針を胸部に深く突き立てた。伊藤の目がかすかに開いた。医師は、幅のある戦傷者用の包帯を伊藤の身体に巻きつけた。

「なんとかならんのか」

ココフツェフには、国家の威信が懸かっていた。

「絶望的です」

モズロフスキーが力なく応える。

ふたりの医師は、背中と足首に被弾したふたりの日本人随行員を診た。すでに仮の治療が施されていたが、これを改めて赤い水銀溶液で消毒し、本包帯で手当てした。

そのとき、通訳をしていた男が、上司から何か命じられたようだった。

「ロシアの関係の方は、車外に出てください。すぐに」と、男が言った。

突然の日本側の豹変に、ココフツェフは度肝を抜かれた。賓客の枕元についているつもりだったココフツェフは、ぐいぐい押し出そうとする男の勢いに後退した。

溝渕検察官への『証言』によれば、この男は、満鉄社員の庄司鐘五郎だったようだ。庄司は、事件直後、このときの様子を書き残した記録をもとに述べていた。

古谷秘書官からロシア人を外に出すように命じられた庄司は、「さあ、はやく。さあ」と、蔵相とロシアの医師たちに退出を願った。

事態は、想像した以上に深刻だった。

「公爵っ。何か申し置きはありませぬか」

古谷の悲痛な声が背後から聞こえた。

庄司は、ロシア人と一緒にプラットホームに出た。やがて古谷が降りてきた。

「公爵の様子はいかがですか？」

庄司は、訊いた。

古谷は、なにもいわずに手を左右にふった。庄司は、薨去せられたと思った。

時まさに、明治四十二年十月二十六日午前十時であった。

「われら幹部だけでも、閣下に敬意を表せるよう貴賓室に入れてくれませんか」

事態を察したココフツェフが言った。庄司は、すぐさま古谷に通訳した。

「まことにお気の毒ではありますが、多くのひとにご面会を賜るは、われらの情において忍びないものがあります。願えますれば、大蔵大臣閣下おひとりに限る、ということにて同意していただきたく存じあげます」

古谷が沈痛な面持ちで言った。即座に庄司が通訳をする。

庄司は、悄然と貴賓車に入ると、テーブルを見た。遺骸は、茶色の絹のガウンが着せられていた。そこには、室田と古谷しかいなかった。

ココフツェフが近づくと、ふたりは深く頭をさげた。

遺骸の前に跪《ひざまず》いたココフツェフが、伊藤に頬ずりをした。そして、そのままの姿勢で組み合わせた伊藤の両手を固く握りしめ、長々と弔意を述べるのであった。

庄司の『証言』をココフツェフの『回顧録』で補足すると以下の内容である。

「おお、なんと申しあげてよいか、わたくしには言葉がありません。わたくしは、閣下が遭難されるや、部下と共に直ちに電話局に駆けつけ、わが皇帝陛下に打電いたしました。

同時にペテルブルグの貴国大使にも通報いたしましたが、わたくしの面前において、なんとわたくしの面前において、このような不慮の難に遭遇され、なんとしても、なんとしても申しわけなく……」

ココフツェフは、滂沱の涙を流していた。

「……しかし、わたしは確信し、熱望しております。閣下の薨去は、日露の将来に寄与することはありましても、決して障害にならないばかりか、これを和親と幸福の端緒と資することを誓います」

ココフツェフが祈りの言葉で結んだ。そして立ちあがると、随行員に向かって誤解の生じないよう縷々《るる》お悔やみの挨拶をした。

『室田義文翁譚』によれば——。

「古谷君。すぐさま桂総理と大磯の夫人に電報を打ちたまえ。『公爵十時ニ絶命直ニ引返ス』。われらは、これにて旅順へ引き返す。誰ぞに言うて、汽車を出すように頼まにゃあならん」

室田は、意を決した。こうなっては、ぐずぐずしていられなかった。

古谷が貴賓車を出ていった。

『伊藤公十一（注・十の誤り）時絶　直ニ長春ニ引返ヘス　旅順又ハ大連ヨリ軍艦ニテ横須賀ニ直行シタシ　長春ニテ返事待ツ』

第二報である。

ココフツェフの『回顧録』、国境地方裁判所検事コンスタンチン・ミルレルと始審裁判所判事コンスタンチン・ストラーゾフらの『証言』をもとに、ロシア側官憲の動きをイメージしてみると、次のようなやりとりがあったようだ。

ココフツェフは、管区の検事を呼ぶようカラーセフに命じると、ひとまず自分の車輌に戻ろうとした。すると、「日本の随行員からお願いがあるそうです」と、車輌の手前でリヴォフが呼びとめた。

「何かね」

ココフツェフが振り向きざまに訊いた。

「列車を出発させたいそうです」と、リヴォフが言った。

「よし、わかった。ホルヴァット少将、一緒に来たまえ」

ココフツェフは、特別列車に向かった。

貴賓車に入ると、「どうぞ」と、足に包帯を巻いた男が言った。タナカ（注・満鉄理事田中清次郎）である。フランス語がかなり達者で印象深かったが、彼も被弾していた。

「閣下。公爵のご遺体をいつ出発させていただけますか。われらは、一刻も早く日本の管轄内に運び、本国の指令を待ちたいのですが」

日本人（注・古谷）が言うのを、タナカが通訳する。

「それは、ご自由でございます。これから犯人の取調べを行いますが、ご遺体については、われらはなんらの権利もありません。しかし、国際問題となりましょうから、警察立ち会いのもとで検視の必要がございます」

ココフツェフは、言った。

随行員のあいだに動揺が見られた。

「お断りします。日本には、親族以外にご遺体を見せる習慣がございませんので」

満鉄総裁ナカムラ（注・中村是公）が代表するようにいった。

「わかりました。お国の習慣ならばよろしゅうございます」

ココフツェフは、意志が固いと見て諒承した。

「では、一時間後に出発させましょう」

ホルヴァットが応えた。

車輛に戻ってしばらくして、ミルレルとストラーゾフがやってきた。ふたりは、出迎えの服装のまま鉄道警察ハルビン駅分署に釘づけになっていた。

「取調べのほうは、どうかね」

ココフツェフは、訊いた。

「なかなかの男でしてね。口を割らんのです。いま、クマーキンとキュギュルゲインが当たっておりますが、思いの外厄介でして」

ミルレル検事が応える。

クマーキンはハルビン駅警察隊長、キュギュルゲインは市警察署長である。通訳には、朝鮮系ロシア人があたっているという。

「共犯者の有無は？」と、ココフツェフ。

「いまのところわかりません。しかし、沿線警察隊に指令を出しました。ハルビン市警も徹底調査に乗りだしております」

ストラーゾフが言う。

「そうかね。わかっていようが、ことは重大だ。遺漏のないよう慎重に頼む。ところで、遺体の搬出の件だが、わたしは許可したが、どうかね」

ココフツェフは、念のために訊いた。

「公爵は、国賓ですから法的になんらの制約はありません。しかし、検視の結果だけは、報告してもらわねばなりません。ロシアが放置したとあっては、国際的信義にもとることになりますから」

ストラーゾフが応えた。

「わかった。リヴォフ君、そのように伝えたまえ」

ココフツェフは、官房長に伝えると、すぐさまカラーセフを伴って町に出た。

駅員に教えられたチューリン（注・繁華街）にある店に到着した。市内最大の葬儀屋である。

「一番豪華な柩《ひつぎ》と花環《はなわ》が欲しい」

ココフツェフは、国威を損なわない、また伊藤にふさわしいものをと思った。

「それならば、これでしょう」

店主は、陶器の花をあしらった鉄製の花環を示し、樫づくりの縦二メートル、幅一メートルという大きな柩を叩いた。なかなかの趣味で立派な造りだった。

「よし。花環は、わたしの名前で贈ってくれるように。柩はすぐに届けたまえ」

ココフツェフは、紙切れに名前を書いた。

「花環は、一時間ばかり時間をください。柩のほうは、すぐにお届けできます」

店主は、こぼれそうな笑みを無理にかみ殺している。

車輛に戻ると、ホルヴァット少将を呼んだ。

「君は、コロストヴェッツ公使と一緒に、ご遺体を長春まで送り届けなさい。寛城子駅ではないぞ。ちゃんと日本政府の許しを得て長春まで随行、護衛してさしあげるのだ。アファナーシェフ少将は、日本の随行員と気心が知れている。車内は、彼に任せれば良い。それから、ふたりの負傷者がいる。外科医の手配も忘れないようにな」

ココフツェフは、可能な限りの善意を示す覚悟だった。

外交上、随行筆頭に北京駐在公使をつければ、お見送りに失礼はあるまい。森と田中は命に別状がないとのことだが、医師は、あくまでも念のためだ。儀礼のうえでも必要な心配りである。

「承知いたしました。外科医には、当駅付属病院のオルシャンスキーを同乗させます」とホルヴァットは応え、「特別列車が通過する沿線には、すべて弔意を表す守備隊を配置しておきました」と、つけ加えた。

「よろしい。とにかく、ここで悶着があってはすべてが台無しになる。皇帝陛下もそれを望んではおられないのだ。重々、よろしく頼む」

ココフツェフは、『回顧録』のなかで、晴れの舞台から悲運な役目を背負ったホルヴァット少将に同情している。ココフツェフ自身、『回顧録』には書かなかったが、極東の脅威を訴え続けるウンテルベルゲル将軍との会見が待っていた。この事件によって、さらに同将軍のデマゴーグに拍車が掛かりはしないかと心配したに違いない。

「承知いたしております」

ホルヴァットが踵《かかと》を鳴らして敬礼した。

伊藤の貴賓車には、ココフツェフのほか東清鉄道副総裁ヴェントツェリ、同理事ホルヴアット少将、護境軍団軍務長兼ザアムール軍管区長プィハチョフ中将、ハルビン市長、ダオ・タイ清国総督から贈られた花環が届けられ、伊藤の柩を飾った。

ココフツェフの伊藤に関する記述は、ここで終わっている。

出発は、予定より遅れて十一時四十分になった。

雪は、やんでいた。

粛々とした軍楽隊の葬送曲に見送られた特別列車は、悲しみのうちに出発した。

第四章

裁判権の空白

十月二十六日午前十時過ぎ、蔡家溝駅イヴァン・オグニェフ駅長は、鉄道警察隊オルゴダゴフ大尉を出動させ、東洋系の男ふたりを逮捕した。

二日前、ショーミン軍曹に、「三挟河駅では上り列車とすれ違うか」と聞いた男と、その仲間である。ふたりは、ブローニングの自動拳銃とスミス&ウェッソンのリボルバー、そして予備の弾丸二十三発を持っていた。ロシア語の達者な男は、チ・ドオセン（注・曺道先）と言い、アムール州総督発行の通行許可証を、もうひとりの男セン・ジュンギ（注・禹徳淳）は、沿海州総督発行の身分証明書を携帯していた。

オルゴダコフがハルビン駅での凶変を告げたところ、ロシア語のできるチ・ドオセンは、「われわれは、公爵を殺しにきた」と自白し、もう一方のセン・ジュンギが「われらの仲間が殺したに違いない」といったことから、逮捕に踏み切ったのである。

同時に、ふたりが発した二通の電文を、駅前電報局から証拠物件として押収した。

午前十一時十分、オグニェフがハルビン駅分署に『容疑者逮捕』を打電すると、『至急護送せよ』と返電があった。

犯人の現行犯逮捕、その幇助《ほうじょ》容疑者の逮捕でふつうの刑事事件は、山場を越したと見做《みな》される。あとは証言、物的証拠などを突きつけて、犯人に自白を迫るだけである。

ところが今回は、清国領内のロシア租借地で、韓国人が日本の要人を殺害した複雑な事件である。警察権と裁判権がいずれにあるか、国家の威信をかけた大問題であった。そしてこの事件解決の最後まで、日本は前者の警察権に悩まされ続けるのである。

川上俊彦総領事は、外務大臣小村壽太郎宛の機密電報で、『犯人は直ちに当館に引渡を受くる手続中なり』と、短く裁判権を報告したにすぎないが、ことは重大だった。

日本が近代国家の道を歩み始めたとき、欧米と結んだ不平等条約によって、条約締結国の相手国民というだけの理由で、日本国内で起きた殺人犯でさえ逮捕・処罰ができなかった。これが明治維新以来、二十数年続いた苦い経験である。

このように警察権と裁判権は、主権国家固有の権利なのである。その所在を明確にするには、複雑な条約によって解決されなければならなかった。

今回の場合、ハルビンを含む北満州は、清国と租借を約した露清条約によって、ロシアが警察権と裁判権を握っていた。つまり清国は、なんらの権利も有しないのだ。

問題は、日本による裁判権である。

一九〇七年、日本はロシアと秘密協約を締結した。その第二項に『日韓の協約および条約における不干渉』が謳ってあった。日韓の間で締結した条約にロシアが介入しない条文である。さらに詳しく後述するように、日韓ではすでに保護条約を締結していたのであった。

日本にすれば、自国の元勲が統治下にある韓国人に殺害されたのである。威信にかけても自国の法律で犯人を裁かねばならないところである。

幸いにして在外領事館は、相手国と条約を結び、自国民同士の刑事事件の予審裁判権を有する。欧米も同じである。日本が統治する国の犯人は、当然に裁判権を主張できる。

こうした観点から、今後の成り行きを見守っていただきたい。


事件当日の正午過ぎ——。はやくも前哨戦が始まろうとしていた。

ココフツェフは、川上総領事をハルビン中央病院に見舞った。

川上の治療には、名医と言われるギポードマンとフマルボチェフスキーのふたりの外科医が当たっていた。そのギポードマンが負傷の概要を説明した。

「弾丸は、患者の右肩の骨を打ち砕きまして、衝撃で肩の関節が外れておりました。元通りになるかどうか心配されますが、最悪の場合は右腕切断の選択もありえます。体温は、三十七度二分で、銃創のわりに発熱がないのがかすかな救いです」

「そうか」と、ココフツェフは頷いた。

本当に、あってはならない事態が起きてしまった。ここへ来るまでに、幾度《いくど》ため息をついたことやら。

特別室は、三部屋からなっていた。階段を三階に登った。ココフツェフは、入口に応接間、つぎに執事や看護人の控え、一番奥が病室である。川上は、一番奥の部屋に横たわっていた。

総領事館付の医師と警察官が付き添っていた。

「ご気分は、いかがですか。まことにこんなことになって……」

ココフツェフは、慰める言葉もなかった。

川上は、極東の外交から通商に至るすべてを見守ってきた。日露戦争前はウラジオストックの貿易事務官を務め、旅順要塞が陥落したときには、ステッセル将軍と乃木将軍の会見を通訳した。その後、満鉄の鉄道線路をロシアから購入し、枕木をシベリアの森林から切り出す資本家を日本で募ってくれた。打ち合わせの間の短い時間だったが、フランス語に巧みな川上が積極的にアピールした。

このたびの伊藤との会談も、ぜひとも成功させる、と。ロシア側が印刷した駅出迎えの招待状をあえて配付しなかったのも、ひとりでも多くの日本人が伊藤公爵と面会できるようにと願ってのことだった。夜には、パレルモ（注・イタリア歌舞団）の演奏家や京劇の歌手、長春から日本の芸者を総領事館に招いて、ロシア、清国、そして日本の歌舞音曲を披露する、と意気込んでいたのに——。

「こちらこそ、大臣閣下のご予定を狂わせてしまい、恐縮しております。これによって日露の関係を悪くするようなことがあってはなりません。そこで犯人の裁判につきましては、日本側にお譲りくださいませんか。秘密協約にありますように、日韓の条約に不干渉を遵守していただければ、おそらく日本側に不満が沸騰することはなかろうと思われます。その点だけは、よろしくお願いします」

と、弱々しげな声に似合わず毅然とした態度でいった。

ココフツェフは、この件を心配してはいた。

一般的には、ロシアの租借地内で起きた事件は、ロシアが主張すれば裁判権の委譲はないはずだ。しかし本件のように、狙撃犯が韓国人であれば、日本は極刑をもって臨みたいに違いない。ところがロシア刑法では、一般の殺人罪しか適用できず、求刑できて七年から十四年。死刑どころか無期懲役にもならないだろう。反乱罪ならば即刻銃殺だが、外国人同士の犯罪には適用できない。それで日本が満足しないとすれば、秘密協約を拡大解釈し、「顔を立てる」のが外交上も得策――。

川上は、はやくもその「秘密協約」を持ち出した。

「わかりました。わが国の誠意として、ハルビン市におけるテロリストを徹底的に捜査して、ここ一両日中に終えるつもりです。そうした後、犯人は日本の総領事館にすべて委ねます」

ココフツェフは、恬淡《てんたん》と応えた。すでに始審判事や検事に迅速な調査を指示し、あくまでも日露両国間にひずみが入らないようにと厳命してあった。

二年前、日露が秘密協約を締結する前に、日本はフランスと協約を結び、ドイツと対抗するロシアを支援してくれた。フランスとは同盟国だから、最終的に日本との関係が良好に保たれれば、ロシアの安全は保障される。このことからココフツェフは、川上に面会する前から、「すべてを委ねる」よう決めていたのであった。

「わたしは、これで解任されますが、あとはよろしくお願いします」

川上が、悔しげに涙をにじませた。

「承知しました。皇帝陛下にお伝えして最善をお約束します。わたしもさきほど、今回の責任をとってすべての鉄道行政から身を引くと陛下宛に電報を打ったところです」

と、ココフツェフは応えた。

ニコライ皇帝は、トルコの静養先からイタリアへ回ったところだった。その旅先に事件の報告を兼ねて、自らの進退に伺いを立てておいた。

だが、本当にすべてを委ねて良かったのだろうか。

病院の玄関を出るとき、一抹の不安が脳裏を過《よぎ》った。


車輛に戻ったココフツェフは、ストラーゾフ判事とミルレル検事の報告を受けた。

その内容は、『ノーヴァヤ・ジーズニ』紙と『回顧録』に触れられている。ココフツェフの『検事調書』を参考に取りまとめてみると、以下のやりとりが想像できる。

ミルレル検事の口頭による報告は――。

「ウンチン・アンガイ（注・安重根のこと）。三十一歳。朝鮮人。カトリック教徒ですが、職業は猟師。通訳が言うには、とても猟師風情の言葉つきではありません。伊藤公爵の死を伝えますと、壁に架けたイコン（注・聖画）に向かい、胸に十字を切って『神の裁きに感謝する』とか言いましてね。悔悟の様子も見られません。総領事ら数名が巻き添えをくったことには同情的でしたが、完全な確信犯ですね。どこから来たかと問いますと、昨日、韓国からハルビンへひとりで来たと言い張るんです。昨夜は、どこに泊まったかと訊ねますと、駅の三等待合室で寝たとか……」

「うん？　昨夜、待合室には誰も見なかったぞ。深夜〇時ごろ、わたしはリヴォフと散歩したが、テーブルのうえに椅子が載せてあった。まさか水拭きした床に寝ることもできないだろう」

ココフツエフは首をかしげ、確信をもって応えた。待合室には、煌々《こうこう》と明かりがついていた。これでは駅の維持費がかかるはずだと、官房長と苦笑いをしたものだ。

「そうでしょう。こういう事件には、必ず手引きする仲間がいるはずです。大臣、犯人の前で、ご証言願えませんでしょうか」

ミルレルは、仕様のないやつだとばかりに言う。

「ああ、いいとも。ところで判事。こうした場合、裁判権はどこの国にあるのかね」

ココフツエフは、訊かずにいられなかった。

川上に善処を約束したが、諸外国からもの笑いのタネになっては困る。

ニコライ二世が皇太子のころ、日本の大津で遭難した。犯人は、現職の巡査だったが、ロシアは日本に裁判を委ねた。判決は死刑ではなく、無期懲役となってロシア側に不満を残した。特に当時外務大臣だったギールスは、「日本が死刑を宣告したものを、ロシア皇帝が寛大な処分を天皇にお願いして減刑するのが、両国にとって一層好都合であった、遺憾である」とさえ言っていた。

要するに、自国の利益を勘案しながら、相手国の面子を立てるのが外交なのである。あのとき日本は、法の公正を優先して外交を忘れた。今回は、逆の立場だが、ケースとしては同じだ。かといって、犯人を死刑にして世界の批判を浴びるのも得策ではなかった。

「確たる規定は、ございません」と、ココフツェフが考えたような内容を述べ、「ですが形式だけでも、始審はこちらでやらないといけません」

ストラーゾフ判事が言った。第一審である。

「始審裁判を開くのかね」

「当然です。やっておかなければ無罪の者を日本側に引き渡すことになりますから」

ストラーゾフが言った。

「いつ？」

「明日、夕方には」

ストラーゾフは、こともなげに言うのである。

哈爾賓《ハルビン》日本総領事館から外務省に第一報が入ったのは、午後二時二十五分であった。
『東京朝日新聞』（十月二十七日付）によれば――。

◎伊藤公狙撃さる
伊藤公今《こん》廿六日午前九時哈爾賓に着し、プラットホームに下《おり》るや韓人と覚しき者の為めに狙撃せられたり。
◎伊藤公危篤
伊藤公の傷所は数発の命中により生命危険なりとの続電あり。
◎田中満鉄理事も
別報によれば随行の田中満鉄理事も軽傷を受けたりとあり。

それより前、三井物産会社は、つぎのような電報を受けた。

◎六連発にて絶命
廿六日午後二時、三井着電に拠《よ》れば、今朝伊藤公、韓人の為に暗殺せらる。川上総領事、田中満鉄理事負傷し、犯人直《ただち》に就縛とあり。尚、別処来電に拠れば、伊藤公は午前十時哈爾賓停車場《ステーション》プラットホームに下車せる刹那、歓迎の群集に紛れ居りたる一韓人、手に六連発の短銃《ピストル》を擬すると見る間に公爵目蒐《めが》けて狙撃せるに、公は胸部を貫かれて倒れたるも、犯人は六発を連発して遂に公爵は絶命せり、川上、田中両氏の負傷は重からずとあり。

凶変は、即日のうちに世界中に知れわたった。

以下は、『東京朝日新聞』の記事から掘り起こした、政府部内の動きである。

外務省の発表と同時に、首相桂太郎が参内して天皇に遭難を奏上した。

続いて午後四時、外務大臣小村壽太郎は、この六月に就任したばかりの宮内大臣岩倉具定《ともさだ》を随伴させて参内した。具定は、故岩倉具視《ともみ》の次男だが、家督をついで公爵である。韓国皇太子の御用掛を兼ねていた。

内大臣兼任の侍従長徳大寺実則《さねつね》公爵から、「お上《かみ》よりは、追ってご沙汰がございます」の言葉を賜って、小村の伏奏《ふくそう》は終わった。

外務省では、山県有朋公爵、井上馨侯爵、松方正義侯爵ら元老が待ちかまえていた。そこへ徳大寺侍従長が聖旨を持ってやってきた。寺内正毅《まさたけ》陸相、斎藤実《まこと》海相ら大臣が参集して元老・大臣会議となった。

聖旨は、伊藤の家族に対して宮内省よりご親電の趣《おもむき》、次いで位階昇叙《しょうじょ》の趣、国葬の趣、以上の三点を速やかに議し、伊藤公爵の出迎えに使者を大連に発せよ、という内容である。なお、使者は、宮内省において人選されよとの趣であった。

伊藤は、大勲位、公爵と位人臣を極めていた。ただ位階は、正二位である。一ランクあげるとなれば、従一位となる。国葬も当然のおぼしめしであったが、長男伊藤博邦（注・養子。井上馨の甥）は、英国留学中であった。したがって帝国大学在学中の次男文吉（注・養子。伊藤の妻梅子の親戚）が喪主代理を務め、葬儀委員長に桂首相。大連までの出迎えは、伊藤の女婿《じょせい》で宮内庁顧問官末松謙澄《けんちょう》子爵（注・伊藤の長女生子の夫）を代表とし、後は事務方がするように決まった。

ついで桂首相が空白となった枢密院議長の件を提議したが——。

「それよりも」と、山県有朋が口を開いた。「下手人の裁判をどうするかだ。これをロシアの手に渡したとあっては、いかなる嘲笑を受けるやもしれず、将来の禍根ともなろう」

というのである。

元帥府《げんすいふ》に叙《じょ》せられた山県は、長州の出身である。維新の功臣でありながらいつも年下の文官伊藤博文の後塵を拝してきた。内政に不向きな武断派であったが、伊藤の韓国統治については、かねがね疑念を持っていた。ほぼ四年のあいだ、不穏な抗日運動が韓国各所で起き、陸軍兵士の消耗も我慢の限度を越している。二、三日前にも陸軍の討伐隊が出動し、南韓に暗躍する暴徒一千人余を逮捕、三百人余の死者を出したばかりである。

原因は、軟弱な伊藤の「融和」策にある。一刻も早く「併合」し、日韓両国のために主権を確立しなければ治安が保てない、と山県は常々考えていた。

会議は、緊張に包まれた。成り行き次第では、ふたたび戦争になるのだろうか。陸軍大臣と海軍大臣は沈黙した。

山県の主張は、簡単明瞭だった。

大韓帝国は、日本の保護国である。その臣民が外国で事件に遭遇すれば、わが帝国が大切に保護する責任がある。犯罪を犯せば、わが帝国の責任において厳しく罰する。

「不届きな下手人は、即刻、極刑」というものだ。

「昨年、外務省は満州における刑事犯を裁く法律を作ったが、それで解決つかないか」

井上馨が小村壽太郎にいった。

井上は、伊藤と刎頸《ふんけい》の友である。江華島事件で全権大使となり、初代外務大臣を務めて伊藤寄りの融和策を良しとした。山県より三歳年長だが、汚職の嫌疑を受けて実業界に身を置いた時期があり、そのぶん発言力が弱かった。

その法律とは、『法律第五十二号』である。その第三条に――。

『満州に駐在する領事官の管轄に属する刑事に関し国交上必要ある時は外務大臣は関東都督府地方法院をして其の裁判をなさしむる事を得』とある。

在満州の公館が所管する刑事犯に関して、外務大臣が都督府の法院で裁判させる、という日本人間の刑事犯を前提としたものだ。

小村が説明をする。

「二年前、日露両国は、秘密協約を締結しております。その第二項に日韓の協約や条約には不干渉を約しております。これをもとに昨年、総領事館に関係した刑事犯を、関東都督府において裁判すると決めたものであります。それを楯にとれば、今回の韓人は、日本の手で裁くことができるやに思われます。ただ、露国の地における事件でございますから、またも三国干渉のような事態になりはせぬかと……」

日清戦争で占領した遼東半島を、ロシア、ドイツ、フランス三国の干渉によって、日本は泣く泣く放棄した。欧米列強がアジアやアフリカ諸国を勝手気ままに奪った時代とは、わけが違うのである。

「そのような好都合な法律があったれば、遠慮することはない。それでやれ。そうでなくては、伊藤の霊も浮かばれまい」

山県は、断固として言った。

「とはいえ、ロシアが……」

元老松方正義が言った。

明治二十四年五月十一日、松方内閣が発足した五日後、ニコライ二世（注・当時皇太子）

が大津で襲われた。犯人は、現職の護衛巡査津田三蔵であった。その場で捕縛されたが、問題はそれだけではなかった。

皇太子の来遊が決定した前年秋、シェーヴィチ駐日ロシア公使は、皇太子の身の安全を確保する意味から、「危害を加えようとした者には、厳罰をもって処す」ことを国民に布告し、犯罪を未然に防ぐよう立法化を求めてきた。厳罰、すなわち死刑だ。外務大臣青木周蔵は、要望を承諾したが、起こりえないとして法制面での処置はとらなかった。

その予期しなかった事態が起きてしまった。

幸いにして皇太子は、二カ所の負傷にとどまったが、相手は、世界最強の陸軍力をもつロシアである。すぐさま天皇と伊藤博文が京都の宿にかけつけ、他方、有栖川宮と榎本武揚をロシアに特派して謝罪するよう取り計らった。

特派は、ロシア側の辞退で中止されたが、松方は、内務大臣西郷従道《つぐみち》、司法大臣山田顕《あき》義《よし》、そして文部大臣芳川顕正《あきまさ》を引責辞任させた。西郷は鹿児島、山田は山口、芳川は徳島の出身ながら鹿児島に深い縁を持つ。委細は省くが、松方シンパの閣僚たちだった。

政府は、津田三蔵を死刑に処すべく圧力をかけたが、大審院長児島惟謙《いけん》は、司法の独立を主張して無期徒刑とした。六月、津田は、北海道釧路の集治監《しゆうちかん》に送られたが、同所において同年九月三十日、病死した。

松方は、十八年前の薄氷を踏む思いを脳裏に甦らせたに違いない。

「愚かなことを言うな。こっちが引けば、相手は出てくるではないか」

山県の一言で、またも元老たちは沈黙した。


同じころ、室田義文たちは、寛城子に向かっていた。

午前十一時四十分に出発した特別列車は、夕刻五時には到着する予定である。

車室におさまった室田は、外套を脱ごうとして裾のあたりの綻びに目をとめた。ズボンにも穴があった。ちょうど膝小僧のあたりを犯人の銃弾が貫通したのであろう。左手小指にも銃創を負ったが、これとは、違う高さであった。

『室田義文翁譚』の記述によれば、あのとき――。

犯人は、ロシア兵の股のあいだから撃ってきた。室田は、咄嗟に伊藤と間違えたに違いないと思ったが、そのとき伊藤の身体が覚束なかった。すぐさま駆けつけて伊藤を横から支えながら手を握った。

あれから数時間しか経っていないのに、ずいぶんと長く感じられる。

扉がノックされた。

「室田閣下、ホルヴァット少将がお詫びのご挨拶をなさりたいようです。食堂までお出ましください」

庄司鐘五郎の声のようだ。

「うん」と返事をすると、室田は外套を壁にかけて車室を出た。

ホルヴァット少将、コロストヴェッツ北京駐在ロシア公使らが顔をそろえていた。

そのときの挨拶は、小冊子『伊藤公の最期』に採録されている。文語調を口語体に書き改めたが、以下の内容である。ちなみに庄司が通訳に立った。庄司の証言にある。

思えば思うほど、情けない限りであります。先の大戦争の前、伊藤公爵が言われたことを、もしロシアが聞いていたならば、あのような悲惨な戦争も、またロシアの不名誉もなかったのであります。今はまた、無知な一韓人のために、とりかえしのつかないことになりました。伊藤公爵の今回のハルビン来訪は、わが国の大蔵大臣に対して外交上の空しいお世辞や交歓のためでないことは、誰もが承知しておりました。伊藤公爵は、ロシア人に対して、「満洲は汝等を容るるの地に非ず」と仰る方ではないと、誰もが深く信じておりました。尊敬すべき老偉人の今回ここにお出でになるや、必ず両国ともに利益あるお話し合いができるに相違ないと。（中略）

寛城子を出発する前、清国の高官が二名、特別列車に便乗したいと願い出ました。部屋を用意しましたが参りませんでした。外交官がひとり乗って来ましたが、よくよく調査をさせますと、予定の二名はすでにハルビンに先行していました。このように清国は、スパイを放って両国の会合を探知しようとしています。（以下略）

ここにある『伊藤公爵が言われたこと』というのは、日露戦争前、日本は韓国への不干渉と満州の分割をロシアに提案していた。今日の状態とほぼ同じだが、これを平和裡に交渉しようと伊藤がロシアを訪れたのである。それをロシア側が蹴り、その足でイギリスを訪れた伊藤は、日英同盟を締結。一説には、政府はあらかじめ日英同盟を推進していたというが、結果は同じである。そしてほぼ二年後、日露戦争が始まった。

それはともかく、捕らえた犯人は、確かに韓人であった。だが、一韓人の責任にして処理するのが妥当かどうか、室田は疑った。それは『室田義文翁譚』を引用して後述するが、この暗殺事件の最も不可解な部分である。

伊藤は、南満州鉄道の境界線の確定を表向きの理由にしたが、ハルビンまでの東清鉄道を買い取っても良いとさえ思っていた。さすれば、日本の権益は満州のど真ん中におよび、安心して投資ができる。そのためにロシアは、わざわざコロストヴェッツ公使を北京から呼び寄せたのではなかったか。

当然に清国の領分を侵すだろうから、警戒してスパイを放つのはわかっている。その清国が事件に加担する可能性のありや否や。また、売却に反対する勢力もロシア国内にいなくもない。それらを総合して見なければ、今回の事件は簡単に頷けない。あらゆる可能性を疑えばきりがないが、あまりにも鮮やかなだけに疑念が増すのである。

ロシア側の挨拶が終わると、室田たち随行員は、柩のある貴賓車に入った。どの顔も重く沈んでいる。室田にしてもそうだ。伊藤が深夜に漢詩を手渡したのが、まだ半日前だったとは。結局、あれが遺墨になってしまったのである。

列車は、同じ風景を窓に映している。伊藤は、この風景に心を弾ませていたのだ。その歓喜に近い高揚した気持ちを、室田は分かち合おうとしていた――。

ロシア側は、駅ごとに守備隊を整列させて弔意を表していた。ホルヴァットたちの心中もかくやあらん、と室田は慮った。

「室田さん、桂首相にご報告しようと思いまして、こんなふうに書いてみました」

秘書官古谷久綱が文章を書きつらねた便箋五枚ほどをもってきた。

室田は、読みはじめた。

伊藤公遭難顚末詳細左の通

昨二十五日夜七時、長春着。清国道台《どうたい》の晩餐会に臨まれ、十一時、東清鉄道より特に仕立てたる貴賓車に搭し、寛城子発車。長春まで出迎へたる鉄道会社民政部長アファナシエフ少将、営業課長ギンツエ氏その他、護衛士官等と愉快に旅行せられ、十二時頃、就寝。今朝八時起床。食事後、九時哈爾賓着。車内に於て露国大蔵大臣の出迎を受けられ、初対面の挨拶の後、同大臣は露国護境軍団（注・鉄道守備兵）の名誉軍団長なるを以て部下軍隊の一部をプラットホームに整列せしめたれば、下車の際、之を検閲せんことを請ひたるに、公爵は快諾せられ、同大臣以下、露国文武官及随行員一同と共に検閲を畢《おわ》り、午前九時三十分、将《まさ》に数歩、後戻りせらるるや軍隊の一端後方より斬髪《ざんぱつ》洋装の一青年、突然、公に咫尺《しせき》（注・接近）し来《きた》りピストルにて公を狙撃し、纍《かさね》て数発を発射せるを以て、直ちに公を扶《たす》けて列車内に入れ、小山医師は停車場に出迎へたる露国医師等と応急の手当を施したるも、暫時呻吟《しんぎん》の後、午前十時、終に薨去せらる。公爵の負傷は別電。小山医師の診断書によりて御承知を乞ふ。犯人の所持したるは七連発のピストルにて都合六発を発射し、内三発は公に命中、一発は森秘書官の腕と肩を貫き、一発は川上総領事の腕と肩を貫き、一発は田中満鉄理事の脚部に中《あた》り、軽傷を負はしめたり。尚、同犯人はピストルの外、更に小刀を懐にし居りたりと云ふ。川上総領事は直ちに入院、森は列車内にて治療、田中は病院にて手当をなしたる後、再び列車に収容し、此間、中村総裁の交渉に依り、直ちに長春に向つて発車することに露国側の承諾を得。用意万端の手配を終りたる後、大蔵大臣に対し、公爵の遺骸に向ひ最後の別《わかれ》を致さんことを要求したるに、同大臣は快諾して午後十一時十五分頃、列車内に来《きた》りたるを以て、之を遺骸の側に導きたるに、跪《ひざまず》いて最後の礼を為し、満鉄会社員庄司鐘五郎の通訳にて小官等随行員に対し、左の通、弔詞《ちょうし》を述べられたり。

（中略）

是れに対し小官は深甚なる謝意を表し、大臣の好意は直ちに総理大臣閣下に、電信を以て報告すべき旨を告げ、尚、犯人に関し、已《すで》に分明なる事ありて聞くことを得ば幸甚なりと申したるに、同大臣、曰く。

露国警察によつて審問したる結果の報告（口述）によれば、右犯人は韓国人にして、浦塩《うらじお》より昨夜、当地に来り、一夜を停車場付近に過したるものにて、云々、と。

よつて小官は、其姓名を尋ねたるに、同大臣は名前は已に明瞭し居れども自分は之を記憶せずと答へられ……。（以下略）

報告書は、事件前夜から書き起こし、日露友好のうちにハルビン入りして不慮の凶変に遭遇。伊藤の死については医師の診断書に委ね、露国大蔵大臣の懇切な哀悼の意を余すところなく伝え、伊藤の遺志も同様であろうと感じられる文面であった。

「良いではないか」

室田は、慚愧《ざんき》の思いをこめてそれを古谷に返した。

「さっそく、長春に着きましたら領事館から打電させます」

「うん、よかろう」

いまごろ桂たち首脳も狼狽《ろうばい》しているだろう。

午後五時、特別列車は、寛城子駅に着いた。

薄暮のなか、ロシア守備隊一個中隊がプラットホームに立ち並び、軍楽隊と儀仗兵を用意して出迎えた。もの悲しい音楽が流れるなか、まだ日本兵は到着していなかった。しばらくして二個中隊が到着し、やっと貴賓車から柩がロシア兵によって担がれ、ホームに居並ぶ日本の警備兵の肩に移った。そしてロシア側の警護を受けて長春に入った。

午後六時、伊藤の柩を乗せた日本の特別列車が長春を出発した。

同じ時刻、ココフツェフは、ニコライ聖堂から夕方の礼拝に招かれていた。『ノーヴァヤ・ジーズニ』紙と『回顧録』は、次の内容を伝えている。

司祭は、皇帝陛下の旅のつつがなきを神に祈ったあと、ココフツェフの生命の安全を感謝してくれた。ついぞ己の身を案じたりはしなかったが、ミルレルたちが作成した配置図を見ると、犯人から見て右隣後方、伊藤から距離にして五十センチメートルも離れていなかった。まかり間違えば、自分も柩か、病院に担ぎ込まれていたのだ。こうした状況が市民の口から司祭にまで届いていたのである。

また、礼拝に来る前、ココフツェフは、ハルビンに到着したばかりの日本の新聞記者三名を車輛に迎えた。彼らは、犯人を追う刑事のように矢継ぎ早な質問を浴びせかけた。

「公爵の身の安全を図らなかったのではないか」

「どのような管理をしたか」

「ロシアの鉄道管理者は、殺人に対して責任をとるべき事実上の罪がある」

彼らの舌鋒は、鋭くロシア側を糾弾した。

心の準備もなかったココフツェフは、一瞬、言葉を失った。針ねずみのように興奮しきった彼らに、どのように説明したら納得してもらえるのか。

いっそのこと怒鳴りつけたかったが、彼らの粗暴な質問は許されても、こちらの不用意な応答は、事件をあらぬ方向へ発展させる。たとえ本心はどうあれ、明日の新聞の見出しを思うと、ココフツェフにはできなかった。それは、ロシアの記者だとて同じことだ。

ココフツェフは、川上総領事がホルヴァット少将に希望したこと、川上自身の感謝の言葉、どの手順をとっても我が方に落ち度がなかったことなど懇々と説明した。なのに起きてしまった。この事実に応えるすべはないが、とにかく手順からして起こりえるはずのない事態だった。真相の究明は、司直の手にゆだねて慎重かつ迅速に進んでいる、と応えて乱暴な攻撃をかわしたのである。

彼らの態度は、歓迎準備のこと、警備の状況、事前の調査などの内容に移って柔軟になったが、それまでの過酷な糾弾、その不遜な態度には、我慢ならなかった。

その直後だっただけに、ココフツェフは、司祭の祈りに涙がでるほど嬉しく、慰められたのだった。以上が『回顧録』からの抄出である。

だが、礼拝の後、地元経済界の指導者たちと立ち話する羽目に陥った。彼らのねぎらいの言葉は、ココフツェフへの同情に満ちていたが、心配も覗かせた。

以下は、『ノーヴァヤ・ジーズニ』紙の報道による。

「日本と戦争になるのではないですか。巷では、もっぱらの噂です」

「鉄道への出資を停止するのじゃないでしょうか、日本は」

彼らは、口々に質問した。

「そのような事態は、起こりえるはずがありません」

ココフツェフは、そう応えていた。

ロシアは、毎年、租借料と鉄道の維持費で一千四百万から一千七百万ルーブル（注・一円が一・五ルーブル）という膨大な資金を投入している。そして日露戦争以降、共同経営者となった日本側の投資を合算すれば、十億ルーブルに達していた（注・南満州鉄道と長春市街地の建設費も含まれている）。

こうした関係にある日本は、決して諍《いさか》いを願ってはいないはずだ。ビリレフ海軍大臣もいうように、いま日本は、戦費の捻出が困難な状態にある。ココフツェフが得たある筋からの情報でも、朝鮮の国家予算の不足分を、日本は去年一年だけで、七百九十万ルーブル（注・約五百二十七万円）も補塡《ほてん》している。ロシア政府が東清鉄道に支出する金額と比較すれば軽いようだが、こちらは軍備から教育、通商、鉄道敷設まで、一切合切《いっさいがっさい》を含めたものだ。彼らは、既存の設備がありながら、なおかつ水道や通信、衛生などの出費を余儀なくされている。これで戦争とは、常識的には無理である。

それでも完全に不安がぬぐい去られたわけではなかった。

重たい気持ちで車輛に戻ると、リヴォフ官房長が「無事に寛城子へ着いたようです」と報告した。

「まずは、良かった」と、ココフツェフは肩の荷を降ろす。

皇帝陛下に報告電を打ったあと、ペテルブルグの本野大使、駐日ロシア大使マレヴスキー・マレヴィチ、そして妻への電報も忘れなかった。やれる限りの手配はしたつもりだった。もちろん、リヴォフの八面六臂の働きも忘れてならないのだが――。

「リヴォフ君。犯人は、どうなったかね」

ココフツェフは、訊いた。

「さきほど、大臣のお留守のあいだに始審判事の書記が報告にまいりましたが、アンガイとほかの二名は、明日中にも日本側に引き渡されます」

リヴォフが言った。検事が提訴し、判事が審理を認めたというのである。

「で、蔡家溝駅で捕らえた容疑者は、白状したのかね」

ココフツェフは、ストラーゾフの配慮に感謝しながら訊いた。

「取調べの内容について、ミルレル検事は何も言いませんが、護送されてきたときの身柄引渡調書によりますと、テロの仲間が他に二十六人いるそうです。朝鮮国内の同調者も含めてのことらしいのですが、ハルビン市内にも潜入しているとか。その裏づけとして、アンガイが所持しておりました拳銃の残る一発と、蔡家溝の容疑者が持っていた弾丸が一致したらしいんです。ですから、仲間であることには疑いの余地はありません」

リヴォフは、さらに銃弾の先端に「十」字の刻み込みがあり、エクスプレスといって、ダムダム弾と違った形をしている、田中の靴に残された弾丸にも「十」字が刻まれていたから、関連性は決定的だといった。そういえば、川上のワイシャツと背広の内ポケットから弾丸の破片がいくつか出てきた、と担当医ギポードマン博士が言っていた。骨を打ち砕いた瞬間に飛び散ったのであろう。

「ただ、重大な問題がひとつあるんです」と、リヴォフは言葉をつぎ、「容疑者のひとりは、ロシアに帰化しており、もうひとりは申請中だそうです。ひとりの裁判権は、ロシア側にある。検事は、始審判事と相談して一括するよう取り計らったとか」と言った。

「うん、妥当な判断だ」

ココフツェフは、ここでもストラーゾフ判事の配慮を痛感した。

午後の会談のおり、ストラーゾフはハルビン地方始審裁判所の仕事に触れた。

このところ清国人のハルビン市への流入が激しく、近辺の農村部では、労働者不足に陥っているらしい。清国の地方総督から、「追い返してもらわないと、困る」と、苦情が寄せられてはいるが、ハルビン市側もほとほと手を焼いている、というのである。肝心のロシア人の職場が清国人に奪われるからだが、いきおい清国人同士、ロシア人相手と、殺傷事件に発展する。清国人同士の場合は、即刻、退去を命じて地方総督に身柄を送り届けるが、ロシア人との事件はこちらで処理する。

獄舎に収監された数百人の犯罪者のうち、半数が清国人だという。

ストラーゾフの判例をもってすれば、ロシア国籍が基準となる。それをストラーゾフは、枉《ま》げてやってくれたのである。

あとは、駐日ロシア大使マレヴィチからの連絡を待つだけである。

「大臣、そろそろ夕食といたしましょう」

リヴォフが言った。時計は、午後八時を指していた。

第五章

手強い容疑者

明治四十二年十月二十七日。日本側は、大車輪で動きはじめた。

外務省政務局長倉知鉄吉は、昨夜のうちに着信した電報に目を通した。彼は、事件の統括と報道機関へのスポークスマンを一手に引き受けていた。

まず、哈爾賓総領事川上俊彦から小村外相宛に送られた機密電は、以下である。

伊藤公爵加犯人は韓国人「ウンチアン」平壌生、住所不定年齢三十一歳なるもの。公爵狙撃の目的を以て元山より浦塩を経、当地着、停車場付近を徘徊しつつありし旨、自白せり。依て直に当館に引渡を受くる手続中なり。

二十六日午後九時二十五分、発信。本日午前一時四十分着信・解読した。犯人引渡しの『交渉中』ではなく『手続中』とある。ロシア側は、諒承したのだ。

二通目は、韓国統監曾禰荒助からだ。二十六日午後九時四十五分発信、翌日午前一時二十分着信。

凶行地、犯罪の模様、其他の関係を探知する為、貴方より相当の手段を執らるべきも、差当り当方よりは中川京城地方裁判所検事長を派遣す。

曾禰荒助が派遣を決めた検事長中川一介《いちすけ》は、司法省の高等文官である。横浜地裁、東京地裁の判官（注・裁判官）をへて、去年、韓国統監府に聘傭《へいよう》されていた。いきなり大物を投入し、一気に解決しようとする気構えが感じられる。

「倉知君」と、外務次官石井菊次郎が倉知を呼んだ。

今年、四十四歳になる石井は、仁川領事、清国領事のあと本省に戻り、人事課長、電信課長をへて昨年六月の異動で次官になっていた。同時に文官普通試験委員長、条約改正取調委員長などと、外務省事務方の頂点に立っている。石井と中川は、東京帝国大学法科大学の同期であった。

倉知が石井の部屋へ赴くと、小村が坐っていた。

「君には、旅順に出張してもらう。今回の狙撃事件に関しては、わが国でもそうだが、ロシア官憲も一斉に動きだしておる。いまのところ数名の韓人によるものと判断せらるるが、彼らがこのような非行を敢えてなす動機、韓国内の関係の有無などは、このさい徹底的に探査せねばならん。都督府と法院当局者と協力して、君がとりまとめて本省に直接、報告するように。ただし、この件に関しては、一切、他言無用だ」

小村が言った。大臣直々の出張命令だった。

倉知鉄吉、三十八歳。ドイツの公使館に長らく在勤し、韓国に統監府が開設されて書記官として赴任。ハーグ密使事件では、第二回国際平和会議委員に随行して活躍。去年六月、政務局長に大抜擢された。東京帝大では石井の四年後輩にあたり、この春、韓国併合案を起草した。「融和」に固執する伊藤を「併合」で説得するための基本理念である。これについては、後述する。

小村の意向は、ロシア側から犯人の身柄が引き渡され次第、旅順の都督府で審判を行うものだった。山県有朋の意見を重んじての決断ではあろうが、諸外国の干渉を排除するには、まずもって統治権のおよぶ場所でなければならない。満鉄の経営に関与する逓信省にしても好都合であり、元はといえば、伊藤の訪満は逓信大臣後藤新平の積極的な勧めによるものだ。小村の意向には、後藤への配慮もあるようであった。

翌二十八日に発せられた倉知への秘密辞令によれば、以下のように記してある。

第一　各被告人の地位、経歴、性行、住居地および徘徊地方、所属党派、平素有する政治上の意見、所属宗教、平素往来通信する人物、資産状態、殊に生活費の出所、兇行を為し、又は企つるに至りたる経路。

第二　被告人の関係ある組織的団体の有無。若しありとせば、其の目的、組織、根拠地、首領及主なる団体員、団体の要する費用の出所。

第三　被告人に対する教唆者《きようさしや》の有無。若しありとせば、教唆者及其原教唆者に付、第一に掲げたる事項、教唆の方法及教唆者と被教唆者との平素の関係。

一見して、排日運動家に調査目標が絞られているのがわかる。

同月二十七日午前九時すぎ、関東都督府高等法院検察官溝淵孝雄は、書記生竹内静衛とともに大連駅頭に立った。高知県に生まれた溝淵は、三十五歳。東京帝大法科大学を卒業して司法官試補として東京地裁検事局に出仕。昨年九月、後藤新平に懇請されて旅順へ赴任した。

事件の概要は、主犯の韓人安応七《あんおうしち》と同調者ら十五、六名としか知らされていなかった。とにかく都督府民政長官白仁《しらひと》武の代理大内丑之助から電報でハルビンへ向かうよう命ぜられ、今朝七時の汽車でひとまず大連にやってきたのである。

駅頭には、旅順より駆けつけた富岡鎮守府司令官、江頭参謀長、税所《さいしょ》要塞司令官、佐藤警視総長らが居並び、歩兵第十二連隊の儀仗兵および憲兵、軍関係者、警官、大連市民らが特別列車の到着を待ち構えていた。

午前十時、満鉄が差し向けた特別列車が到着した。

溝淵は、兵隊が運ぶ白い毛布で覆われた柩を見守った。

中折れの帽子をとった溝淵は、頭を垂れた。騎馬警官を先頭に儀仗兵が続き、古谷久綱と中村是公が守り刀を捧持して両側に付き添い、文武顕官、地元の学生たちの後を騎馬警官が警護する行列が大連ヤマトホテル別館に向けて静々と進んだ。

行列の中に高等法院長平石氏人がいた。長春に出張中だった彼にも、ハルビン出張が命ぜられていた。

「ちょうど良い。ここで関係者は国に帰ってしまう。主治医からあらかたを聴取しておく必要があろう」と、平石が言った。

溝淵は、行列を抜けてホテルに急行した。貴賓室には、三浦軍医監、斎藤軍医大監、大連中央病院川西院長、柳瀬医員らが待ち構えていた。伊藤の遺体が腐敗しないようにホルマリン処理をし、密封できる柩も用意されていた。厚さ二寸のヒノキ材の寝棺に亜鉛メッキのトタンを内側に張った重厚な造りである。

すぐさま部屋を取ると、溝淵は、用意した検視用の人体図を机に並べた。

ひとのざわめきが遠ざかってほどなく、随行のひとりがやってきた。

「小山でございます」

随行の医師は、四十半ばを過ぎた上品な顔だちをしていた。

「さっそくですが」と、溝淵は切りだし、「公爵の創口でありますが、ちょっとこの図に書き込んでいただいてから、お話を伺いたいと存じます」と、人体図を示した。

人体の正面、左右側面、頭部が印刷され、創口が書き込めるようになっている。小山が図に書き込んだあと、溝淵は訊問した。

以下が、そのやりとりである（カタカナを平仮名に、句読点を補足した）。

問　氏名は？
答　小山善。
問　年齢は？
答　万延元年八月生まれ。
問　身分は？
答　平民。
問　職業は？
答　医師。
問　住所は？
答　東京市麹町区三番町十一番地。
問　被告人と親族、同居人、後見、被後見の関係なきや？
答　何の関係もありませぬ。
於茲《ここにおいて》検察官は、本件鑑定人として訊問すべき旨を告げ、本件被害の当時鑑定人が実見せる伊藤公爵、森宮内大臣秘書官、田中南満洲鉄道会社理事の被害状態に付て左記事項の鑑定を為すべきことを命じたり。

一、各被害者の創傷の部位、程度、致死の原因、生存者に付て予後。
一、兇器の種類。
鑑定人は、右鑑定事項に付て、左の如く鑑定したり。
一、伊藤公爵の創傷の部位等。
第一、右上膊《じょうはく》中央外面より射入し、第五肋間《ろくかん》（注・10月26日午後5時長春発桂首相宛古谷久綱電によれば「第七肋間」になっている）より水平の方向に両肺を穿通《せんつう》し、左肺に留まる。胸内出血多し。

第二、右関節後面の外側より射入し、右胸脇第九肋間より、胸膜を穿通して左季《き》肋下《ろっか》に留まる。

第三、右上膊中央の外面を擦過《さっか》して、上腹中央に射入し、腹筋中に留まる。

致命傷、第一、二の創。

致命の原因、内出血に因る虚脱。

兇器の種類、透射力の甚しからざるもの、即ち鈍力なるピストルの銃丸の如きものなり。
二、森宮内大臣秘書官の創傷部位等。
左上膊中央を後方に貫通し、更に右側の背部の軟部を貫通せる創傷。

予後、続発症を生ぜざれば約一ケ月にて全癒す。

機能を障害する恐れなきや否やは、或は幾分を障害するやも計られざるも、而も大なる影響を与へず。

兇器の種類、伊藤公の鑑定と同じ。
三、田中南満洲鉄道会社理事の創傷部位等。
左足関節を内方より外方に貫通せる創傷。
予後、続発症を生ずる恐れあり、若し発せざれば二ケ月にて全癒すべし。而して運動屈伸の機能を障害を生ずべし、然《しか》れ共《ども》歩行し得ざる如き事なからん。
兇器の種類、前同上。
尚ほ鑑定人は、各被害者創傷の部位を明瞭ならしむる為め、別紙人体図を提出せるを以て、之を本調書の末尾に添付す。
鑑定人　小山善
右、読聞けたる処、相違なき旨申立　自署捺印す。
明治四十二年十月廿七日　於大連ヤマトホテル内。
書記　竹内静衛
高等法院検察官　溝淵孝雄
小山医師が川上総領事に触れなかったのは、診察していなかったからだ。なお、森秘書官の診断については、右背部より射入して、左上膊を貫通した可能性が高い。

貴賓室では、ホルマリン処理をする作業が進んでいた。

ここで問題がひとつ、提起された。長春で小山医師が「再び」伊藤の検視をしたかどうかだ。本著のプロローグで紹介した室田義文の疑問が、いつの段階で「確信」に変わったかを示す重要な部分である。

上垣外《かみがいと》憲一氏は、著書『暗殺・伊藤博文』（ちくま新書）に次のように書いている。

裁判記録は銃弾の問題に一切触れない。遺体の処置をした小山医師は、遺体を傷つけないために銃弾は体内に残したと新聞で語っている。これは奇妙ではないか？　室田は、小山によって行われた長春での遺体の処置に立ち会ったのであり、そこで銃弾の問題を知ったと、筆者は考える。

また、本著のエピローグに山口県立医科大学（注・現山口大学医学部）の木村孝子氏と増本寛氏の研究『故伊藤公遭難時の肌衣に就ての法医学的考察』を紹介するが、その文中に『精細な各部（43ヶ所）の計測が行われている』と指摘している。

残念ながらわたしは、その基礎資料となった小山医師の「検視書」を入手できなかったが、遭難直後にはそのような時間はなかったはずである。とすれば、防腐処理をした時点で、改めて遺体の細部を点検したことが窺える。上垣外氏が指摘するように、ここで室田が立ち会ったとすれば、銃創からも後に問題となる「フランスの騎馬銃」の推測も成り立つのだが、ひとまずここでは深追いしないでおこう。

この時点で溝淵検察官が知りえた伊藤の状態は、小山善の『鑑定人訊問調書』の域を出ないものと察せられる。そして、事件のあらましを秘書官古谷久綱の政府に宛てた報告書によって把握したことは、大いに考えられる。

同日午後五時、高等法院書記岸田愛文《よしふみ》が到着し、溝淵は事件についてはほとんど白紙の状態でハルビンに向けて出発したのである。

そのころハルビンでは、その日の夜十時過ぎに容疑者が引き渡されることになった。

在哈爾賓日本総領事臨時代理杉野鋒太郎《ほこたろう》と同館警察署長岡島初巳警部は、ハルビン市警察署へ赴いた。国境地区裁判所が同じ建物にある。

応対に出たのは、始審判事ストラーゾフと検事ミルレルであった。杉野は、すでに事件直後にふたりと会い、取調べにも立ち会っている。

ロシア側は、引渡しの書面を用意していた。杉野も受領書に容疑者の氏名を書き込むばかりにしてあったが、ロシア側が用意した書面には、安応七（注・安重根）、禹連俊（注・徳淳の別名）、曺道先、柳江露（注・劉東夏）ら十五名の名前があり、それぞれに供述調書がつけてあった。杉野と岡島は、戸惑った。

総領事館には、留置場が三部屋しかなかった。

とりあえず、身柄は安応七ほか三名だけを引き渡してもらうことにした。

ロシアの警察隊から十数名の護衛を借り、安応七ら四人と、容疑者全員の氏名と供述調書を携えて総領事館に戻ったのは、午後十一時近くだった。

館員は、その夜のうちに供述調書の翻訳にとりかかった。


翌十月二十八日午後四時すぎ、検察官溝淵孝雄は、都督府高等法院長平石氏人、書記岸田愛文、通訳園木末喜《すえき》らとともにハルビン駅に到着した。

夕闇迫る駅のプラットホームを、乾いた雪が走り抜けた。空気を吸うたびにツンと鼻の穴を刺す。寒いとは聞いたが、これほどとは想像できなかった。

出迎えたのは、杉野と名乗る総領事臨時代理だった。平石が川上総領事の容態を訊くと、微熱はあるものの面会には差し支えない、と言う。

「では、まず総領事を見舞おう」と、平石が言った。

駅頭には、馬車が用意してあった。乗り込んで二、三分もすると、レンガ造りの西洋館の前で停まった。三階建てである。階段を最上階へあがる。

三部屋続きの立派な部屋だ。造りも旅順ヤマトホテルの貴賓室と同じである。

杉野が川上を紹介した。そして、徳岡煕敬軍医と岡島警部が名乗った。

「三十分ぐらいは、話して大丈夫ですかな」

平石が訊いた。

「結構でございます」と、川上が応える。

「私が長春より連絡しましたように、本件は、高等法院がお預かりしました。総領事には
ゆっくりご静養願いたいところですが、経緯が不案内ではどこから手をつけて良いものや
ら見当もつきません。あらかたご感想なりとも伺いますれば、ここにおります検察官にと
りましても、何かと好都合だろうと思いますが、いかがですか」

平石が言った。

「よろしゅうございますが、予審につきましては当方が担当するのでは？」

川上が訝《いぶか》った。総領事が職掌する予審裁判権である。

「いや、それは心配ご無用です。裁判で総領事のお手を煩わせることはありません」

平石が言う。

都督府は外務大臣の監督下にあり、法務を司る高等法院長の決定がすべてである。

「そうですか」と、川上が不満の色を見せた。

「溝淵君。総領事に聞きたいことがあったら伺っておきたまえ」

平石が促した。

「はい。では」と、溝渕の質問に移りたいところだが、実は、この面会時の記録は残されていない。しかし溝渕は、これから取り組む大勢の訊問の予備知識を仕入れる必要性に駆られていたであろうから、面会から十二日後、十一月九日に聴取した川上の『証人訊問調書』によって概要を把握しておこう。

「汽車が到着して、露国大蔵大臣が公爵のもとへ挨拶に来られたのですか」

溝渕は、訊いた。

「はい。着車後、直ちに車内へ挨拶に来られ、私が通訳に立ちました」

川上が応える。

通常、車中に国賓を迎えることは、公式には行わない。伊藤の場合、出迎え将校を同乗させた特別列車を差し向けてはいるが、ロシア側にとって公式な国賓ではなかった。そこでココフツェフは、最大限に歓迎の意を表するために車中で迎えたいという。川上は応接の総責任者ホルヴァット少将と打ち合わせた上、この提案を採用したというのである。

「縷々《るる》、お話をされて汽車から出られるのですが、儀仗兵の検閲は、公爵が希望されたのですか」

「いいえ。大蔵大臣は『界守《かいしゅ》（注・護境軍団）の名誉司令官でありますから、自分の代わりに検閲して戴きたい』と申されました。公爵は『儀礼用の服装ではありませぬから』とお断りになりましたが、たっての願いとのことでお引き受けになりました」

「公爵および大蔵大臣が下車された順序は、どのようになっておりましたか」

「露国大臣が第一番に下車されまして、次に公爵、次に私が続きました。その後から降りたひとの順序は判《わか》りません。下車されました公爵は、先に立ってプラットホームに整列した露国兵の前を通り、外交団のところへ行きましたところ、誰からかは判りませんが、握手が始まりました。ここでいったん、車中に戻って主だった方に引見して再び挨拶に出るはずでしたが、『護境軍の方へ出て下さい』と大蔵大臣が止めに来られるまで握手が続きました。そこでようやく引き返しましたところ、ポンポンと音が致しました」

ここで溝淵は、プラットホームの歓迎陣の配置を訊いたが省略する。

「公爵は、露国の大蔵大臣と並んでおられましたか」

溝淵は、訊いた。儀仗兵を検閲した後、公爵らは右方向に歩調をとった。

「軍隊の前を通るとき、大蔵大臣は公爵より少し後れて右側でした。私は公爵の左側、ふたりで公爵を挟むように歩いておりました。引き返すときは、そのまま逆になりまして、私は公爵の右側を一歩ぐらい、大蔵大臣は半歩後れて左側に位置しておられました」

「引き返して間もなく、短銃の音を聞いたのですか？」

「公爵が二、三間（注・四～五メートル）来たと思うとき、露国の兵隊の中からポンポンと。私はこの音を聞く少し前に手が痺れたように思いましたから、はやそのときに撃たれておったのでしょう。手が痺れた後でポンポンと三つ聞きました。私が撃たれたときの音は耳に入らなんだものと思われます。私が振り返って見ますと、露国軍隊の前にひとりの凶漢が出で、片足を先に踏み出し、屈み腰になって発射しておったように思います」

「公爵は、狙撃されたとき、倒れられましたか」

「倒れられるようなことはありません。私が撃たれたところへ露国の将校、その他の人々がたくさん集まってきて、私は露国の将校に担がれて待合室を通って外に出ました。担がれる直前に公爵を見ましたが、さほど重傷の様子ではありませんでした」

「凶漢は、公爵のいずれのあたりから発射したのですか？」

「公爵が少し行き過ぎたころ、やや後方の横手から撃ちました。そのとき私は、公爵と凶漢との間におりましたから、公爵を狙撃するには、私の身体が妨害になったと思います」

「凶漢は、誰を狙ったと思いましたか？」

「公爵を狙ったものと思いました。しかし、初め下手人は露国人かと思いましたから、駆けつけた数人の日本人に、『露国人に撃たれた』と申しました。後で韓国人であったことを知りました」

川上が言った。

「なるほど」と、溝淵は古谷の報告書を思い描きながら頷いた。

「まあ、溝淵君。ここらで良かろう。総領事、ご苦労さまでした。で、容疑者の身柄引渡しについては、どうなっておりますかな」

平石が岡島警部に向かって訊いた。

「昨晩、四人を受け取っておりますが」と、岡島。

「それでは、当方への引渡しは、本日ということになるな」と、平石が言う。

「では、書面の日付は、本日にてお願いします」

溝淵は、事務的に言った。


面談が終わって杉野が案内したロシアの地区裁判所は、病院のすぐ近くだった。

紹介されたストラーゾフ判事は、痩身に黒い法服をまとっていた。黒い口髭には、白髪がいくらか混じっている。年齢は不詳だが、四十半ばといったところだ。

ストラーゾフは、まず、「事件は容易ではない」と前置きした。彼自身の『証言』を総合すると、次のような会話が想像できる。

「蔡家溝駅の共謀者が逮捕されるまで、われらは単独テロと見ておりました。ところが、背後関係を調査しますと、綿密な計画があっての行動で、思いあたる筋をすべて検挙しておきました。情報があり次第連絡を入れますが、とにかく奥が深い事件です」と。

「で、検挙者は、これからいかほどの数にのぼりますか？」と、溝淵。

「三十名を越すでしょう。子細は調書にして提出しますが、なにしろ朝鮮人は、いままで何の問題も起こしておりません。みんな本国から逃げてきて、必死に生計を立てようと苦労しておりますからね。むしろ勝手に流入する清国人がわれわれの悩みのタネでしたが、今回だけは異例の事態です」

ストラーゾフが言う。

そこへ数名のロシア関係者が入ってきた。それぞれ紹介し合って握手する。

「いずれ容疑者全員を旅順に護送します。ひとつ、よろしくお願いします」

平石が挨拶して、最初の打ち合わせは終わった。


同日午後十時すぎ、ココフツェフは、地元財界が主催する晩餐会からやっと解放されて車輌に戻った。あとはウラジオストックへ向けて出発するだけである。

「お疲れになられたでしょう」

カラーセフ書使がココフツェフの手袋と帽子を受け取りながらねぎらってくれた。

二十七歳の書使は、痩身に似合わずタフだった。本国政府、日本駐在のロシア大使館、皇帝陛下の旅先と、つぎつぎに発受信する電報の洪水を手際よく捌《さば》いた。

ココフツェフは、『回顧録』の中でこの書使の働きを高く評価している。

「出発は、午前〇時にしました」

ホルヴァット少将が帰ってきた。リヴォフ官房長と一緒である。先程まで、同じ晩餐会の席にいたが、ふたりは市警察署をまわるといって別れた。

ココフツェフは、このふたりを応接車へ誘った。

「これ以上の投資や増員は無理だ。そう思わんかね、官房長」

ココフツェフは、ソファに身を沈めると、思わず声を荒らげた。

「すべてを振り出しに戻す。それでいいではないですか」

リヴォフが応えた。

伊藤の遭難は、極東が内包してきた難問を一気に噴出させた。地元財界は、中央政府の消極的な極東政策が今回の事件を可能にした、これを機会に条約の改定を清国が持ち出さないとも限らない、投資と兵員の増強をすべきだ、と口々に主張した。

また、『ノーヴァヤ・ジーズニ』の論説に影響された面々は、北京からコロストヴェッツ公使を呼び寄せたのは、ハルビンから南の南清鉄道を日本に売却するかどうかの腹案があったからではないか、むしろ身軽になってハルビン以北に力を注ぐべきだ、というのである。コロストヴェッツは、その売却意見の持ち主である。

今日昼過ぎ、「当分、お預けですな」と、彼は言い残して北京へ戻ったが、持論を捨てたわけではなかった。

事実上、南清鉄道は有効に機能していなかった。ロシアは、露日講和条約で寛城子駅までを主張したが、もともと、大連と旅順があったればこその鉄道だった。それを手放したロシアは、面子を保つために日本の長春開発に資金さえ負担したのである。いま南清鉄道を売却するぐらいなら、日本が経営に熱心な南満州鉄道を手放すときにこそ考えるべきだった。皇帝陛下がお望みにならなかったからこそ、残した鉄道である。だから臣下は、何としても守らなければならないのだ。

「しかし、今回、警備の問題が表面化したわけですから、いずれ兵員のテコ入れを視野に入れないわけにはまいりませんでしょう」と、リヴォフが言う。

接待係の少尉がイギリスの紅茶にデュ・ブーシェ産のウォッカをつけてきた。このまま出発を待つだけなのだからと、ココフツェフはポットから注がれる紅茶を半ばで制し、手ずからウォッカを多めに入れる。ホルヴァット少将は、食器棚からグラスをテーブルに運んで、なみなみと注いだ。

「そうかもしらんが、租借地での外国人同士の事件に深く介入しないほうが得策かもしれんのだよ。どうかね、ホルヴァット少将」

ココフツェフは、訊いた。

「そうですね。兵力は、現状維持。わが国が鉄道を保有している限り、日本は勝手なふるまいはできません。こっちの出方次第では、かなりの金が引き出せるでしょう。韓国が併合されれば、日本にとって満州が生命線になりますからな」

ホルヴァットが言った。グイッとウォッカを口に流し込む。

「それで日本の検察官は、どうしたかね」

ココフツェフは、訊いた。

市警察は、今日一日で韓民会長金成白をはじめ新聞記者など、さらに十数名を検挙した。これを機に、日本が警察関係の増員を言いだすことも考えられた。そして満州に本腰を入れる、というのがホルヴァットの読みである。

「明日から、市警において取調べをする予定です」

ホルヴァットが応える。

夕方五時過ぎ、杉野に案内されて高等法院長と検察官、ふたりの書記、そして通訳が現れた。ストラーゾフとミルレルが対応し、ホルヴァット少将が陪席したが、日本の法院長は、容疑者全員を旅順に護送するといった。容疑者を引き渡せば、あとは日本側で処分する。それで良いのだ――。

深夜〇時、特別列車は、静かにプラットホームを出た。

数分もしないうちに列車が停車した。

「どうしたっ」

ホルヴァットが接待係の少尉に言った。

「ちょっと見てまいります」

外套を肩にかけた少尉がデッキから降りた。一瞬、開けたドアから雪が舞い込んだ。線路上で話し声がしたが、聞き取れなかった。少尉が戻ってきた。

「線路に石が乗せてあったそうです」

少尉が報告した。

「われわれを攪乱するやつがいますなぁ」

ホルヴァット少将が舌打ちした。

誰が、どうして？　ココフツェフの胸中に、複雑な思いが去来した。聖堂で司祭から身の安全を祝福されたとき、漠然とだが、凶弾は自分を狙ったものではないかと脳裏をかすめた。犯人が押さえられて銃口は他に向いたが、そのあと伊藤が自分の腕のなかに倒れてきたのである。

ウンテルベルゲル総督の仕業か？

まさかとは思うが、これから会う「狼将軍」を警戒せねばなるまい。

翌十月二十九日、哈爾賓総領事館の客間で目覚めた溝淵孝雄は、朝食をすませた後、すぐさま翻訳された調書の読みに入った。ロシアの官憲が検挙した容疑者は、三十名を超えている。この中から該当者を絞りこむにも、裏付け調査をする手段を持たなかった。この際、ロシア側の調書を信用するほかなかった。

そして十月三十日朝、いよいよ溝淵は、安応七の訊問にとりかかった。

安が悪びれる様子もなく坐った（カタカナを平仮名にして句読点を入れる。以下同じ）。

被告人訊問調書

被告人　安応七

右者に対する殺人被告事件に付き明治四十二年十月三十日、哈爾賓日本帝国総領事館に於いて検察官溝淵孝雄、書記岸田愛文列席、通訳嘱託園木末喜通訳。

検察官は被告人に対し訊問すること左の如し。

問　氏名、年齢、身分、職業、住所、本籍地及び出生地は如何。

答　氏名は安応七。

年齢は三十一年（注・満年齢三十歳）。

職業は猟師。

住所は韓国平安道平壌城外。

本籍地は同所。

出生地は同所。

問　其方は韓国臣民か。

答　左様であります。

問　韓国の兵籍に就いて居るか。

答　兵籍には就いて居りませぬ。
問　其方の宗教信仰は如何。
答　私は天主教（注・カトリック）信仰者です。
問　其方は父母妻子ありや。
答　ありませぬ。

財産を持たぬ。学問もない。文字は、少々知っている。交遊は猟師のみ。尊敬するひとも政治的信条もない。このような社会性に欠けた無知蒙昧《もうまい》な男が、伊藤を狙撃するはずがないではないか。

問　其方が平素敵視して居る人は誰か。
答　以前は別に敵視して居る人はありませなんだが此頃になりて一人できました。
問　夫《それ》は何人《なんぴと》か。
答　伊藤博文さんです。
問　伊藤公爵を何故敵視するか。
答　其の敵視するに至りたる原因は多々あります。即ち左の通りであります。
第一、今より十年許《ばかり》前伊藤さんの指揮にて韓国王妃を殺害しました。

第二、今より五年前伊藤さんは兵力を以て五ケ条の条約を締結せられましたが、夫《それ》は皆韓国に取りては非常なる不利益の箇条であります。

第三、今より三年前伊藤さんが締結せられました十二ケ条の条約は何れも韓国に取り軍隊上非常なる不利益の事柄でありました。

第四、伊藤さんは強いて韓国皇帝の廃位を図りました。

第五、韓国の兵隊は伊藤さんの為めに解散せしめられました。

第六、条約締結に付韓国民が憤り義兵が起こりましたが其関係上伊藤さんは韓国の良民を多数殺させました。

第七、韓国の政治其他の権利を奪いました。

第八、韓国の学校に用いたる良好なる教科書を伊藤さんの指揮の許に焼却しました。

第九、韓国人民に新聞の購読を禁じました。

第十、何等充《あ》つべき金なきにもかかわらず性質の宜《よろ》しからざる韓国官吏に金を与え韓国民に何等の事も知らしめずして終《つい》に第一銀行券を発行して居ります。

第十一、韓国民の負担に帰すべき国債二千三百万円（注・正しくは一千三百万円）を募り之を韓国民に知らしめずして其金は官吏間に於いて勝手に配分したりとも聞き、又土地を奪《と》りし為なりとすと聞きました。之韓国に取りて非常なる不利益の事であります。

第十二、伊藤さんは東洋の平和を攪乱しました。其の訳と申すは即ち日露戦争当時より東洋平和維持なりと言いつつ韓皇帝を廃位し、当初の宣言とは悉く反対の結果を見るに至り韓国民二千万皆憤慨して居ります。

第十三、韓国の欲せざるにもかかわらず伊藤さんは韓国保護に名を籍《か》り韓国政府の一部の者と意思を通じ韓国に不利なる施政を致して居ります。

第十四、今を去る四十二年前（注・正しくは四十三年前）現日本皇帝の御父君（注・孝明天皇）に当らせらるる御方を伊藤さんが失いました。其事は皆韓国民が知って居ります。

第十五、伊藤さんは韓国民が憤慨し居るにもかかわらず日本皇帝や其他世界各国に対し韓国は無事なりと言うて欺《あざむ》いて居ります。

以上の原因に依り伊藤さんを殺しました。

安がよどみなく十五項目を挙げた。あらかじめ用意していたのだろう。この俗に言う「罪状十五項目」は、今回の事件の真相を読み解くキーワードである。

溝淵は、『訊問調書』にいう。欧米に支配された国がどのような運命をたどるかを知らないのか。日本は、韓国に鉄道を敷設して利便し、衛生を完備して疫病を減らし、殖産工業をいよいよ盛んにして進歩させようとしているのを知らないのか。韓国皇太子を世界列国に較べて遜色ない名君に教育しているのも、そのためではないか。

「そのほうは、これらの施策をどのように心得ておるのか」と。

「皇太子が日本において優遇され、文明の御学問を受けておられますことは、韓国民として感謝いたしておりますが、お訊ねの進歩、または便利とは別問題であります。現にご聡明であられた前韓国皇帝を廃して、ご若年の現皇帝を立たせられたことによって、韓国は非常なる不利益を被っております。これを決して進歩とは申しません」

安が応えた。

「では、問うが、そのほうは、韓国の将来をどのように心得ておるのか」

「もし、伊藤さんが生存しておられたならば、韓国のみならず日本さえも滅亡にいたると思います。伊藤さん亡き今後、日本は充分に韓国の独立を保護せられ、実に韓国にとって幸福であり、東洋その他の国の平和の維持にも役立つことと信じます」

安が理路整然と応える。

溝淵は、相当に手強《てごわ》い相手だと思った。だが、これに音《ね》を上げていては、あとに控える多数の容疑者の選別にも影響が出てくる。

溝淵は、肚《はら》を据《す》えて訊問の方向を変えた。

第六章

虚実の綱引き

十月三十日の第一回安応七への訊問は、なおも続いた。

このとき聴取された『訊問調書』を、安の『伝記』、その後の『供述』、および『伊藤博文伝』で補足すると、排日派による独立運動の全体像が見てとれる。それには、意外な結末が待っているはずである。

その一里塚と思って訊問の続きを――。

「そのほうは、韓国にとって忠君愛国の士のようだが、これだけの行動をするからには、同じ思いを抱く者も大勢あろう。それらと平素より交際していたのか」

溝淵孝雄の質問は、連累および同調者の聞き出しを狙ったものである。

佐木隆三の『伊藤博文と安重根』によれば、園木通訳は、稀に見る朝鮮語の達人だったようだ。溝淵が意図する微妙な雰囲気まで伝えたはずである。

「おたずねのごとき志士は、たくさんおります。学識があり、財産もありますから、わたしなど駆けだしとは、とてもおつきあいしていただける相手ではありません。ことに韓国の義兵は、同じ考えを持っております」

応答はもっと長いが、安は、身辺に累がおよぶのを警戒し、閔泳煥《みんえいかん》、趙秉世《ちょうへいせい》、崔益鉉《さいえきげん》、閔肯鎬《みんこうこう》らの名を挙げるに止《とど》めた。これら忠臣は、すでに死んでいる。

「では、李範允《りはんいん》という者を知っているか」と、溝淵。

「名前は聞いておりますが、面会したことはありません」

「同人は、いまそのほうが申したような考えを持っておるのか」

「果して、おたずねのごとき考えかどうか、しかとは申されませんが、多分持っていると思います」

知らないどころか、李範允は、北間島の管理使（注・地方総督）を務めた高官で、安が親しく交わった排日派の首魁のひとりだ。閔妃《ミンピ》一族が政治を専らにしていた時代の閣僚で、ハーグ密使事件を根回しした元ロシア駐剳《ちゆうさつ》韓国公使李範晋《りはんしん》の実弟である。日露戦争では、ロシア側に立って日本軍と戦い、敗れてウラジオストックへ亡命していた。これをロシア派と呼び、排日運動の一大勢力になっている。ある意味で安の排日運動は、李範允にめぐり合って頂点を迎えたといってよかった。

ちょうど二年半前、安が祖国を離れて排日運動に挺身する二カ月前のことだが、その年の一月十六日、英国人アーネスト・ベセルが発行する韓文『大韓毎日申報』紙と英文『コリア・デイリー・ニュース』紙に、大韓国皇帝高宗が露、米、独、仏四カ国の元首に宛てた次の書簡が掲載された。

以下、『伊藤博文伝』から抄出する。


思はざりき、時局大変、強隣の侵《しん》、逼日《はくじつ》に甚だしく、終《つい》に我外交の権を奪ひ、我自主の政を損ずるに至る。朕《ちん》及び挙国臣民慟憤鬱悒《どうふんうつゆう》して天に叫び、地に泣かざるなし。

願はくば交好の誼《よしみ》及び扶弱《ふじゃく》の義を垂念《すいねん》し、広く各友邦に議し、法を設けて我独立の国勢を保ち、朕及び全国の臣民をして恩を含みて万世にその徳を頌《しょう》せしめられんことを切に祈る。（以下略）

日本の侵略は、日毎に激しくなり、ついに韓国の外交と政治さえも奪った。朕や国民は、怒り沈んで泣かないものはない、と訴えているのを韓・英紙が暴露した。これを東京で知った韓国統監伊藤博文は、急遽三月、京城に帰任し、高宗に謁見《えっけん》して真偽を確かめた。皇帝は、新聞社の捏造《ねつぞう》だとして自らの関与を否定したが、アーネスト・ベセルは、確かな証拠として御璽《ぎょじ》を押した書簡を、あえて写真で掲載したのである。

高宗のこの屈辱を晴らそうと、韓国内では、独立派が中心となって国債報償会を結成し、献金の募集を始めた。韓国の負債一千三百万円を日本に償還して、日本の支配から独立を図ろうとするものだ。安は、国外の同胞に募金を呼びかけるために祖国を出た。

安が韓国を離れたあと、参政大臣朴斉純は、密使事件の責任をとって辞職。後任に首班指名された親日派閣僚李完用《りかんよう》は、一進会の大幹部宋秉畯《そうへいしゅん》を農商工部大臣に起用したほか、各閣僚を腹心で固め、参政大臣の呼び名を総理大臣と改めた。

李完用は、進士《しんし》（注・科挙に同じ）に合格した高級官僚である。二度にわたって米国駐箚公使代理を務めた親米派として政界に登場し、高宗をロシア公使館に移して親露派内閣が誕生すると、外部大臣（注・外相）に起用された。日露開戦後、親日派の中心となって学部大臣（注・文相）に就任。第一次日韓協約を率先して受け入れるという安から見れば無節操な男である。

　これに与《くみ》した一進会は、東学党の乱（注・甲午《こうご》農民戦争）を指導し、反日蜂起して逮捕されたが、出獄後親日派へと転じた李容九《りようきゆう》と、親日的な金玉均《きんぎよくきん》を暗殺しようとして逆に洗脳された宋秉畯が提携した、日本贔屓《びいき》の政治団体である。

　明治三十八年、伊藤が統監に就任するや否や、このときぞとばかりに日本寄りの立場を鮮明にした一進会は、発起宣言書にこう記《しる》している。

　若し外邦の干渉を峻拒《しゅんきょ》し、独立国の名実を完全ならしめんとするならば、奮然決起して、その理由を万国に向つて宣言すべきである。その事にして不可能ならば、寧《むし》ろ支那の指導に順拠して文明を進め、独立を維持するも亦可《またか》なりである。進んで戦を唱へるの勇なく、退いて支那に信頼する事も得ず、徒《いたず》らに疑惧《ぎぐ》して群小奸徒《ぐんしようかんと》の巧言《こうげん》に惑い、詐計《さっけい》を弄《ろう》して一時を糊塗《こと》する如きは、必ず外国との交誼を害し、自ら亡国の禍《わざわい》を招くに過ぎない。誠に痛恨の限りである。（以下略）（久保寺山之輔著『日韓離合之秘史』日本乃姿顕彰会刊）

もし、韓国が独立国というならば、なぜ世界に向けて堂々と宣言しないのか。また、支那の干渉を受けながら文明国家の道を選ぶのも良い。だが、戦う勇気もなく、支那を信頼することもできずに小細工するとは、亡国の禍を招くだけである。

このあと、「日本の天皇は、まことに大義、大道を重んじるひとで、韓国民が誠意を示せば必ずや応えてくださる」と訴えるのは、安から見れば、蛇足も蛇足、嘘っぱちである。なんと破廉恥《はれんち》な売国奴か。そして今回、一進会を後ろ楯にした李完用は、日露戦争後の日韓関係を詳しく国民に知らせて軽挙盲動《けいきょもうどう》を戒めた。

曰《いわ》く、『韓国人は、みだりに独立を主張するが、国は自ら立たず、また決して他国が立たせてくれるものではない。独立の実を得ようとするならば、これを得る方策を講じなければならない。我の信ずるところは、日本と誠実に親睦し、存亡をともにすることとおもう』(同書)と。まさに日本の傀儡《かいらい》と言われるゆえんである。

安にとって、このような輩が政権の座にあるとは、国辱の極みである。それもこれも日本から借りた国債が原因であった。これを突き返して皇帝陛下の御心を安んじて戴きたい、となる。

安は、北間島《きたかんとう》龍井村を拠点にして募金に回った。その間にハーグ密使事件が起きた。

その年六月、ロシア皇帝の呼びかけにより、オランダの首都ハーグで第二回国際平和会議が開催される運びとなった。

排日独立派の李容泰《りようたい》、沈相薫《ちんそうくん》、金嘉鎮《きんかちん》ら皇帝の側近は、新聞社主アーネスト・ベセルと宮廷おかかえ教師の米国人ホーマー・ハルバートに相談し、海外にいる李学均《りがくきん》、李範晋らと図って日本の横暴を訴え、世界の世論を味方につけようと画策した。

密使に選ばれたのは、前議政府参賛《さんさん》（注・内閣書記官長）李相卨《りそうせつ》と前平理院検事李儁《りしゅん》である。

李相卨は、名望のある学者である。一九〇五年（明治三十八年）、第二次日韓協約を締結した当時議政府参賛だったが、協約破棄を上奏して失敗。「まさに国滅びたり」と慨嘆して翌年三月、国権の回復を誓って京城を捨て、間島（注・清国領）に赴いて寛甸《かんてん》学校を設立して排日思想を教育してきた。

安は、すぐさま李相卨の門下生となり、子弟の教育に従事しようとした。そこへ李儁がハーグの平和会議に赴くとの連絡が入った。李相卨は、四月下旬、李儁とウラジオストックで合流するというので、安も炯秋まで同行し、崔才亨《さいさいりよう》のもとに身を投じたのである。

この崔才亨（注・別名・在衡、都憲《とけん》）は、四十年ばかり前に沿海州へわたり、一介の労働者から煙草の卸業や牛肉の売買などで巨万の富を築き、ロシアに帰化して在留韓人の総取締権を授けられた金満家である。「都憲」は、そのときの官職であり、日露戦争によって北間島管理使の職を失った李範允を、食客としたこともある。ついで寄寓した老学者柳《りゅう》麟錫《りんしゃく》には、学校を建てて子弟の教育に当たらせるなど、祖国の独立に貢献していた。
李相卨は、その崔才亨に挨拶をして資金を手にした後、先発したハルバートと李儁にウラジオストックで合流。安も、そのとき初めてロシア領に足を踏み入れたのである。密使は、さらに陸路シベリア鉄道でロシアの首都サンクト・ペテルブルグ入りしたのであった。

密使は、すぐさま当地に亡命していた李範晋を通じて高宗の親書をロシア皇帝に献じ、再びロシアの庇護を求める一方、会議への出席を願い出た。

親書の文面に曰く。

朕、今日の境遇、愈〻《いよいよ》艱難にして四顧《しこ》これを訴ふる所なし。唯〻《ただただ》陛下に向つて之を煩陳《はんちん》せんのみ。弊邦振興の期、全く陛下の顧念に係る。今や幸に万国平和会議の開かるゝあり。該会議に於て弊邦処遇の実に理由なきを声明するを得む。韓国は曾《かつ》て露日開戦の前に於て中立を各国に宣言したり。是れ世界の共に知る所也。現時の状勢は深く憤慨に堪へず。（以下略）（『伊藤博文伝』）

今日のわたしの境遇は、まことに悲しみのどん底にあり、周囲に訴えるところもありません。ただひたすら、ロシア皇帝陛下の寛大な御心にすがるばかりです。かつて韓国は、日露開戦の直前、中立を宣言したのは公知の事実でございますが、現状は憤慨に堪えない状態に置かれております。

親書は、すぐさまニコライ二世から外務大臣イズヴォーリスキーに託され、駐露公使本野一郎に手渡された。そうと知らない密使は、六月十五日、ハーグへ乗り込み、議長ネフリュードフに高宗の信任状を示し、会議への出席を求めたのである。

だが、同議長は、外交権を持たない国を独立国と認定しがたいと断った。そこで密使は、英・米・仏の全権委員を歴訪して哀訴したが、ポーツマス条約を承認した各国委員は、すぐさま日本の全権委員都築馨六《つづきけいろく》に連絡した。

密使は、さらにアメリカのニューヨークへわたって新聞記者に接触し、街頭演説をして日本の韓国に対する措置を非難、攻撃したのである。

これを知った伊藤博文は、しばらく冷静に対処し、七月三日、日本から来た練習艦隊乗組将校を帯同して参内。宮内府礼式課長にハーグに関する電報の写しを手渡し、高宗が読み終わったころを見計らって将校の謁見をさせた。

将校がさがったあと、伊藤は——。

「このような陰険な手段をもって日本の保護権を拒否されるのであれば、むしろ日本に対して、堂々と宣戦を布告せられるほうが手っとり早いではございませんか」

皇帝は、周章狼狽《しゅうしょうろうばい》して――。

「朕の関知するところではない」

そして同日、伊藤は、李完用首相を統監府に招き、『韓皇すでに保護条約を無視し、宗国にむかって謀叛を企てるのであれば、日本は韓国に対してただちに宣戦布告するに十分な理由を有する。貴下、よろしく首相たる責任をもって対処するように』(『伊藤博文伝』)と、勧告した。

時の首相西園寺公望に打電した伊藤の進言は、次の内容である(句読点を補い平仮名に直した)。


平和会議へ委員派遣の件、暴露せしに付《つき》、本官は皇帝に対し、その責任まったく陛下ひとりに帰するものなることを宣言し、併せてその行為は日本に対し公然敵意を発表し、協約違反たることを免れず。故に日本は韓国に対し、宣戦の権利あるものなることを総理大臣をもって告げしめたり。皇帝は、旧により、朕の知る所にあらずと弁明せらるるも、本官は今日の事、最早虚言を弄して解決すべきにあらず。ハーグにおいて陛下の派遣員は、委任状を所持することを公言し、かつ新聞により(中略)、世界の熟知する所なりとの事を明白に申し込みたり。(以下略)

平和会議への委員の派遣は、協約違反であり、その責任は皇帝陛下にある。いくら知らないと弁解されても、もう嘘や言い逃れでは解決できない。韓国は、日本に対して宣戦を布告するか否か——。

こうして日本は、韓国政府に七カ条を突きつけ、高宗を廃して純宗（注・李坧《たく》）を擁立。軍隊を解散させて内政に関する全権を掌握した。

純宗は、日本人によって殺害された閔妃《みんぴ》と高宗のあいだにできた長子である。その皇太子に冊立《さくりつ》されたのが、伊藤が人質にとったと安が主張する次子李垠《ぎん》殿下で、閔妃亡きあと厳妃とのあいだに生まれた、純宗皇帝にとって異母弟になる。

安重根は、秘密文書のやりとりを知る由もなかったが、密命を帯びた李相卨をウラジオストックまでは見届けた。そして密使の顚末は、新聞で知った。

他国の皇帝を勝手に廃して軍隊を解散させる横暴は、いかなる理由であってしても許せない。韓国民は、各地で蜂起。元軍人、両班《ヤンバン》、一般民衆を動員した一大義兵運動へと突入したのである。

安がウラジオストックで李剛に会ったのは、その年の秋口である。

李剛は、三十五、六のきちんとした身形《みなり》の紳士だった。彼の紹介で、まず排日組織『青年会』に加盟し、その指導者兪鎮律と会った。その青年会で禹徳淳を知り、そして、排日派の巨頭ともいうべき李範允を訪ねたのである。

韓人街開拓里にある彼の自宅は、レンガ造りの二階家だった。亡命者と雖《いえど》も、元高級官僚には体面を保つ財力はあった。

李範允は、義兵の不可を説いた。素手で戦う烏合の衆では、犠牲が大き過ぎるというのである。安は、炯秋に同胞が集まっており、韓国内にも資金援助をしてくれるグループがある、いま反抗を企てなければ、永久に独立の機会は訪れない、と説得した。

崔才亨のもとには、北韓や間島各地で食い詰めた同胞が続々と職を求めてやってきた。馬車引きや牛の飼育、近在の農家から牛の買いつけ、解体などをさせていたが、それでも雇いきれないでいた。彼を説得すれば、すぐに挙兵できると考えたのである。

安の熱意に動かされた李範允は、『彰義会』を結成して代表となった。すぐさま安は、崔才亨を炯秋の自宅に訪ねた。崔才亨は、安の説得に『同義会』を結成。ここに彰義会と同義会が合同して大韓独立義軍となった。

李範允が総督に、国内で義兵大将をしていた鄭《てい》警務こと鄭済岳《さいがく》が司令官に推戴された。そして安は、鄭大将の右令将、李範允の腹心厳仁燮が左令将に任命されたのである。

（注・『伝記』には、司令官に金斗星の名を挙げているが、むろん架空である）

溝淵の訊問に戻る。

「では、田明雲《でんめいうん》という者を知っておるか」

「新聞では、その名を知っております」

安は、応えた。

知っているどころではない。炯秋を中心に義兵を募っていたときの仲間のひとりが田明雲である。その年（明治四十年）も暮れに差しかかったころ、李剛からウラジオストックへ戻るようにと指令された。そして在米同胞から軍資金を調達するために渡米する李剛と田明雲を、ウラジオストック港で見送ったのである。その数カ月後にサンフランシスコでスティーブンス暗殺事件が起き、彼の名が新聞に登場した。

「いまもって米国にいるのか」

溝淵が訊いた。

「同国で収監されたと聞いておりますが、詳しいことは判りません」

安は、応えた。実際には、無罪放免されたと聞いている。

「同人は、いかなる理由で収監せられたか、知っているか」

「それは、張仁煥《ちようじんかん》とスティーブンスを狙撃したためと新聞で見ました。狙撃の理由は、韓国が日本の保護を受けるに至ったのは、韓国民の意思であろうと新聞に論説を掲載したためであります」

ドゥーハム・スティーブンスは、かつて在ワシントン日本公使館の顧問だった。日露戦争後、韓国外部（注・外務省）顧問官に招聘された彼は、第一次日韓協約によって、外交上の決定をするさいに助言を与え、対外的に韓国を代表する立場にあった。同時に、彼を通じてアメリカの支持を得るという日韓米三国の要《かなめ》の位置にいた。それが日本寄りの言動をしたことから、韓国内外から批判され、矛先をかわすために一九〇八年三月、伊藤博文がワシントンへ一時帰郷を勧め、サンフランシスコに立ち寄ったのである。そして記者会見の席で、韓国皇室や政府要人の堕落、国民の愚昧を挙げて独立は覚束ない、日本が支配しなければロシアの植民地にされていただろう、と不届きな言辞を公言した。

翌日の新聞でそれを知った在米同胞は、スティーブンスが投宿するフェアモント・ホテルにつめかけて抗議。そこでも彼は、持論を枉《ま》げなかった。

翌三月二十三日朝、田明雲がオークランド駅に向かうスティーブンスを襲った。拳銃は、不発だった。取っ組み合いとなったところへ張仁煥が現れて、拳銃を発射した。一発は、スティーブンスの背部を貫通、もう一発が田明雲の肩口に当たった。

「そのほうは、その張仁煥と個人的に面会したことがあるか」

「いいえ、ありません」

これは、本当である。とはいえあの事件直後、安は、『大東共報』の前身『海朝新聞』に決起を促す撤文《げきぶん》を投稿し、アメリカから帰還した李剛も同事件を大々的に報じた。

安は、義兵軍の駐屯地烔秋に帰ると、早急な蜂起を促した。そして七月、安が集めた兵力に一千五百名を加えた二千の義兵軍は、豆満江沿岸で決起、交戦したのである。

「伊藤公爵は、生前に韓国統監を辞任せられたことを知っているか」

「知っております」

「統監の後任者は、知っているか」

「副統監の曾禰さんが就任されたと聞きました」

「曾禰統監の施政について何と心得るか」

「いかなる方針かは、いまだ判りませんが、もし、曾禰さんが同一の方針を採られるならば、殺されると思います」

「そのほうは猟師というが、先刻よりの応答によらば、とても猟師とは思われぬところが窺える。今回の挙は、そのほうのいうが如くなれば、世界史上に名を残すことになるが、本名を隠さずに申し立てたらどうだ」

溝淵が言った。

「わたしは、覚悟して大罪を犯したのですから、決して偽りは申しておりません」

安は、応えた。

溝淵の訊問は、使用した拳銃に移った。

訊問調書にこうある。

問　本月二十六日朝伊藤公爵が当哈爾賓停車場へ着せられたる時、其方は短銃を持って同公爵を狙撃したるや。

答　其通り相違ありませぬ。

問　夫れは其方一人で実行したか。

答　左様、私一人であります。

問　其時如何なる凶器を使用したるや。

答　黒い曲った七連発の短銃であります。

問　其方の使用したる凶器は之《こ》れか。

此時証拠物件領特第一号の一の短銃（注・ブローニング）を示す。

答　左様であります。

問　この短銃は其方の所有か。

答　左様です。

問　何処にて手に入れたか。

答　本年五月頃、私が義兵に加入しました時、同輩が何処からか買ふてきました。

問　其方は、前から伊藤公爵は韓国又は東洋の敵として失はんと決心して狙撃したるや。

答　左様であります。私は三ケ年前から伊藤さんの命を取ろうと決心して居ました。私は初めは日本を信頼して居りましたが、益々韓国は伊藤さんの為《た》めに不利に陥りましたから、私は心が変りて、伊藤さんを敵視するに至りました。夫《そ》れは私のみならず、韓国二千万の同胞皆同心であります。

訊問は、またも事件当日に戻る。

「このたびの伊藤公爵が哈爾賓《ハルビン》に来られることは、どのようにして知ったのか」

おだやかに溝淵が訊いた。

「富寧《ふねい》において大韓毎日新聞《ママ》や日本の新聞を見て知りました」

「しからば、日本の新聞も読めるのか」

「漢字の拾い読みで意味がわかります」

「いつ、富寧を出立《しゅったつ》したか」

「わたしは、義兵ですから昼間の往来はできませんので、韓暦八月晦日《つごもり》（注・新暦十月十三日）に出発して、山中を通り、慶興《けいこう》に出て、露国ポセットというところから汽船に乗って浦潮にでました」

「そのほうが浦潮《ウラジオ》へ着したのはいつか」

「本日より数えて、七、八日前と思います」

「浦潮では、どこに泊まったのか」

「宿に行かずに停車場にて待ち、夜を明かしました。翌日、そこより二日間をへて哈爾賓へ着きました」

「凶行の前夜は、いずこに宿泊したのか」

「哈爾賓駅に着いて少し街中を歩きました。駅に戻ると、支那人に伊藤さんは来るかと問いましたところ、来ると言いましたからモチを買って食べ、そこで夜を明かしました」

「なれば、積年の決心を実行する好機と思ったのか」

「左様であります」

「そのほうは、哈爾賓にて韓国人の出入りする宅に宿泊しなかったのか」

「ひとの宅に宿泊しませんでした」

レスナヤ街に住む金成白の律儀な顔が浮かんだ。伊藤暗殺を仄めかすと、わずかに当惑し、劉東夏だけは巻き込まないで欲しいといった。韓民会を率いる者として、現在の安定を求めるのも当然だと安は思ったものだ。

「プリスタン六道街の金麗水《きんれいすい》の宅に宿泊したことはないのか」

溝淵の訊問にあせりが見えた。

「ありません。そのものの名前も知りません」

「金麗水は、咸鏡道明川邑東門外《かんきょうどうめいせんゆう》のものであることを知らないのか」

「知りません」

「プリスタン八道街、本名方士瞻《ほうしたん》というものを知るか」

「知りません」

「歯科医の伊藤方《イトパン》という名前を知っているか」

「知りません」

「同プリスタン二道街の李珍玉なるものを知らぬか」

「知りません」

「プリスタン公園前の鄭瑞雨《ていずいう》なるものを知っているか」

「知りません。わたしは、哈爾賓に知人はおりません」

安は、つっぱね続けた。

「では訊くが、金麗水の宅からそのほうの名前を記してある手帳が出たがどうか」

気を取り直したように溝淵が言う。

「わたしは、同人を知りません」

「この帳面を知らぬと申すのか」

溝淵は、やおら証拠物件領特第一号の二十六の手帳を示した。

「知りません。しかし、中に記してある名前は、わたしです」

一瞬、どうして韓民会の会計をしている金麗水の手元にあったのか不思議だった。確か、
劉東夏にくれてやった布の鞄に入れておいたはずである。

「そのほうは、禹徳淳なるものを知っているか」

「知りません」

「そのほうの猟師仲間に伊藤公爵が哈爾賓に来られるのを知っていたものはおらぬか」

「わたし、ひとりであります」

「そのほうの現在の服装は、浦潮の当時よりその風であったか」

溝淵が話題を転じた。


午前十時に始めた訊問は、二度の食事をはさんで十二時間におよんだ。

溝淵の手元には、安を問い詰めるだけの資料がなかった。翻訳されたロシア側の『訊問調書』も、背後関係と動機を裏付ける決定的な証拠に欠けた。

ロシア警察探偵部は、事件直後に埠頭区レスナヤ街のユータンホー（注・劉東夏）宛の電報を押収し、十月三十日までに、安ら四人のほかに鄭大鎬、金成玉、金衡在、卓公圭《たくこうけい》、金麗水、張首明《ちょうしゅめい》、金沢信《きんたくしん》、洪時濚《こうじえい》、李珍玉、方士膽、鄭瑞雨、金成燁《きんせいか》ら十二名の身柄を拘束した。

ハルビンの韓民会事務所から押収した物的証拠には、『喜びをもって祝賀す、万歳、万歳、万歳。朝鮮人チンモクホイ』と、ウラジオストックから届いた電報もあり、ひとつずつ洗うとなったら、とても手に負える数ではなかった。

平石氏人が、「あまり手をひろげると核心が見えなくなる」と忠告したが、全体像がつかめないまま、どうやって連累を選別できるのか。

すでに都督府から迎えの憲兵隊が待機していた。平石は、犯人護送を明後日と決めた。急がれる選別には、ロシア側の調書を信頼するほかに手はなかった。


翌十月三十一日朝八時、溝淵は、禹連俊（注・徳淳の別名）を取調室に呼び出し、安を脇に坐らせた。陪席《ばいせき》訊問は、窮余の策である。

禹は、年齢三十二歳。長身、色白な顔は長く、額が広い。煙草売りを生業として住所不定。本籍地、韓国京城東署東大門内。曺道先とはロシア領ホバルトで三年前に知り合い、今回、同人がハルビンにいると知り、仕事の世話をしてもらうつもりできた。拳銃は、昨年、ロシア領スキチョンでロシア人から買った。以来、身につけている。安応七とは、列車の中で会っただけで知り合いではなく、同じ蔡家溝駅で下車したので話したところ、親戚を迎えに来たと聞いた。

「この弾丸には、先に十字の傷形がついているが、誰が細工をしたのか」

溝淵は、押収した六個の弾を示した。先端の切り口が新しい。所持したとされる拳銃は、ブローニングの自動装填式である。

「知りません。わたしは、拳銃を買ったまま使用してはおりません」

「そのほうが蔡家溝で会い、同宿した者は、このものか」

溝淵は、そばに坐っている安応七を示した。

「十中の八九は、このひとに相違ないと思います」

禹が一瞬、目を伏せた。

「そのほうが同宿したものを、そのように申すのかっ」

「このひとです」

禹が応える。

予想した内容だが、両者の密接な関係は疑う余地がない。

禹が署名をすると、安と一緒に留置場へ戻した。

曺道先は、三十一歳。長身のがっしりとした体格である。本籍地は、韓国咸鏡南道洪《かんきょうなんどうこう》原《げん》郡景浦面《けいほめん》。ロシア領イルクーツクでは日本人が経営する洗濯屋で働いていたが、ロシア人と結婚。ハルビンで洗濯屋を営もうと一カ月前に来た。今回、蔡家溝へ赴いたのは、税をとりたてる鄭大鎬から通訳を頼まれたので禹徳淳と来た。拳銃は、スミス＆ウェッソン社製自動回転式リボルバー。ロシア領ボテバの鉱山で買ったが、一度、鴨を撃っただけ、と言う。

「この人物を知っているか」

溝淵は、安応七の写真を示した。

「知りません」

「そのほうは、李範允という者を知っているか」

「知りません。名も聞いたことがありません」

「張仁煥という者を知っているか」

「知りません」

犯人の言いなりである。

「ふーむ。ごくろう。調書ができるまで待て」

どうやって切り崩すか、溝淵は困惑した。


次いで、柳江露（注・劉東夏の別名）。年齢、十七歳。ロシア官憲の調書には十八歳となっているが、いかにも幼いといった印象の独身者。本籍地は、韓国咸鏡南道衛原《えいげん》（元山）吉明洞《きちめいどう》。薬局で働いている。住所は、ハルビンのレスナヤ街金成白方。逮捕された場所だ。

またも嘘との闘いである。

溝淵は、十月二十五日夜、金成白宅に来た電報から、大東共報社宛の未投函の手紙、曺と禹との関係、検挙された連累の名を問いただしたが、「知らぬ」の一点張りだった。

ただ、鄭大鎬についてのみ、「以前、ポグラニチナヤにいて、清国の税関をしている」と応えただけである。溝淵は、署名をさせて早々に打ち切った。

時計は、午後の九時を回っていた。

溝淵は、検挙者の名簿を見た。ロシア警察が撮った写真と調書で選別するのである。こんな馬鹿な選択が罷り通って良いはずがない、と思いながら——。

鄭大鎬は、二十六歳。税関吏。白皙《はくせき》の顔はひきしまり、良い身形《みなり》をしている。英語、仏語、露語、清語に通じた知識人。安、禹との交流がある。今回、休暇をとって韓国へ家族を呼び寄せに行き、金成白方に立ち寄ったところを逮捕されたものだ。

金成玉は、四十九歳。医師。曺道先が下宿する家主である。ドジョウ髭をはやした好人物風だが、いつもその家には韓人の出入りがあった。

金衡在は、『大東共報』のハルビン通信員。夜、韓人学校でロシア語を教えて交際範囲は広い。柳が所持した手紙の宛先が浦潮の大東共報社である。

曺道先と親しく交際していた卓公圭、三十六歳。韓民会の会計係金麗水二十九歳、張首明三十一歳、金沢信三十五歳、洪時濬二十八歳と、ヤポンスカヤ街で共同炊事をして暮らす巻煙草の箱詰め作業員や駅の通訳、建築請負業、看護助手らの名が挙げられていた。

方士瞻は、三十四歳。歯科医。別名「伊藤方」。十年前、韓国からウラジオストックに出、日露戦争中にペルミに移動。その地で日本人歯科医から歯科医術を学び、ロシア人を妻とする。三年前、ハルビンで診療所を開設。朝鮮語新聞は購読せず。ロシア人および日本人と交流し、韓人仲間は少ない。日本語とロシア語に堪能である。

李珍玉は、三十四歳。ウラジオストックにて日本人医師から医術を学び、ハルビンにて開業。薬局を経営。日本人との交流多く、韓人とはなし。

鄭瑞雨は、三十歳。鄭大鎬の従兄弟で、十月二十七日にハルビンへ来たばかりだ。

金成燁は、二十九歳。金成白の弟。品行普通。新聞や手紙を受けとることなし。

調書を読み終えたのは、午後十一時である。

「万全を期すこと難し」

溝渕は、別紙に書かれた張首明以下を対象から外した。


同じ時刻、ココフツェフは、ハルビンに向かう特別列車のベッドのなかにいた。万が一にも、現職のアムール沿岸地区総督ウンテルベルゲル大将が伊藤暗殺に関与していたらと心配したが、とんだ茶番のひと幕であった。余談ながら、顚末を記しておこう。

『回顧録』によれば、「なんのための三日間だったのか」と、不可解な思いに駆られた結末だった。ロシア語新聞『ノーヴァヤ・ジーズニ』紙が報じた記事を参照しながら、ココフツェフの行動と心境を追ってみる。

ココフツェフがポグラニチナヤ駅に着いたのは、十月二十九日午前九時であった。例のウンテルベルゲル将軍に迎えられ、彼の報告によれば、ほとんどパニック状態ともいうべきプラットホームで儀仗兵を検閲したあと、車輛内で会見した。

総督の印象は、熱血漢で、真剣に国防を考えているかに見えた。

「今回の事件で、日本は確実に攻めてまいります」

ウンテルベルゲル総督が身を乗りだすようにして言った。総督は、いち早くウラジオストックの日本総領事館を弔問し、動揺ぶりを偵察したという。

「いくらなんでも、そこまでは発展したりはしません。総督」

ココフツェフは、落ちついて応えた。

確たる証拠があるわけではないが、事件翌日に届いたストルイピン首相からの返電によれば、本野大使はロシアの対応に感謝していた。気がかりなのは東京だったが、一日遅れてマレヴィチ大使から電報がきた。『日本国民は、こぞって今回の事件に驚きながらも冷静に受けとめ、むしろロシアに同情している。新聞の論調も控えめで、ロシアに責任があるとはひと言も書いていないどころか、ロシア側の心づくしに感謝している』と認《したた》めてあった。これらを勘案すれば、今回の事件で両国が悲劇的な道をたどるとは考えにくいのである。

「これから逐一お見せします。きっと大臣は、ロシアが裸同然なのを知って愕然となさるはずです。まずはハバロフスクへおいでいただいて……」と、中央政府には、極東の危機的状況がわかっていない、とでも言いたげであった。

その日の夜、ハバロフスクに到着。翌三十日朝、同総督の案内で、アムール河を挟んで清国と対峙するアムール艦隊を訪れた。

「ロシアと日本が密接になればなるほど、この地域が清国の危険にさらされます」

寒風が吹きすさぶ川面に、数隻の小型艦艇が黒煙を吐きながら停泊していた。いつでも出撃できるように臨戦態勢をしいている、と総督が力説した。

「いまの清国に、わが国を攻める力はないでしょう」

ココフツェフは、総督が反発するのを予測しながらいった。

清国の密偵が、日露の接近に神経を尖らせている情報は得ていた。リヴォフが収集した情報では、清国の軍隊は、ときどき山賊と化して沿線住民を襲うらしい。清国政府か省の行政府かが、兵士にまともな給料を払っていないのである。このことからも、軍規の乱れが相当に進んでいるものと推測できた。また、ホルヴァット少将は、東清鉄道に関する交渉を黒竜江省のダオ・タイ総督とやっていたが、それは北京の中央政府と取り交わした約束が、省の段階で守られるとは限らないからである。

ココフツェフがダオ・タイ総督と話したとき、奇しくも「李鴻章《リーホンチャン》が死んでから、清国には頭がなくなった」と言った。昨年十一月、西太后も死んだ。これらを総合すれば、国益を守る機能さえ喪失している、としか考えられないのである。

「いや、本命は日本です。ロシアが清国の挑発に気をとられている隙を突いて、いきなり攻めてくる可能性があります。安閑としていられる状況ではありません」

「まさか」と、ココフツェフは応えた。

極東地区の総督として、常に警戒を怠らない心掛けは大事だが、清国と日本が手を組む事態は、絶対にありえなかった。第一、清国がロシアを警戒するのは、租借地の権利を日本に譲ることである。

そして、ウラジオストックへ移動した翌三十一日朝、到着と同時に用意した蒸気船『アスコールド』に、ココフツェフは乗せられた。着いたのは、ロシア人居留地ノウォキエフスクだった。ここに要塞を建設するつもりなのか、それともほかに理由があるのか。ココフツェフは、居留民を激励したが、訪問の目論見がいまひとつわからなかった。

車輌に戻っていよいよ総括する段になった。大蔵省による予算の出し渋りについては、機会あるごとに説明しておいた。問題は、極東の危機説である。

「総督。ロシアと日本の関係は、戦前戦後を通じて最も良好な状態にあります。いかにして日本が攻めてくる情報をつかんでおられるのですか」

ココフツェフは、訊いた。

「スホムリノフ陸軍大臣が極秘に教えてくれております」

ウンテルベルゲルが胸を張った。

「それは、逆ではないですか？　陛下をはじめわれわれ閣僚は、総督から寄せられるおびただしい数の電報を見せられているんですよ」

スホムリノフ陸相の姿が思い浮かんだ。

「われわれは、国境の守備に専念しておりますから、遠く離れた国外の情報を得る手段はありません。すべて陸軍大臣からもたらされる極秘情報に頼っているだけです」

ウンテルベルゲルが言う。語るに落ちるとは、このことだ。

「それに関連して要塞の強化策ですが、どのようになってますか。くどいようですが大蔵省は、ちゃんと予算をつけています。それが使われていないのも事実です」

「冗談ではありません。われわれは何年ものあいだ具申してまいりましたが、陸軍省からは一顧だにされず、返事もありませんでした。これを見てください」

ウンテルベルゲルは、一通の手紙を取り出した。要塞の技術参謀だった将校が書いたものだという。築城の任務が与えられて新計画を立案したが、完全に黙殺された。その責任を取って辞任する無念を詫びる内容だった。

「築城の担当司令官は、実施をどのように判断したんですか？」

ココフツェフは、訊いた。

「陸軍省へ提出した計画書に返事がもらえなければ、担当のジガルコフスキー将軍だとて、動けません。これぐらいならば、ローデガー将軍が提案したようにニコリスク・ウッスリースキーに新設したほうがましでした。それもこれも、大蔵大臣が予算を寄越さないからだと……」

ウンテルベルゲルが腹立たしげにいった。

「予算の一件は、総督もご理解くださいましたね」

ココフツェフは、またも予算のせいにしようとする総督にクギを刺した。

「もちろんです。もうひとつの問題があります。ウラジオストックの商売人たちは、日本の商品が関税もなく入ってきますから、自由貿易港の指定を撤回してもらいたいと申しております。わたしも、それが無難かと思います」

「それは、国際的な取り決めですから首相か外務大臣の管轄です。しかし、報告をかねて懸案事項に盛り込んでおきましょう。基本的には、自由な競争が望ましいのですがね」

ココフツェフは、出発の間際までウンテルベルゲルと話した。

そして今、滞在した三日間を振り返ってみると、いったい、なにゆえのウラジオストック視察だったかと、奇異な感じがしてならないのである。

だが、ウンテルベルゲル将軍が伊藤公爵の事件になんらの関係を持っていないとわかっただけでも幸いであったか、とココフツェフは考えなおす。あえて収穫を挙げれば、予想外にきちんとした兵舎や諸施設を視察できたことだ。むしろ首都近郊の部隊のほうが劣悪な環境であった。この現実をご報告すれば、陛下もお喜びになられるだろう。

特別列車は、明日の午後一時ごろにハルビン駅に到着する。

規則的な振動がココフツェフを眠りに誘った。

十一月一日午前十一時二十五分。容疑者十六名は、特別に連結した囚徒車輛で長春へ出発した。護衛には、関東軍憲兵大尉日栄《ひえい》賢治ら十一名に、ロシア側から十三名がつけられた。平石もそれに同乗して去った。

溝淵孝雄は、書記の岸田、通訳の園木と共にハルビンに残った。

安重根と共犯者三名の罪状は動かないところだが、具体的な供述が得られていない。まして安ら四名を除く十二名のうち誰が協力者なのか、雲をつかむような状態であった。ロシア側の資料で選んではみたが、公判の維持さえ難しい。

「まだ、始まったばかりだ」と、自分に言い聞かせてはみるが、溝淵は暗澹たる思いだった。それに引き換え、国家の威信だけが重くのしかかってくる。

その日、溝淵は、数名の参考人を呼んでいた。

稲田ハルは、十六歳。料理店土屋で働く酌婦である。阿部タカは、二十歳。同店の酌婦。森良一は、三十二歳。同店の経営者。

十月二十六日朝八時、三人は、松花江に近い繁華街、伝家旬《でんかしゅん》の店土屋を出た。ハルビン駅まで徒歩で四十分。駅に着いたのが八時四十分ごろであった。三、四等待合室からプラットホームに出、「あっちのようだな」と、森がふたりを日本人の集団へつれて行こうとすると、「女はダメだ」と、総領事館員が注意した。女たちは、一、二等出入口へ下がった。そして三等出入口へ移動。そこへ特別列車が入ってきた。

型通りの質問をしながら、溝渕は、彼らの場所を駅の平面図に印《しる》した。

阿部タカは、「鳥打帽子をかぶり、茶のうすい縞の入った外套を着た男」がロシアの士官と握手。昵懇のように親しげに話すのを見ている。そして「ポンポンと二つ三つの音」を聞いた。

稲田ハルは、「詰め襟の服に真っ黒な外套を着た、中折れ帽子姿の日本人のような男」が横で口髭をはやしたロシア人と握手してから会話。（鳥打帽子の男は）見た。伊藤公爵が汽車から降りる少し前であった。暫くして「パンパンと三つばかりの音」を。

森良一は、見ていない。銃声を「バチバチ」と表現している。

阿部と稲田は、ロシア人と言葉を交わした男の部分だけが共通し、風体は別人を思わせた。まさかの事件である。とても群衆の中のひとりを覚えられるわけがない。

溝渕は、半ばあきらめながら安重根の写真を見せた。

「このひとでありました。わたしが待合室に居ったときから見て、よく知って居りました」と、自信ありげな阿部。

「このひとのように思います」と、あやふやな稲田。

ひとは、異なった人物像を語っておきながら、写真を見せられると同一人物を指すことがある。いわゆる誘導だ。証言者は、強迫観念に囚われて意に反した応えをする。証拠能力は、皆無である。よしんば採用したとしても、土壇場でひっくり返される。
「ああっ」と、溝淵は思わずため息がでた。
暗いトンネルは、長いばかりか、複雑に曲がっているらしい。

第七章

虚像の影法師

明治四十二年十一月五日昼、外務省政務局長倉知鉄吉を乗せた「開城丸」は、二日遅れて遼東半島に近づいた。いよいよ司令塔の登場である。小村から直々に指名を受けた彼は、事件に関するすべての情報を掌握し、政府と現場を誘導する立場にあった。

「佐分利《さぶり》君、これを大臣に打っておきたまえ」

倉知は、随伴させた参事官佐分利貞男に電文を手渡した。電文は——。

『開城丸暴風ノ為メ遅クレ唯今漸ク入港ス小官等ハ是ヨリ直チニ旅順ニ赴キ　ヤマトホテルニ入ル筈』

大連までおよそ三十分。そこから汽車に乗れば、小一時間で旅順である。

佐分利は、外交官に生まれついたような男であった。明治三十八年に東京帝大法科大学を卒業し、外交官試験に首席で合格。ボートで鍛えた長身の彼は、試補になってすぐに清国に派遣され、ロシア、フランスと回って三年後に本省に戻された。そして、小村壽太郎の長女文子を妻に迎えた。

一等船室から、半島の先端に裾野をひく山が望めた。季節外れの台風一過、寒々と澄みわたった空にくっきりと浮かぶ山は、標高二〇三メートル。日露戦争のおりに激戦地となった二〇三高地である。

倉知鉄吉は、この風景を九年前に同じ海の側から眺めたことがあった。

義和団事件は、明治三十一年末ごろに端を発し、明治三十三年六月には、清国が欧米諸国に宣戦布告をして在北京の諸外国公使館を包囲した騒動である。

当時、ドイツ駐箚日本公使館三等書記官を拝命した倉知は、二十九歳の若さでベルリンに勤務していた。事件勃発とともにすぐさま本省に呼び戻され、北京出張を命ぜられた。彼は、もともと外交官をめざしたのではなかった。明治二十七年に東京帝大法科大学を卒業すると内務省に入り、警察官僚の道に進んだ。そして文官高等試験に合格した翌二十九年四月に外務省へ引っ張られたのである。

北京への出張は、それから四年後であった。

もともと宗教的秘密結社白蓮教の分派だった義和団は、「扶清仇教《ふしんきゅうきょう》」（注・清朝を支えて邪教を討つ）を掲げていた。ところが、日清戦争（注・明治二十七～八年）が終わり、三国干渉によって日本が遼東半島を放棄するや、欧米列強の蚕食が激化した。

ドイツは青島ならびに膠州《こうしゅう》湾を、フランスは広州湾を、イギリスは威海衛《いかいえい》と香港九竜半島をと、それぞれ九十九年間の租借（注・威海衛は二十五年租借）と称して事実上、占領した。ロシアは、ドイツの侵略を監視する名目で、旅順と大連の二十五年の租借を約し、そして明治二十九年（一八九六年）に露清協定を結んで東清鉄道の敷設権を獲得。明治三十一年七月から着工し、同時にハルビンの都市建設をはじめた。

こうした欧米列強の動きに危機感をつのらせた義和団は、「扶清滅洋《ふしんめつよう》」（注・清朝を支えて外国人を滅する）の攘夷《じょうい》思想を強め、列強の支配に苦しむ農民、労働者、職人、官吏、兵士といった若者を集め、山東省から山西省を制圧して北京に迫った。

その間、清国皇帝は、義和団が北京を占拠するまで態度を曖昧にしていたが、西太后の決断で欧米に宣戦布告したのである。

同事件は同年八月に終焉したが、兵力四万五千を派遣した日本は、思惑の渦巻く欧米列強七カ国の調整に乗りだした。倉知は、その調整役の一員に選ばれた。そして軍艦に同乗した倉知は、左に威海衛、右に旅順を遠望しながら渤海湾の奥、大沽《タークー》に上陸し、天津から北京へと入った。奇しくも西徳二郎全権公使のもとで一等書記官をしていたのが、いま外務次官を務める石井菊次郎である。

あのときの功績で六百円の下賜金をもらったが、悔やまれるのは、鎮圧後、ロシアがアムール河を越境し、満州へ進出するのを食い止められなかったことだ。事件後の九月に吉林省、十月には奉天と、ロシアは満州全域を占領し、そして日露戦争に発展したのである。

そして今、伊藤公爵暗殺という衝撃的な事件がもちあがった。大事に至る前にこれを収め、国家の方針と決まった日韓併合の障害を取り除かねばならなかった。

国家の一大事のたびに眺める山。いま乃木将軍によって爾霊山《にれいざん》と命名された二〇三高地には、そんな重苦しい印象がある。

船は、いよいよ桟橋に着いた。倉知は、佐分利といっしょにゆっくりとタラップを降りると税関を出た。税関出口には、中折れ帽をかぶった小柄な男が待っていた。

新国千代橘《にいくにちよきつ》である。新国は、九年前の北京出張のおり、ハワイ公使館から派遣された書記生で、倉知より七歳年長だった。流暢な英語と支那語、それも満州語から北京、広東、福建語と幅広い語学力を駆使し、各国公使から情報を集めて無比の働きをした。その能力を買われて奉天総領事館に異動し、副領事に昇進。奉天総領事館新民分館にいたのを、今回の任務のために呼び出したのだった。

倉知は、ふたりを引き合わせた。

旅順ヤマトホテルに到着すると、倉知たちは二階の貴賓室に通された。ちょうど玄関の真上の部屋で、入口に応接間、その隣に秘書および執事の部屋が中通路の両側にある。同室にしたのは、活動しやすくするためである。

ロシア時代に建てられた建物は、天井が高く窓も上下に開く吊架式《ちようかしき》であった。窓から港全体が見渡せて、港湾の街も一望のもとに見てとれた。

倉知は、すぐさま動きだした。

まず、高等法院長平石氏人に面会を求めた。

高等法院は、新市街から日本橋をわたって旧市街の高台にあった。馬車で十五分ぐらいの距離だ。鉄製の衛門を入ると、円柱の玄関にドーム屋根になった堂々たるロシア建築が待ち構えていた。

平石は、思いのほか小柄だった。筋のとおった鼻に八の字髭をたくわえている。これからハルビンへ出張するところで、すでに平服に着替え、旅行鞄を用意していた。

「犯人の身柄は、十一月三日に収監したが、訊問調書は、まだハルビンの溝淵君の手元にある。参考人の取調べを続けておるからな。わしは、その件も含めて五日ばかり行ってくる。とはいえ、君に手ぶらで帰れとはいわれんから、これを参考にすると良い。統監府の憲兵隊がとりまとめたものだが、わりあい詳しく調査してある」

平石は、半紙十枚ほどの謄写版刷りにした書面を出した。

憲機第二一一六号『安応七並びに其同類に関する調査』と表題にある。

平石が戻るのは、十一月十二日以降である。


高等法院からの帰りしな、倉知は、これから職場を構える関東都督府に立ち寄った。

旅順東港に面したロシア時代の建物は、二階にバルコニー風の回廊がついている。

この関東都督府は、軍政部と民政部で構成され、都督には日清、日露の両戦役を戦った大島義昌《よしまさ》陸軍大将が、民政長官に白仁《しらに》武《たけし》が納まっていた。

その白仁は、九州は柳川の産だ。東京帝大の四年先輩で、外務次官石井菊次郎と同級である。卒業後、内務省試補、のち栃木県知事、北海道庁参事官などを歴任して文部省普通学務局長、そして去年、大学など教育機関強化のために都督府に赴任したのである。

長官室を訪ねると、白仁も同じ船で東京から帰ったばかりだった。

「君が来ると石井から聞いて、安心しておったところだ」

白仁が屈託なく迎えた。彼とは、内務省で一年間、職場を共にしていた。

「当地の事情もわかりませんので、どうかよろしく」と、型通りの挨拶を交わすと、白仁は倉知を予定した部屋へ案内してくれた。

一階の廊下の突き当たりにあるその部屋には、事務机を四つばかり並べ、接客用の椅子とテーブルが用意してあった。その奥の小部屋が倉知の執務室である。

さっそく電報が二本届いた。持ってきたのは、通信課長の早乙女忠国である。「これから早乙女君が連絡係になる」と、白仁が紹介した。解読は、倉知のほうですることにしてあった。そのために新国を指名したのである。

倉知は、大学の同級生で警視総長をしている佐藤友熊を訪ねるつもりだったが、ひとまずホテルへ戻った。さっそく新国が解読にかかった。

ところが、旧式の暗号書を使った解読不能の電文であった。

哈爾賓総領事館が発したものだった。浦潮斯徳総領事館で受信し、それを転送してきたのである。機密電報は、平文を決められた暗号書によって数字化する。それを受信した側は、同じ暗号書を使って解読する。その数字化に古い暗号書を用いていた。本省ならば解読できるが、倉知たちが持参したのは改変したものだった。

発信者が韓国統監府の通訳官鳥居忠恕《ただひろ》と判読でき、中川一介検事長宛とわかる。さっそく倉知は、川上総領事宛に電報を入れた。

事件の解明に資する内容ではないが、倉知が「情報管理部」を立ち上げる経過を知るうえで必要だから、しばらく晦渋《かいじゅう》な秘匿電報とおつきあいいただきたい。電文は、カタカナを平仮名に、句読点を補った。以下同様にする。

伊藤公暗殺事件に関する調査の為、小官、当旅順に出張し、当分ヤマトホテルに滞留す。調査上の参考となる情報は、当方に電報を乞ふ。尤も小官、此目的で出張の事は、成るべく秘密にせられたし。○昨日、鳥居より中川検事正に宛、発したる安応七の申立てに関する電報は、暗号の間違により不明に付、仮名符号にて小官迄全文電報を乞ふ。

小官は、事件調査のために旅順に来ている。いかなる情報も当方に報せてほしいが、なるべく出張については秘密にしておかれるようにと断りを入れた。中川宛の電報は必要だが、外務省の役人が前面に出て、ロシアや清国を刺激するのも不都合である。

もう一本は、小村外相からだった。哈爾賓総領事館発の転送電で、事件の調査経過を伝える内容である。

伊藤公加害事件に関し、其後溝淵検察官が犯人安応七其他露国官憲に於て逮捕の上、我方に引渡したる嫌疑韓国人拾名並びに我官憲の要求に依り逮捕せられたる同上韓人五名に対する訊問、露国官憲より引継ぎたる各調書類及証人等の証言等を総合して考ふるに、今回の犯罪は、韓国中央部、若くは地方官憲、其他有力者には関係なく、唯《ただ》兼《かね》て排日思想を懐ける慷慨的不平韓人の所業なるものゝ如く思惟《しゆい》せらる。而《しか》して曹道《ママ》先及禹連俊は、疑もなく犯人安応七の連類者にして、蔡家溝駅に於て、伊藤公を狙ひしも果さず、安応七が伊公に加害後、露国官憲の嫌疑を受け、同駅にて捕へられしものにて、此等三名は、何れも当地朝鮮人会々長金成白一派の者と何等かの連絡あるものゝ如く察せらるゝに付、目下、厳探中なり。安応七の自白に依れば、彼は、三年前より伊公に対し殺意を有せしも、機会を得ず、今日に至りしものにて、今回伊公の来満を聞き、北韓より浦潮を経て、当地に来れりと称せり。犯罪の動機は、伊公の対韓政策に対する不満に基づくものゝ如く、十数箇条を一々列挙して殺意を生ぜし理由を説明せり。拘引韓人中、取調べの結果、全然本件に無関係なる証拠十分なる者数名あり。検察官に於て法院長の意見及露国官憲の意向を問糺《といただし》の上、当地に於て解放せんとす。

○　当地露国官憲は、本件に関して十分の好意を表し、取調上の便宜多し。御会を乞ふ。

○本官は、其後の経過引続き良好にして本日、一先《ひとま》づ退院。本館に於て静養を加ふる筈なり。

この事件は、韓国中央部などに関係なく、排日思想を持つ韓国人の仕業と見られる。しかし、曺や禹は、間違いなく安応七の連累だから調査中だが、拘引中の韓国人で明白に犯罪動機のない者は、検察官や法院長、またロシア官憲と相談して解放しようとしている。ロシアの協力も友好的で、一度、会われるのもよかろう。なお、川上総領事は、快方に向かっているようで、本日退院した、とある。

ここで着目しなければならないのは、哈爾賓総領事館が『兼《かね》て排日思想を懐ける慷慨的不平韓人の所業』と、対象を限定してかかっているところだ。この時点で事件を誘導することは、特に避けなければならない。が、予断を差し挟んでいる。

さて、情報は集まりだしたが、平石と溝淵が留守では、手も足もでない。倉知は、小村にその旨を報告しておく必要があると判断して、次の電報を送った。

法院は、貴電第一号の韓人（注・安たち四名）を受領せるも、溝淵検察官は尚哈爾賓にて取調に従事し居り、一件書類も亦同地にあるを以て当地に於ては、未だ何等の手続をもなすに至らず。平石法院長も亦、哈爾賓に赴くの必要を生じ、往復五日の予定にて本日同地に微行せり。小官は、同官出発前、之と会見を遂げ、桂首相の旨を伝へ、且大体の打合せをなしたるに、同官は充分其意を了し、委細は旅順に還りたる上、小官と協議すべく、夫れ迄は、総て其儘になし置たしとのことにて、小官も目下の処、右の外なしと認め同意を表せり。右の次第に付、此処数日は当地に於て本件に関する何等の進行なかるべし。


旅順の法院は、犯人を受領したものの、検察官がまだハルビンで調査に当たり、法院長も五日間の出張。当分、本件の進捗はないであろう、と認《したた》めておいた。

倉知の着任初日は、こうして得るものもなく慌ただしく終わった。

翌十一月六日夕刻、川上総領事から、問い合わせへの返事が届いた。

こんどは平文である。

貴電第壱号　四日、鳥居より中川に宛たる電報、左の通。
○　安応七の申立に依れば、富寧に徒党の大将洪範図と洪致凡、李明南、金基烈《きれつ》、允致定なる者ありて、之と談合し、浦潮を経て来たれりと云ふ。捜査上、手配りある様本府に転電ありたしと検察官より依頼あり。

○尚、兇徒と何等かの連絡あるべき見込みなる当地朝鮮人会長金成伯《ママ》は、露国臣民なる旨申立るに付、目下国籍取得の時期に付、露国官憲に交渉中なり。

溝淵検察官から、安応七が凶行を談合した仲間の五名を挙げ、捜査上の手配をするように依頼されたことと、関係ありとされる金成白がロシア国籍を持つために、取得時期などをロシア官憲に問い合わせていることを、中川検事長に報告する内容である。

倉知は、統監府憲兵隊が作成した「排日党」の名簿で登場人物を確かめた。

洪範図に該当する「洪範道」、允致定には「尹致定」、金基烈に似た「金義《ぎけつ》」の名は見受けられるが、洪致凡、李明南に類似する名前がない。変名かもしれないが、確信犯がいとも簡単に白状するかどうかも疑問の余地あるところだ。

倉知は、電文をくりかえし読みながら当惑した。

ここで早くも、川上はロシアの捜査権の壁にぶつかっていた。それは同時に、日本側の密偵派遣・増強につながっていくのである。

捜査が裁判に直結するのは自明の理だが、前述の捜査権となると別である。

ここで、外地における裁判の法的根拠を整理しておこう。

日本人は、外地にあっても帝国刑法によって裁かれる。清国にある韓国人は、一八九九年（明治三十二年）九月に締結した韓清通商条約第五条により、韓国刑法が適用される。

従って今回の場合、ひとまず清国およびロシアに裁判権はない。

　しかし、明治三十八年（一九〇五年）十一月に締結した日韓保護条約第一条で、韓国外にある韓国人は、すべて日本官憲の保護を受ける権利を持つ。逆に、事件を犯せば、日本官憲に逮捕され、かつ予審裁判権も外務省の所轄領事館が有する。

　だが、外国籍を持つ者は、これらの範疇から除外される。つまりは、ロシア国籍を有する韓国人は、日本は捜査・逮捕・裁判に付すことができないのである。

　鳥居が中川に宛てた電報の後段『露国官憲に交渉中』は、その捜査権である。

　倉知は、行く手を遮る幾重もの障害に唖然とするばかりだったが、さらに翌七日、安重根が認《したた》めた『伊藤博文の罪悪』を見て驚くのである。


　同じ十一月六日、旅順監獄。

　安重根が手枷《てかせ》、足枷《あしかせ》、腰縄《こしなわ》までつけられて旅順に護送されたのは、十一月三日の午前十時ごろであった。警察官三十数名、憲兵数十名という物々しい警戒のなか、安はひとりだけ駅から馬車に乗せられた。馬にまたがった髭の男に先導された馬車は、数珠つなぎにされ、深編笠をかぶせられた禹徳淳らを曳くような恰好で監獄入りをした。

　これを出迎えたのは、長靴にサーベルをぶらさげた八の字髭の男であった。身長は安とほぼ同じぐらいで、恰幅が良い。これが後に親しくなる栗原貞吉典獄（注・刑務所長）だった。三十七、八歳と思われる栗原は、護送士官から身柄引渡しの書類を受け取ると、自ら獄舎の鉄格子の扉に入り、さらに奥の鉄格子まで導いた。

無表情ながら、極悪人をあつかう刺々《とげとげ》しさはなかった。

独房は、一階だった。三畳ばかりの部屋には鉄格子の嵌まった高窓があり、小さな卓袱《ちゃぶ》台《だい》と新品の布団二枚が、畳のうえに折り重ねてある。ここが獄舎でなければ、今まで泊ったどこよりも立派なねぐらといえた。それに栗原典獄は、朝食後に来て「どうですか」とやさしく声をかけ、金色の吸い口がついたエジプト煙草を勧めたりした。

安は、三、四、五日と訊問するでもなく放置され、ここが本当に監獄なのだろうかと、不思議な思いに駆られたりもした。だが、間違いなく鉄格子の嵌まった獄舎であった。

その境遇にあって今、自らなすべきは何かといえば、自らの正当性と伊藤の罪悪を世間に訴えることではないか。まず、訴えるべきは、訴えるのである。

そして迎えた十一月六日朝、安は、思い切って栗原典獄に紙と鉛筆を求めた。

案外と簡単に栗原は、許してくれた。安は、『韓国人安応七所懐』と表題を書いた。

外交史料館の『伊藤公爵満州視察一件　別冊一巻』にその筆写が残されている。

曰く、『天生蒸民《てんせいじょうみん》、四海之内《しかいのうち》、皆為兄弟《みなきょうだいとなす》』で始まる文面は、次の通りである。

天は、もろもろの民を生み、四海のうちは皆兄弟となる。各々が自由を守り、生を好んで死を厭《いと》うのは、皆同じ心情である。今日、世の人がたとえ文明、時代を称《たた》えても、我はひとり、長いため息をつくばかりだ。それが文明であるはずがないからだ。もちろん洋の東西、賢愚、男女、老少を問わず、各々が天賦《てんぷ》の性質を守り、常に道徳を崇敬して競い争わなければ、国土は安泰で生きるのも楽しい。このように、ともに泰平を享受するのが文明である。

　今の時代は、そうではない。いわゆる上等な社会、高等なひとが論ずるのは、競い争うことばかりである。研究するといっても、殺人機械ばかりだから、洋の東西、六大陸に戦争の絶える日がない。どうしてこれを嘆かずにいられようか。いま東洋に到っては、大勢がこれである。恥ずかしくて真実を書くのも難しい。いわゆる伊藤博文は、いまだ深い思いやりもなく、天下の大勢を濫用《らんよう》して残酷な政策をやってきた。東洋全体が、まさにいまだ魚肉を漁《あさ》る場となっている。ああ、天下の大勢、心ある青年らの遠い先々まで思いやれば、手をこまねいて何もせず、坐して死を待つのみではいけないのだ。故に己を顧みず、この嘆きのために、哈爾賓における一発を万人公衆の面前において発し、老賊伊藤の罪悪を討った。警戒して目を醒せ、東洋よ。これが心ある青年らの精神である。（注・原文は漢文。拙訳）

安は、事件の真意を理解してもらい、裁かれるべきは伊藤なのだと訴えた。

ついで書いた『伊藤博文の罪悪』が、その事跡を如実に物語っている。外交史料館の同綴りには、以下が記してある。参考までに、第一回の訊問で溝淵孝雄検察官に述べた『罪状十五項目』の順位をカッコ内に記した。これが後に、どのような経緯でまとめられたかが類推できる資料となるはずである。以後、『伊藤博文の罪悪』を『罪状十五項目』と呼称を統一する。

第一、一八六七年、大日本明治天皇陛下父親太皇帝陛下弑殺《しいさつ》の大逆《たいぎゃく》不道の事。（第十四、今を去る四十二年前現日本皇帝の御父君に当らせらるる云々）

第二、一八九四年（注・一八九五年の間違い）、人を使って韓国騎兵を皇居に突入、大韓皇后陛下惨殺の事。（第一、今より十年許《ばかり》前伊藤さんの指揮にて韓国王妃を殺害云々）

第三、一九〇五年、兵力を以て大韓皇室に突入。皇帝陛下に五ケ条の条約を強制した事。（第二、今より五年前伊藤さんは兵力を以て五ケ条の条約を云々）

第四、一九〇七年、さらに加えて兵力突入。韓国皇室を抜剣して脅かし七ケ条の条約を強制した後、大韓皇帝陛下を譲位させた事。（第三、今より三年前伊藤さんが締結せられました十二ケ条の条約云々）

第五、韓国内の山林、川沢、鉱山、鉄道、漁業、農商工等業すべてを奪った事。

(第七、韓国の政治其他の権利を奪い云々)

第六、いわゆる第一銀行券使用を勧めて混乱を犯し、国の財政を枯渇せしめた事。

(第十三、韓国の欲せざるにもかかわらず伊藤さんは韓国保護に名を藉り韓国政府の一部の者と意思を通じ韓国に不利なる施政を云々)

第七、国債一千三百万元を韓国に負わせた事。

(第十一、韓国民の負担に帰すべき国債二千三百万円を募り之を韓国民に知らしめずして其金は官吏間に於いて勝手に配分したりとも聞き云々)

第八、韓国内地学校の教科書を没収焼火、内外国新聞に伝えず人民等を騙した事。

(第八、韓国の学校に用いたる良好なる教科書を伊藤さんの指揮の許に焼却云々)

第九、韓国内地で幾多の義士が蜂起。国権の回復を望む者を暴徒と称してある者は銃で、ある者は絞めて殺戮。甚だしきは義士の遺族、親戚にいたる全員におよぶも絶えず。奢戮《ママ》者は、十余万人に当たる事。

(第六、条約締結に付韓国民が憤り義兵が起こりましたが其関係上伊藤さんは韓国の良民を多数殺させ云々)

第十、韓国青年の外国遊学を禁止した事。

(該当条項なし?)

第十一、いわゆる韓国政府大臣五賊七賊等、一進会の輩と締結。韓人が日本の保護を望んでいる云々の事。

（第十、何等充つべき金なきにもかかわらず性質の宜しからざる韓国官吏に金を与え云々）

第十二、一九〇九年、更に五ケ条の条約を強制した事。

（該当条項なし？）

第十三、韓国三千里の国土を日本の属邦となさんと宣言せし事。

（第五、韓国の兵隊は伊藤さんの為めに解散せしめられ云々？）

第十四、韓国一九〇五年より都に安日《あんじつ》なく、二千万の生霊、声を天に振り上げて哭《な》く。殺戮絶えず。砲声弾雨いまに到ってやまず。然し独り伊藤は、韓国は太平を以て無事と上《うえ》は明治天皇を欺いた事。

（第十五、伊藤さんは韓国民が憤慨し居るにもかかわらず日本皇帝や其他世界各国に対し韓国は無事なりと言うて欺《あざむ》いて云々）

第十五、此東洋平和の永続を破傷し、幾万々人種は将に未だ滅亡を免れない事。

（第十二、伊藤さんは東洋の平和を攪乱しました。其の訳と申すは即ち日露戦争当時より東洋平和維持なりと言いつつ韓皇帝を廃位し、当初の宣言とは悉く反対の結果を見るに至り韓国民二千万皆憤慨して云々）

〔注・ここに『第四、伊藤さんは強いて韓国皇帝の廃位を図りました』と『第九、韓国人民に新聞の購読を禁じました』の該当条項が見当たらず〕

文末に曰く。『多くの罪状万枚挙げるを許さず。こうした前後の所行は狡猾で信義を失するほか、列強のうちには誼《よしみ》を絶交し、隣国においてまず日本を滅ぼした後、東洋全体を滅す。これを痛嘆せずにいられようか。東洋の心ある青年諸公は、これを深く察するべきである』と。

安がこれを書きあげたのは、十一月六日午後二時三十分であった。

この『罪状十五項目』が、実は、この複雑な事件を解く「キーワード」である。

まず、十五項目のうち十四項目が、韓国が被った憤怒すべき「罪状」である。そして冒頭の『太皇帝陛下弑殺の大逆』、すなわち明治天皇の父を殺害した項目だけが、異質とも言える日本国内の「罪状」である。

もし、伊藤が犯した罪状を世界にアピールするのであれば、文久二年（一八六二年）十二月に起きた品川の英国公使館焼き討ち事件に連座した事柄ではないか。この件に関しては、すでに溝淵検察官が安に述べている。同事件を安が知りえなかった事情があったとしても、ならば『弑殺の大逆』にしても同様である。

第一回の溝淵に対する『訊問調書』では、韓国では伊藤の『弑殺の大逆』を知らぬものはいないと応えている。ところが後でも触れるが、安重根について書かれた類書のすべてが「安の誤解」としている。ならば安重根は、どうしてこれを挙げる必要があったかを追究すべきである。問題は、弑殺の行為があったか否かではなく、これをどのようにして安が知りえたか。そして、これをなぜ「罪状」に加えたのかである。これを解明すれば、今回の事件を解く鍵になるのである。

『安重根』（韓碩青著・金容権訳／作品社刊）によれば、溝淵検察官に訴えた『罪状十五項目』は、『大東共報』の編集室で李剛と兪鎮律、そしてアメリカ帰りの鄭在寛と相談して挙げたという。同書の著者韓碩青氏が、いかなる資料に拠ったかは不明だが、大いに頷ける指摘である。

すなわち、排日派の首脳と協議して十五項目が誕生したことに、ひとまず留意しておいてほしい。これら首脳の中に『弑殺の大逆』を知りえる人物が加わっているとすれば、その人物こそが「首謀者」となりえる可能性が高いからである。

そしてさらに驚くべき真実は、その奥深くに眠っている——。

この書面は、翌七日午後、筆写されて倉知鉄吉のもとに届けられた。

問題は、冒頭の原文『明治天皇陛下父親太皇帝陛下弑殺大逆不道事』である。明らかに「孝明天皇」を指しているが、その死は謎とされている。一説には、疱瘡を患って崩御されたと巷間に流布されたが、一方には、岩倉具視が毒を盛ったという暗殺説も根強くあった。それに当時軽輩だった伊藤博文がどのように関わったか。

いや、倉知にしてみればそれよりも、これら書面をどのように小村に報告するかである。川上総領事すら『十数カ条を一々列挙して殺意を生ぜし理由を説明せり』といった範囲にとどめ、詳細を述べなかった。列記すれば、当然に十四番目の『現日本皇帝の御父君に当らせらる云々』に触れざるをえない。従って小村は、この『罪状十五項目』をいまだ知らないでいる。

倉知は、書面に表書きを付けることにした。

『同人は、是迄猟夫と称し居る趣きの処、右書面の字体、及文章を徴するも又年号に西暦を用ゐ居るに照しても多少の教育ある者たるは疑ふべからずと……』と、倉知は書き出した。だが、読み返してみると、かえって予断を与えることに気づいた。

結局、『御参考までに送付す』とだけにした。

倉知は、最高機密の電報に翻訳するよう新国を急がせた。

翌十一月八日から、安応七関連の情報が続々と寄せられはじめた。

主なところを抜粋して列記してみる。文末のカッコ内は、発信者である。

真の兇行担任者は、安重根の成功と共に逃亡したるものならんか。今、浦潮方面の消息に通ずる者の言ふ処に照し兇行首謀者及び兇行の任に当りたる疑ある者を挙れば、左の数人なるべきか。

崔才亨、李相卨、安重根、厳仁燮《じんしょう》、金泰勳他二名、李範允、柳麟錫、朴泰岩、李緯《ママ》鐘、金仁洙、兪鎮律、尹煜、韓馨権、李剛、咸東哲、朴永甲、金石永、金洛勳、奇山度、朴大成、呉卧寀利、楊成春、金致甫、趙昌鎬。（韓国統監曾禰荒助）

安が投宿せし哈爾賓の金成白は、浦潮の奥地に資産を有して排日的運動の資金を提供せり。安は密使事件ハルバートと同類の風説あり。（在哈爾賓憲兵隊）

客月（注・十月）二十七日、在浦潮韓人共済会会長崔鳳俊は、当総領事館に弔問に訪れて云ふに付、今回の無頼の徒たる兇漢は、漢城あたりより潜入したる旧官吏又は軍人の一味ならむ。此処数年、彼等は浦潮の同胞を訪ね、義兵運動への醵金を強要せしものにして困惑せり。昨今顕著となり、集めし金を飲み食ひに浪費し、浦潮にては信用を失ひたり。ハバロフスクや哈爾賓へ拠点を移したりとの風説ありしも、彼等は秘密結社をなして我が同胞を苦しめをり云々を語りたり。尚、崔鳳俊は、船を持ちて海運を営み、嘗て海朝新聞を発行したり居しものなり。（浦潮斯徳総領事館警務部）

本日鄭大鎬の手帳中に、次の記入あるを発見せり。○（訳文）浦潮開拓里の啓東学校前経理李致権方寄留安応七本名安重根。○右御参考迄。浦潮領事よりの報告によれば、李致権は、日本に対する過激なる敵愾心を有する者にして旅人宿を営む。又同領より本年八月中の報告書に拠れば、啓東学校は浦潮に在る韓人小学校五の中、主なるものにして、同地韓人は屡こ同校に於て集会を催す。（川上哈爾賓総領事）

兇行者安重根が甲山暴徒に加入し、又は親族が殺害せられたるを恨み兇行に出でたりとの自白に対し、咸鏡南道警察部長より左の電報あり。

安応七又は安重根なる者、甲山暴徒に加入し、又はこれが為父母親族が殺害せられたりとの事実の有無、最密調査せるも、該当事実無し。（韓国統監府内部警務局長松井茂）

客月十三日及二十六日の両度に於て、管内長春附属地「初音旅館」及「大和屋ホテル」に韓国人鄭大鎬（二十六歳）が投宿せり。同人は、十三日午後六時着の列車にて哈爾賓より来たりて「大和屋ホテル」に宿泊。翌十四日、韓国鎮南浦税関に「いま出発す」と打電して午前八時三十分列車にて出発したり。二十六日午後六時、鄭大鎬は家族四人をひきつれて「初音旅館」に泊し、二十七日午前五時三十分発の列車にして哈爾賓に向かひたるを、哈爾賓総領事館に出張中の巡査牧野武次に注意方打電せしが、当地滞在中は、別に怪しむべき形跡を認めず。(関東都督府長春事務官)

駐京(城)露国総領事は、客月二十九日、其本国政府に伊藤公爵遭難に対し韓皇が哀悼の意を表する為め統監府に行幸せられたること、及韓国官民の意向は、概ね痛痒を感ぜざる模様なりとの意味に於て電報(暗号)報告をなせりと。(韓国統監府憲兵隊)

伊藤公の遭難に関する民心の傾向に就て咸興分隊長より左の電報、報告あり。

伊藤公遭難に付、今日迄得たる状況に依れば、管内一般思慮ある者は、韓国の将来に対し憂慮し居れり、半解《はんげ》の者は窃《ひそ》かに兇行者の苦労を賞し居るものあり。農家中には未だ知らざるもの多し。其他は、異状なし。(韓国統監府憲兵隊)

駐京(城)露国総領事は、同館員等に対し伊藤公暗殺事件の首謀者は、「李範允」にして本年二月、韓皇帝の西韓巡幸当時、公が扈従《こじゅう》せし際も、危害を加へむと画策する処あり。又田明雲等が米人スチーブンスを殺害せしも、同人の教唆なるが如く、之等に要せし費用の一切は、在浦塩「崔鳳俊」が支出せしものと認めらる云々と談話し

居れりと。（韓国統監府憲兵隊）

京城西部貞洞露国正教会副神父キリルなる者、数日前同領事館に到り、談話中、偶々伊藤公の遭難の事に及び、其兇行者連累に就き、大要左の如く語れりと言ふ。

本年三月、休暇にて帰国し、同年七月頃帰韓の途次、浦潮に立ち寄りし際、同地「ハーマタン」に居住の韓人方竜仁、金升文、崔道煥の三名主唱となり、同地大東共報社に於て演説会を開催せしが、同演説の要は、韓国の現況を憤慨し、且つ国権恢復するには、先づ海外に居る同胞が一致団結し、伊藤公及韓国現内閣員の二、三人を殺害し、漸次画策する処なかる可からず云々と、頻りに激烈なる演説せし事あり。要するに今回伊藤公を殺害せる兇徒は之等の一派より画策せるものにして、「李範允」の指導と成れるものと推断して可ならん云々と。

（韓国統監府憲兵隊）

開城に於ける韓人間の一説に、「伊藤公の薨去後は、韓国に於ける現統監に何時掣《せい》肘《ちゅう》を加ふるものなき為め、韓国民は、必ず不幸を見ること多からん云々」あり。之れ等は日本通と称する者等の間に流行する一種の風説なるが如し。

兇行者は、韓内地とは何等の系統を有せず。必らず浦塩、哈爾賓地方に亡命し居る暴徒首魁の類なるべしとは、開城韓人間に当初より行はれたる風説なりし。是の外親日派とも称すべき、尤も少数の韓人は、伊藤公の兇変は以て直ちに韓国の大損失なり。韓国の将来を真に思ひ呉るる人は伊藤公なりしに、痛心に堪へずとて落胆し居れり。（韓国統監府開城管区憲兵隊）。

安重根の家は、代々黄海道海州に居り、二十五年前信川に移り、又五年前鎮南浦に転じ、現に同地に戸籍を有す。

祖父の時代には、相当の資産を有し、鎮海の郡守を勤め、父は進士にして泰勲と称し、五年前に病死す。天主教徒なり。母は趙氏、妻は金鴻變《こうへん》の女《むすめ》なり。重根に二弟あり。定根及恭根と云ふ。

重根は、当年三十一歳にして学問は、四書五経を終り、通鑑《つがん》第九巻迄を修読す。性質は急激にして変し易く、常に外遊を好み、二十四、五歳の時上海及芝罘《しふう》を歴遊せり。

重根の西北学会（注・抗日派）に入りたるは、海外に出遊する一年前なり。同会の李甲、柳東説、安昌鎬（注・安昌浩と同一人物）及李某の四人中にては、唯安昌鎬のみと知己なるも其他の者とは交《まじわり》なかるべし。

重根は、京城に於て韓在鎬（平壌の人）、宋秉雲《そうへいうん》の二人と三合議と称する会社様のものを組織したるも失敗に終はり、一昨年七月、平壌を出て京城、釜山を経て元山に到り、白神父の家に数日滞留の上、十月頃浦潮に赴けり。

昨年十二月なりしか又は本年二月なりしか、重根は大韓毎日新聞《ママ》の林虽正なる者の家を経て自宅に信書を送り、又本年四月にも書面を以て自分（注・定根）に対し勉強を勧め来れり。

約一カ月前、自分及恭根に宛書面を送り来り、外国に住する積なれば、金千円を調達し、家族と共に来るべく、若し金策出来ざれば、妻子のみを送るべしと申越せり。聞く所に拠れば右の書面は、綏芬河《すいふんか》の清国税関の役人なる鄭大鎬が定根に対し、何時迄も暴徒となり居るの不可なることを諭したる際認《したた》めたるものなりと。

鄭大鎬は、十月二十三日、重根の妻及四歳と二歳との男の子並に鄭の母と妻子とを連れ、従弟鄭玖両（瑞雨とも称し二十八九歳なり）と共に義州迄の切符を求めて出発せり。

旅費として、恭根の名にて林弱甫なる者より借入したる五十円、金触権なる者より借入したる三十円、及金より餞別として二十円を合して、計百円を鄭に渡し、浦潮迄の同行を依頼したり。

応七と言ふは、暴徒となりてよりの名にして、一度応七の名にて来信ありたるにより、自分は之を知り居るも、母等は之を知らず。

重根は、幼少より射撃を好み、其名手なり。

弟恭根は、普通学校の教師にして日英両国語に通ず——。

（『境警視に述べたる安応七こと安重根の実弟安定根による陳述』韓国統監府内部警務局）


まだ、倉知の机のうえには未読の調査資料が積まれていた。

実行犯は、安応七こと安重根である。連累として禹連俊（徳淳）ら三名が挙げられ、間違いなく共犯者だが、もちろん、それ以外にもいるはずだ。十一月七日発、曾禰統監から桂首相に宛てた電報に、『兇行首謀者及び兇行の任に当りたる者』はと、二十数名の名前を挙げている。川上総領事が言う単に『慷慨的不平韓人の所業』ではなく、排日派の横行に困っている韓国では、組織犯罪の臭いを敏感に感じ取っているのである。

韓国人の排日派は、四つの系統に分類される。ひとつに前皇帝および故閔妃の縁故者たちだ。ふたつに西北学会と大韓協会などの一部。三つにキリスト教徒の一部。四つに儒生の一部、東学党の一派である。これらが韓国内や清国間島省、ハワイ、サンフランシスコなど米国内、それにロシア領内に散っている。

ただ、間島省内に住む朝鮮族は、土地を所有する農民が多いだけに、むしろ日本の保護下にあるほうが安全だとするものが大勢を占める。とはいえ、日本の統治を歓迎する韓国人は、皆無である。いたとしても利害で動く少数派だ。

現政権を後援し、日韓併合に暗躍する一進会にしても、日本の右翼黒竜会や玄洋社とは、微妙に一線を画している。首相の李完用にしたところで、清国やロシアよりはましだと、次善の策として日本の保護を望んだのである。それだとて苦渋の選択だったはずだ。

ロシア領内で組織されているのは、在外居留韓民会、または朝鮮人会、青年会といった名称で会費を徴収して活動している。義理で加盟するものも大勢いるだろうが、その背後には、財をなした援助者の存在がある。

関東都督府憲兵隊が十一月三日までにまとめた在ロシアの排日活動家名簿によれば、百二十一名の名前が挙げられている。内訳は、どこかの会に所属する四十一名、そのほかは排日活動の会合に二回以上参加したものたちである。

これらは、すべて危険分子であった。

このうち指導的立場のものは、金義杰、李範允、崔在衡（別名・都憲、才亨）、李瑋鐘、鄭淳禹、安応七、厳仁燮、洪範道、車道善、金起竜、朴春成、李範晋、李京化、柳麟錫、李相卨、田明雲、白圭三、金済昇、金斎岳、朴昌洙、崔鳳俊、金仁洙らを挙げている。

多少の異動はあっても間違いの少ないリストである。

都督府のリストには、安の供述に現れた兪鎮律と李剛が抜け落ち、逆にスティーブンス事件に関与した田明雲と、親日的とされた崔鳳俊が危険人物として加わっている。また、偽名や号を名乗る場合もあって、いかに同一人物かどうか特定しにくいかがわかる。

「金義杰、李範允、崔在衡、厳仁燮、崔鳳俊……」

倉知は、名前を絞り込みながら、途方にくれた。

十一月七日付、曾禰が桂首相に宛てた機密電報にあるように、『真の兇行担任者』は、表面に出ていない可能性もある。少なくとも今回逮捕され、旅順に送致された容疑者を見る限り、ハルビン在住者に限られている。現に安重根は、はるばるウラジオストックから禹徳淳を連れてハルビンに潜入した。本来ならば、ウラジオストックこそ捜査の対象にしなければならないのだが、ロシアの官憲は動いている様子もなかった。法の網の外に『真の兇行担任者』がいる。それをハルビン在住の韓人逮捕でお茶を濁されたのである。

このように国の威信も恥辱も、すべてがロシア官憲の出方次第で決まる。倉知は、不気味な影法師がどんどん大きくなるのを感じる。

その日午後、平石高等法院長が旅順に帰ってきた。予定よりも二日早い帰還である。

事件がどのような進展を見せるのか。

倉知は、世界中の耳目が旅順を注視しているのを覚悟した。

第八章

首謀者を捜せ

十一月十一日。旅順高等法院長室。

平石氏人のハルビン出張によって、事件は一気に進展するかに見えた。ところが昨日、その平石が予定よりも二日早く戻り、逆に厳しい状況を思い知る結果となった。

関係者は、これらの記録を自伝とか事件回想とかの形で一切、残さなかった。窺い知れるのは、外交史料館にある倉知の小村外相に宛てた電報だけである。その電報によれば――。

その日、倉知鉄吉が高等法院に着いたのは、午前八時であった。

部屋には、平石を上座に、先客のふたりが浮かない顔で向かい合っていた。

都督府の警視総長佐藤友熊と地方法院長真鍋十蔵である。佐藤がどっぷりと墨を含ませたような八の字髭をたくわえた坊主頭の偉丈夫なのに対して、真鍋は金縁眼鏡をかけ、いかにも神経質そうである。この対照的なふたりが、捜査と裁判を担当する。

「いま、話しておったのだが、ロシア側の協力が得られなかった。政府間で協議してもらわんと、あっちも動けんようだ」

平石が言った。

沈鬱な空気は、そのせいであった。

今回、平石の出張は、ロシア官憲に捜査協力を要請するためだった。再三、言及してきたが、捜査と裁判は一対の車輪である。自転車で言えば、前輪が捜査、後輪が裁判である。

川上総領事の素早い対応と、ココフツェフの外交的好意によって、日本は早くも後輪を確保した。が、方向を定める前輪がなかった。そこで前輪の供与を願ったところが、快諾が得られなかった。当然、このままでは前に進むことができない。そこで問題になるのは、直面した予審の開廷だった。

「裁判となれば、訊問が主体となって真相の究明が後手にまわります。同時進行というわけにはいかないと思いますが」

佐藤が言う。捜査を優先させたい立場である。

「ならば、予審の開廷を見合わすか、形式だけに終わらせるかです」

真鍋は、充分な証拠がなければ予審にはならない、と言う。

「だが、犯人の身柄確保が目的で移動させたが、予審の省略が主眼ではない。くれぐれも誤解をせんようにな」

平石が言った。

「しかし、ろくな証拠もなしでは、延期を視野に入れておかないと……」

佐藤が言う。

こうした外国事犯の予審は、前述のように担当国の領事が行使する。今回は、哈爾賓総領事の手から離れたわけだから、省略の選択もないではなかった。

この予審制度は、被告事件を公判に付すべきか否かを決定するのに必要な事項、ならびに証拠保全のために、公判では取り調べにくいと判断される事項の取調べを目的としている。従って、被告を問い詰める材料が手薄な場合、時間を空費させるだけに終わる虞《おそ》れがあった。今回は、その典型的なケースである。

ロシア側は、事件当日、地方始審判事ストラーゾフが予審裁判に付している。形式的だから参考にはならないが、どのように審理されるかは窺い知れよう。

予審

国境地方裁判所第八区始審判事

日本帝国枢密院議長公爵伊藤殺害及同公爵に随従したる日露両国官吏を殺害せんとしたる件

刑法第一四五四条及第一四五三条の二項及第一四五四条の九項及二項

始　一九〇九年十月十三日（注・西暦十月二十六日）

終　一九〇九年十月十三日

冒頭で検事ミルレルが調書（注・訴状）を読み上げるのだが、省略する。

次いで判事ストラーゾフの『決定書』である。前文を省略する。

本件は哈爾賓停車場に於ける伊藤公殺害、並びに在哈爾賓総領事川上、伊藤公の書記官森及び南満州鉄道理事田中を狙撃したる件に関し、本職に達したる報告を調査し、狙撃の的たりし群衆中大蔵大臣ココフツェフを始めとし、露国官憲の代表者（複数）あり、且つココフツェフが直接伊藤公の傍に随行せしこと、及び犯罪現場にて逮捕され、韓国臣民安応七と自称せる犯人の国籍、全然不確定なることに鑑み、国境地方裁判所検事の口頭要求に準拠し、刑事訴訟法第二八八条、二八九条、及び第二九七条に従ひ、該件に関しては刑法第一四五四条、及び同条九項に基づく罪跡により予審執行に着手せる事と決定す。

始審判事　エム・ストラーゾフ

この『決定書』は、拳銃などの証拠物件が提示され、複数の立会人が確認している。ここで安応七の訊問に入るのだが、前述のように逮捕・拘留した容疑者たちは、日本総領事館に身柄が引き渡され、事実審理は行われていない。いまだ容疑事実の確認さえ取れていなかった。

この難しい捜査と裁判の両輪になるのが、佐藤と真鍋である。

佐藤友熊は、倉知の東京帝大時代の同級生である。独逸《ドイツ》法学科の生徒二十八人のうち、内務省試補になったのが五、六人いた。佐藤は、そのうちのひとりである。内務官僚は、大久保利通以来、薩州人の独壇場だった。その面目躍如というべきか、鹿児島出身の佐藤は、学生時代から武張《ぶば》ったところがあった。倉知は、途中で外務省に転じたが、佐藤は警視となり、一時期神奈川県警外事部に転出。一昨年四月、都督府に栄転。そして今回の事件で、佐藤は警護の怠慢を新聞に書かれた。

一方の真鍋十蔵は、山口県の産で倉知と同年の三十九歳。私立独逸学協会学校を卒業し、弱冠二十歳にして文官高等試験に合格。司法省試補となり、東京、名古屋と地方裁判所の判事を務め、都督府には三十九年に赴任していた。旧姓は磯村である。男爵真鍋斌《あきら》中将の養子となって真鍋姓を名乗っている。このところ新聞紙上を賑わせている大日本製糖の重役磯村音介は、実兄である。前年の衆議院総選挙で同社社長の秋山一裕と磯村音介が立候補した。秋山が当選し、磯村は次点に泣いたが、選挙費用が全額会社持ちだったばかりか、他の候補者にも資金供与していたのである。これが赤字の製糖会社を官営にするための運動資金ではないかと疑惑が持たれ、背任横領で起訴されていた。この兄の起訴によって真鍋が判官の資格を云々されるのは、この後である。

さて、予審をどうするかである。

「諸君らの言う通り、おそらく予審は訊問が主となる。そうなれば調査の自由が奪われるから、当分、開廷を見合わす。開いたとしても形式だけで終わらせて捜査を優先させる。佐藤君も、鋭意調査を進めてくれたまえ。倉知君は、本省の諒解を取っておくように」

平石が決定した。

「わかりました」と、倉知は応えた。

次の課題があった。

明十一月十二日、溝淵検察官がハルビンから帰ってくる。本格的な取り調べの開始である。その前に、いくつか問題を解決しておかなければならなかった。

まず、取調室を監獄の建物の中に設置すること。これに伴う調書や証拠物件の取扱い規則である。

取調べは、本来、法院内でなされる。ところが今回、逃亡や奪還を警戒して容疑者を監獄の建物から外に出さない方針であった。そのために獄舎内に取調室を設置するのだが、原則的に訊問調書や証拠物件の類は、自由に建物の外に運び出せない規則になっていた。調書の改竄《かいざん》や証拠類の隠滅を防止するためだが、持ち出す場合、そのつど、高等法院長の許可状を必要とした。

これは、平石の決断次第だった。

「よし。調書などは、わしが直接管理する。真鍋君、栗原典獄に言うて部屋をとらせろ。それから、すみやかに対処できるよう毎朝七時、ここに集まって各自の進行状況を報告すること。いいな。ああそれから、新聞記者の取材には断じて応じてはならん」

平石の言葉に全員が頷いた。この箝口令《かんこうれい》は、裁判の直前まで続く。

佐藤が席を立った。

真鍋はまだ話があるのか、平石の方に身を乗り出した。


さて、倉知ら同級生は、どうしたのか。

着任早々、電報に振り回された倉知は、つい佐藤と話す機会を逸し、旅順で初めての再会である。大学を卒業して一年間、同じ内務省に奉職した仲でもある。そして今、同じ都督府の建物に臨時の職場があった。ふたりの交流を示す手記・記録の類はないが、これまでの経緯と佐藤の横顔を紹介する意味からも、想像で補っておこう。


「倉知、ホテルへ戻るのか」

廊下を歩きながら佐藤が訊いた。

「いや、役所だ」

午前九時だった。佐分利と新国は、八時半には来ている。

「じゃあ、おれと一緒に帰るか」

佐藤が言う。彼は公用の専用馬車を持っていた。

「おう」と応えるうちに、馬車が玄関にやってきた。

「ずっと気になってはおったが、どうして長春から護衛をつけなかったんだ」

倉知は、訊いた。大連から旅順、そして長春へと、憲兵と警察官が満鉄の特別列車に乗り込んで厳重に護衛してきた。それを敵陣の手前で弛めるとは、考えられなかった。

　馬車がブレーキをかけながら坂道をくだる。

「まあ、いま思えば迂闊だったが、おれは当然に護衛を主張したんだ。ところが伊藤さんは、これからロシアの領土に入る、いかなる理由をもって自国の警察を従えていくのか、むしろ他国の警察権を蔑視するに等しい、これに疑念をもつようでは、友好的な会談はせない、なんていわれたんだ」

「………」

「おれは、自国の元勲に礼をつくしてなんの不都合があろうか、制服がダメなら私服にしては、と強く要望したよ。大内や是公《ぜこう》にもいわせたが、断られた。もしバレでもしたら交渉がご破算になる、とまでいわれてな。今年一月、伊藤さんは韓国皇帝を連れて、南から北へと韓国内を縦断視察された。あのときも統監府では、相当緊張したらしい。排日派が狙っている情報が入っていたからな。それが小競り合いひとつなかった。逆に歓待されて自信をつけたんだろう。えらい迷惑な話よ」

　佐藤が言う大内とは、民政部参事官の大内丑之助である。また是公とは、去年十二月に満鉄総裁に就任した中村是公《よしこと》である。旧姓は柴野で、広島の産である。東京帝大法科大学で一年先輩ではあったが、佐藤とは是公の一高時代の同級生夏目金之助（注・漱石）らと遊び仲間であった。卒業するまぎわに岩国の中村家に養子に入って長州閥に加わった。大蔵省の試補となり、その後、後藤新平に引き立てられて満鉄副総裁に就任。同時に都督府民政長官を兼務という異例の出世をしていた。

余談だが、その中村と同郷の松井茂は、同じく東京帝大を卒業し、現在韓国統監府内部（注・内務省）の警務局長をし、韓国政府の参与官を兼ねている。今回の事件でも倉知のもとへ秘匿電報が届いている。藩閥と血縁で人事が行われる時代とはいえ、この時期、中村是公や佐藤友熊の人脈が、清国と韓国に集まった観があった。

「そうまで固辞されたのか」

倉知は、融和、協調といった耳触りの良い言辞を弄する伊藤らしいやり方かと思う。現在進行中の安東と奉天をむすぶ鉄道の広軌変更工事にしても、伊藤は清国の理解を得つつ進めるようにいったが、清国は馬賊に襲撃させて邪魔をしていた。理想主義者の伊藤には、こうした現場の苦労がわかっていない。二代目統監曾禰荒助にしても、大企業のいうがままで、私腹を肥やすだけだと批判の声があがっている。

「そうさ。おれなんか是公から怒鳴られたよ。それがどうだ、心配した通りになったではないか。こうなったら、おれの首だって危ないもんだ」

佐藤が軽く鼻で笑った。

「その是公氏は、どうしている？」

安の銃弾を受けはしたが、幸いにも外套とズボンを貫いただけである。

「大連の満鉄本社にいるんじゃないのか。白仁さんに民政長官をゆずって、後藤新平の尻馬に乗ってのうのうとやってるよ」

「白仁さんも、大変なときに長官になったものだ」

ときどき顔を合わせる白仁は、苦労をおくびにもださなかった。

馬車は、旅順医院の前をくだって税関のあたりを走っていた。海沿いを走る鉄道線路に沿って旅順駅へと向かう。駅の手前を左に折れ、日本橋をわたると関東都督府の城郭のような建物に近づいた。門には、警察官が立っている。そのわきに憲兵隊の詰所があり、歩哨がひとり小銃を肩にしていた。

「今晩、景気づけに一献どうだ」と、倉知は誘った。

「よかろう。場所はおれがとっておく」と、佐藤が応じた。

ふたりは、入口で左右に分かれた。


十一月十三日午後。旅順高等法院長室。

検察官溝淵孝雄は、平石の部屋を訪ねた。ふたりは、高知県生まれの同郷であった。

溝淵は、たったいま柳江露（注・劉東夏）の訊問を終えたばかりである。せっかく、ハルビンで得た証言も、この少年には通じなかった。『訊問調書』から苦渋の様子が窺え、倉知の報告電報からも、気のおけないふたりのやりとりが想像できる――。

「どうだったか」と、平石が訊いた。

「若いのに、なかなか嘘がうまいので弱っております」

溝淵は、ハルビンで投宿していた金成白の証言をもとに、本名を「劉東夏ではないか」と問い質したが、白状しなかった。挙げ句の果てに、「なぜ、ここに捕らわれているのかわからない」と、泣きだす始末である。

「まあ、罪から逃れるのに必死なんだろう。ところで、ハルビンの成果はどうだった」

「調べてまいりますと、どうしても浦潮の応援者に突き当たります。川上総領事からロシア官憲に取調べ方を依頼して帰ってきましたが、大鳥総領事から浦潮の官憲に頼んでもらうのも望み薄ですから、このさい政府同士で話し合ってもらうほかないだろうと」

溝淵は、言った。

「わしも倉知にそれを言ったところだ。そうなれば、内々というわけにはいくまい」

平石が言う。内々の言葉を、溝淵は密偵のことだと受け止めた。

「とりあえず、ミルレルにも個人的に頼んで帰りましたが、返事があったとしても二、三週間はかかるでしょう」

「そうか」と、平石が舌を鳴らした。

溝淵は、ハルビン滞在中、関係者を精力的に当たった。事件発生の模様から鄭大鎬の家族、そして安の妻と目される女性からも聞き取り調査をしたが、暗殺立案の決定的な証言が得られなかった。組織犯罪を立証するためには、どうしてもウラジオストックの韓人街に焦点を合わせ、とりわけ排日集会が開かれる啓東学校や、その首謀者のひとりと見做される李致権、排日的な論調の大東共報の発行者などの裏人脈をつかむ必要があった。

「それから、貴族院議員の室田氏と随行の宮内大臣秘書官の森泰二郎氏に陳述を求めるよう東京地裁に手紙をだしておきました。半月はかかると思いますが」

「例の証言か？」

「はい、ちょっと気になるもんですから」

長春ですれ違ったとき、室田義文が奇妙なことを言っていた。

「あんまり深追いしないほうがいいかもしらんぞ」

平石が暗に急げと仄めかす。

「とにかく、明日から安の訊問を再開しますが、果して自白するかどうか……」

「ここに統監府が調べた資料がある。祖父から父親、ふたりの弟、それに女房、子供のことも明らかになっておる。問題は韓国内の連累だが、安昌浩は、いわば思想的指導者というべきであろう。しかし安重根自身は、ほぼ三年まえに郷里を出ておるから、安昌浩らが関与しておる可能性は少なかろう。参考までに目を通しておくといい」

「ありがとうございます。わたくしも、策源地が韓国内にありましても、本件に直接連携できないだろうと思います」

「わしが最初に言うたように、安重根らの殺人に的を絞ったほうが立件しやすいだろう。現行犯逮捕だから、自白だけでも無期にもってゆけよう」

「無期ですか」

「不満か？」

「いいえ。当人は、義兵中将と称しております。正規軍ならば、戦争捕虜の待遇を受けるところですから……」

溝淵は、無罪を匂わせて苦笑した。万国共通の認識として兵は、戦争遂行上、民間人を殺傷することがあっても、刑の執行を免れる。だが帝国刑法ならば、三年の懲役から死刑まである。

いずれにせよ、安が鄭大縞に家族を呼びにやらせた時期からすると、突発的に計画が持ちあがったとしか考えられない。富寧からウラジオストックに駆けつけたのも、仲間から呼ばれたからだ。それを解明しなければ、首謀者不明のまま蓋をすることになる。

誰が伊藤の訪満を知り、安重根を走らせたかだ。平石は裁判の決着を優先させているようだが、追及すべきは、この陰の首謀者なのである。

溝淵は、道のりの遠さに暗澹とならざるをえなかった。

十一月十四日朝。旅順監獄。

安重根は、移送収監されて初めての取調べを受けた。

取調室は、同じ階の反対側にあった。十人は腰掛けられそうなテーブルが中央にあり、木の椅子が五つ並んでいる。余った椅子は、壁際に寄せてあった。

「さあ、ここへ坐れ。検察官殿がおみえになったら立って挨拶するんだぞ」

憲兵上等兵千葉十七《とうしち》が命じる。そして腰縄の先端を両手でしっかりと握った。

溝淵が、通訳の園木、書記の岸田を引き連れて現れた。千葉と監吏の穴沢貞蔵が敬礼した。安も命じられたように立ってお辞儀をする。

「監獄の気分は、どうかね」

溝淵が懐かしげに訊いた。ほぼ二週間ぶりの対面だった。

「良かろうはずがありません」

安は、苦く微笑みながら応えた。園木がほとんど同時に通訳する。ここらあたりの安の心境は、『伝記』と『訊問調書』に如実に物語られている。

「ま、それもそうだな。かけたまえ」

検察官も思わず失笑した。親しみを感じさせた。

「そのほうの祖父は、鎮海というところの郡守を務めておったか」

訊問は、家族の周辺から始まった。

祖父から父、弟たち、そしてウラジオストックの仲間の名前を挙げた。どうやら溝淵は、韓国から情報を得ているらしかった。書記の手が忙しく動きはじめる。

「左様であります」

「そのほうは、一昨年、京城の騒動を見て、北間島に二カ月ばかり滞在したというが、それからどこへ行ったのだ」

溝淵が訊いた。

「北間島の付近から清国、露国、または咸鏡南道と徘徊しておりました」

「なれば浦潮では、李致権方にいたことがあるか」

「あります」

禹徳淳と密談した啓東学校前の食堂を兼ねた旅館である。

「その李致権なるものは、そのほうらの同志か」

「同人は、飲食業でありますが、心のうちまでは良くわかりません」

ここで李致権に関する質問が途絶えた。

予想したように、ウラジオストック方面の調査ができていないようだ。

韓人街は、ウラジオストック市街地から西北に五、六百メートルしか離れていなかった。ロシア語で「カレースカヤ・スラボートカ」と呼ばれていた。韓人街の意味だ。市街地とのあいだに丘があり、部外者が入るとすぐに知れわたる。道路は狭く、複雑に曲がっていて馬車の通行はできなかった。

集落は、開拓里と石幕里《せきばく》のふたつの村からなり、最盛時には、四、五千から一気に七、八千人の住民にふくれあがった。ロシア国籍を持つ者は、三百人程度であろう。出稼ぎの独身者が多く、とくに冬になるとシベリア奥地から労務者が集まり、人口が急激に増加する。二、三百ある店は、ほとんどが雑貨商だ。目をひくのは質屋《しちや》の多さである。その日暮らしのものは、布団まで質草《しちぐさ》にする。また裏では、阿片《あへん》の密売や賭博《とばく》が横行する貧民窟もある。

民家は、オンドルをしつらえたロシア風の木造だが、一族郎党が寄り集まり、少ない家でも十五、六名が住んでいる。それでも家があるものは、幸せといえた。子供の数は、せいぜい三百人。小学校が三つ（注・日本の総領事館は五校としている）あった。啓東、世東、新東学校である。生徒の数は、全部で百人余。それぞれふたりの教師がつきっきりで教育に当たり、祖国へ帰る日を待っていた。

開拓里の中心部に大東共報社があり、隣に啓東学校、その向かい側が李致権の食堂である。排日派同志の溜まり場だから、調べれば李致権の素性などすぐにわかるはずだ。

「そのほうは、今回の兇行におよぶ一ト月ばかり前、弟のふたりに手紙を出したな。自分は外国に居住するゆえ金一千円を送れ、そうしておれの妻子と一緒に来い、金ができなければ、妻子だけでも送ってくれ、と申し送りをしたことがあったか」

「左様であります」

定根か恭根から聞いたのであろう。

「国家のために命を捨てたというのに、外国に居住し、はたまた金や妻子を送れというのは趣意に反していると思うが、どのようなわけがあるのか」

「国家のために妻子を忘れるというのは、まったく同居もしないというのではありません。また、かのナポレオンも、妻の金で戦争をした例があります」

安は、応えた。返答に困るような質問ではなかった。

「返事は、来たのか」

「来ません」

「鄭大鎬が二十三日に平壌を出て、二十七日にハルビンに着いたことは聞いたか」

「聞きませんでした」

「同人の一行は、そのほうの妻子を同行して二十七日にハルビンへ着し、民会長の金成白の宅へ着したことは知っているか」

「それも、知りません」

ハルビン駅から護送列車に乗せられるとき、連行される鄭大鎬を見てそれとなく勘づいた。すまないとは思ったが、わかってくれているだろうと、あえて目をつぶった。ひとつ心残りがあるとすれば、巻き添えにした妻子だった。だが、問うまい——。

「そのほうは、この手紙に心当たりはあるか」

溝渕が証拠書類の中から手紙を抜き取った。

「手紙は、見たことはありませんが、ここに書いてある東夏というのは、わたしと一緒に当地へ来ているものです」

「その東夏というのは、このものか」

写真を示した。毛皮のコートを着た劉東夏である。いまにも泣き出しそうな表情をしている。若い彼には、過酷すぎる経験であろう。

「左様です。相違ありません」

「東夏とポグラニチナヤから来たというが、いまひとり連れがあったであろう」

「禹というものが同行しましたが、そのひとはよく知らぬひとです」

「その禹というのは、このものか」

溝渕が禹徳淳の写真をだした。

「このひとです」

「そのほうは、ハルビンへはいつ着いたか」

「伊藤公の着せられる前日の、午後九時ごろに着きました」

「停車場へは、誰か迎えに来たのか」

「誰も来ません」

「その日よりも、前に着いたのではないか」

「伊藤公が到着される前日に、相違ありません」

「蔡家溝へ禹、その他一名と汽車で行ったか」

「左様です」

「同所の飲食店で一夜泊まったか」

「左様です」

「しからば、ポグラニチナヤから来たのは、伊藤公の到着される前日ではないではないか」

「ハルビンへいったん来て、それから蔡家溝へ行き、同所で一夜泊まり、またハルビンへ来たのが、伊藤公が着かれる前日でありました」

「しからば、初めそのほうが禹と、柳東夏と一緒にポグラニチナヤから来たのは、何日ごろか」

「陰暦九月十一日（注・西暦の十月二十四日）かと思います」

安は、応えた。

「そのほうは、ハルビンへ来て墓地の改葬のことを聞いたか」

「わたしが着した翌日に、韓人の墓場を移す話を聞きました。わたしは、改葬日の前日の夜九時ごろにハルビンへ来たのです」

ということは、陰暦の十日だったかと安は思う。

「ハルビンに到着した日の夜は、誰の宅で寝たか」

「金成白の宅に泊まりました」

「柳東夏および禹と一緒に、同人方へ行ったのか」

「左様であります」

「そのとき、曺道先というものも一緒であったか」

溝淵が、写真を安の目の前に出した。

「このひとは、わたしと一緒に行きませんでした。金成白の宅で翌朝に会いました」

「二十四日の朝、禹と曺道先と一緒に汽車で蔡家溝へ行って、同所で下車したのか」

「左様であります」

「なんのために行ったのか」

「伊藤さんが来るとのことでしたから、偵察のために行きました」

溝淵がどんどん事件当日に迫ってきた。安は、臆することなく応えた。

蔡家溝で禹たちと別れたあたりで、溝淵が休憩を告げた。そして――。

「記録せずとも良い」と書記に言うと、溝淵は窓辺に歩いた。

「あそこに見える山が白玉山だ。てっぺんに大砲の弾のような白い塔が見えるだろう。わしが赴任したころ、白骨が累々と転がっておった。日本人かロシア人か、見分けがつかん。その骨を一緒に埋めて、あの記念塔が建てられた。右側の向こうに二〇三高地がある。あそこは、もっと激しかった。先の大戦では、日本兵だけで五万人にもおよぶ死傷者が出ておる。血と汗の結晶だ。この静かな平和は、血で贖《あがな》われておる」

溝淵がひとりごとのように言った。

「わたしたち義兵は、この平和の名のもとに二万人以上が殺されております。鍬や鎌を持った農民に、近代装備をした日本兵が襲いかかったのです」

安もまた、ひとりごとのように応えた。新聞報道が正しければ、過去二年間に国内だけで十万人の義兵が蜂起した。これに間島省を加えれば、二十二、三万人にはなろう。死者は、少な目に見積もっても一割をくだることはない。

「そうだな。君のいう通りだ。どうして争うのかね」

「伊藤さんが嘘をついたからです」

東洋の平和と称した日本は、韓国の協力を得て清国を討ち、さらには韓と清を味方につけてロシアを撃破した。そして得た結果が圧政のはじまりだった。

「そんなに伊藤さんが憎かったかね」

「個人的には、憎しみを持ったことはありません。しかし、伊藤さんは、韓国との約束をつぎつぎに破りました」

思えば苦難と屈辱の日々だった。

「だが……そうだな」

溝淵が言葉を濁した。

安には、溝淵の言いたいことがわかっていた。日本がこれほど心血を注ぎ、資金を投入して近代化を進めているのに、どこが不満かと。利益を得るのは韓国人ではないかと。だが、土地を収奪し、金融、企業を独占し、皇帝まで骨抜きにした伊藤を赦す国民が、どこにいようか。

安は、これらを上申書に訴えたつもりだった。


十一月十五日。旅順民政部。

倉知鉄吉は、哈爾賓総領事川上俊彦から数通の電報を受けた。要約すれば——。

同総領事館は、溝淵検察官が要望した内容を調査してもらうために、ロシア官憲と交渉を続けていた。ロシアの姿勢は、司法共助の条約を締結していない日本に、正式な補助を与えるわけにはいかないと、相変わらずだった。しかし、総領事館は、警護の責任は日露両国にあり、その失態を両国の手で解決するのは当然ではないのか、と食い下がったところ、「二、三週間の時間が欲しい」という言質《げんち》を取ったのである。

溝淵検察官が指示したのは、次の内容だった。

一、浦潮斯徳『カレースカヤ・スラボートカ』に朝鮮人李致権なる人物が実在するや否や。
二、李致権の人物と品行はいかに。
三、李致権は、安応七、鄭大鎬、曺道先、禹連俊、金成玉、金衡在および金成白らといかなる関係にあるや。
四、李致権は、浦潮斯徳朝鮮町にある韓国学校「啓東学校」といかなる関係か。
五、啓東学校の校長は誰か。
六、啓東学校は、いかなる目的を有するか。
七、浦潮斯徳に在住する朝鮮人間に秘密結社があるや否や。
八、ありとせば、その首長は何者か。
九、目下、浦潮斯徳に「大東共報」なる韓国新聞の発刊されつつありや。なお他に新聞の発刊ありや。
十、韓国新聞「大東共報」の出版人および社長は何者か。
十一、啓東学校および大東共報との間に何らかの関係ありや。
　韓人街に通じた者ならば、誰でも知っていそうではないか。溝淵からすれば、さほどの難題をつきつけたつもりはなかった。それを法律を楯にとるとは、との思いがある。

だが、交渉の矢面に立った川上の電文には、苦渋がにじみ出ていた。

事件解明に連動して、清国領とロシア領に潜入した密偵の動きも活発化していた。彼らにとって、日韓併合に向けて大きく前進した今、在外排日派韓国人の把握が急務であった。この把握を仮に「別件」と呼ぶことにしよう。

事件発生直後、旅順都督府駐箚関東軍司令部は、山村長治こと崔尚雲正尉（注・中尉ぐらいか）と、山本龍一こと朴明龍正尉を率いた歩兵少佐上原平太郎を北間島に潜入させた。彼らは、連累として挙げた人物を確認しながら、「別件」の調査も怠らなかった。

一方、韓国統監府も同じである。倉知のもとに届いた転送電によれば、明石元二郎少将が憲兵を追加派遣するという。これに曾禰が難色を示した。

曾禰統監から桂首相に宛てた電文は、次の内容であった。

――憲兵大尉村井因憲《よりのり》を竜山在留の僧侶田中円了《えんりよう》の名義をもって、明日、出発させる。副官に憲兵正尉山田元次郎こと金泰元をつけ、両名には、総領事館顧問の身分を与え、旅券には、必ずロシア領事の裏書きをもらうこと――。

村井憲兵大尉は僧侶に変装し、韓国人正尉金泰元を副官として送り込むのだが、この派遣される将校の「憲兵」の肩書に、曾禰はこだわったのであった。

韓国駐箚軍司令部は、陸軍大将大久保春野が掌握していたが、ほとんど参謀長兼憲兵隊長の明石が取り仕切っていた。がっしりとした体格に八の字髭、坊主頭に切れ長の半眼。

四十半ばの働き盛りである。陸士から陸軍大学校と、常に軍の中枢にいた明石は、ドイツへ留学して近衛師団参謀となり、日露の関係が怪しくなったと見るや、フランスとロシアの公使館付の肩書をもってストックホルムに入った。在外ロシア人の共産主義者をたきつけて後方を脅かし、ついにロシアの戦争継続を不可能にして日本を戦勝に導いた、自他ともに認める情報戦の専門家である。

事件発生と同時に明石は、いち早く曾禰統監を動かし、検事長中川一介と通訳官鳥居忠恕、そして軍司令部から歩兵少佐晴気《はるけ》市三の派遣を決めた。そして自ら旅順からハルビン方面へ視察に出、韓国に戻ったばかりである。その明石が憲兵を追加派遣するという。歩兵ならば、北間島に駐屯する日本軍視察の名目も立つが、情報収集を専門とする憲兵は、心証を悪くするばかりか、相手国の警察権を侵害するおそれがある。情報は欲しいが、日露の関係が悪化したのでは、元も子もない。曾禰は、それを恐れたのである。

倉知は、この曾禰の判断に同感であった。

電文によれば、曾禰はすぐさま松井茂を呼んだようである。

明石と正面切って渡り合えるのは、松井しかいなかった。

松井は、韓国統監府の警務局長兼参与官の肩書であったが、日本でいえば警視総監である。明治三十四年に欧米へ派遣され、世界中の警察組織を視察して翌年四月に帰国。警視庁第一部長兼消防署長に抜擢されて、二年前に統監府に補せられた。

赴任の時期を同じくした明石とは、個人的には仲が良かったが、憲兵と警察の職掌区分で立場を異にし、口角泡を飛ばして議論することもあった。

曾禰は、この松井から明石に自制を促すつもりらしかった。

ところが松井は、曾禰の意に反して密偵の強化に同意し、配下の警務局から朝鮮語に堪能な幹部の派遣までも提案した。統監府と軍の狙いも「別件」、排日派の徹底追及である。

そして折衷案として、韓国内で安の関係者を調査した警視境喜明《さかいよしあき》が指名された。

苦しい選択だが、倉知は憲兵よりは印象が和らぐと思い、それとなく境を推薦した。

翌十一月十六日、倉知は、松井から連絡を受けると、すぐさま『露国領事の裏書きある旅券を取得する』と書き添えて、小村外相宛に打電した。

倉知が、これに明石の魂胆があったと知るのは、数日後であった――。

第九章

密旅行の浦潮

いよいよ密偵が、ウラジオストックに潜入する。

憲兵大尉村井因憲と山田元次郎こと正尉金泰元、そして警視境喜明は、それぞれ僧形に変装するという。明石少将が選んだ彼らは、相手国の主権を侵す行為をする。しかも、その行動は、組織を後ろ楯にしながら個人の判断に委ねられる。一度発射した弾丸が制禦できないに等しいのである。

それは、危険と成果を天秤にかけた倉知鉄吉の一喜一憂の幕開けでもあった。

十一月十七日、午前十一時五十分。倉知のもとに電報が届いた。

曾禰統監が小村外相宛に発信したものだ。

新国千代橋は、解読に十五分とかからなかった。文面は、以下である。

露領上陸に必要なる旅券携帯、其の他の手続きは、当方にて熟知し居るに付、ご配慮を掛けたるを謝す。密旅行者のこと故、浦潮、哈爾賓両地に於て韓人の視察上、相当の便宜を与ふるやう特に当該総領事に御訓電あらんことを求めたる次第なり。

ロシア領に入る旅券などの手続きは、よく存じておりますので、ひとまずご配慮に御礼申し上げげる。なお、隠密旅行ですから、ウラジオストックとハルビン両総領事館の格別な協力が得られるよう連絡しておいて下さい、という内容である。

本格的な密偵の派遣に、佐分利貞男と新国が自ら現地に乗り込む勢いで奮い立った。彼らは、虎穴に入らずんば虎児を得ず、とか言いながら僧形の密偵を思い描くのである。

一方、危険が伴う任務だけに、倉知にとっては新たな心配を抱えることになった。が、膠着した現状を打開するには、この非常手段に頼るほかに方法がなかった。

今朝の平石との定例会議は、相変わらずだった。

劉東夏は、安が自白を勧めたこともあって軟化したが、鄭大鎬は、「兇行の計画を知っていたならば、どうして安の妻子を連れてくるのか。厄介なことになると思って当然に断ったはず」と、無実を主張して埒《らち》が明かない。

また、安自身も、二十日ばかり前に富寧を出発する際、洪致凡、尹致宋、金基烈に伊藤殺害を語り、慶興、ポシエト、ウラジオにそれぞれ一泊して禹連俊と合流。ポグラニチナヤから劉東夏を同行してハルビンに入り、同地から借金とりたての通訳を頼まれた曺道先を伴って、蔡家溝へ向かった。なお李剛と兪鎮律宛の手紙は、『大東共報』に掲載するためと弁明し、いずれも突破口にはならなかった。

従ってつい先程、倉知は、『禹等三名は無実を主張するも、いくつかの矛盾がある』とだけ、小村に報告した。喜ばしい材料がないのである。

これまでの調査からも、安の行動は、おおよそ把握されている。だが、兇行を画策した背後の人物が一向に浮かびあがってこないのである。だからこそ、村井ら密偵の働きに期待したいところだった。

ところがひとつ、どうしても小村へ報告しにくい事柄があった。苦心のほどは後出の電文に委ねるが、今朝の会議が終わった直後、平石が次のように語ったのである。

「浦潮が重要だとはわかるが、ロシア人による長崎方面の可能性も捨てがたい」

昨日、大鳥総領事が「噂」と断って知らせてきた情報である。

ウラジオストックの韓民会会長崔鳳俊が、事件の直前に長崎を訪れていた。ロシア人が多く居住する長崎方面には、連累が潜んでいる可能性があるから警戒が必要、という。

実は、後日この情報が重要な鍵になるのだが、この時点では、厄介なしろものだった。

倉知は、たとえ調査目標がハルビンからウラジオストックに移っても、外務省の管轄内ならば対応できる、と考えた。ここに内地の警察を握る内務省が介在すれば、内務大臣平田東助を動かさなければならなくなる。この平田が曲者だ、と。

「………」

倉知は、平石の問い掛けに応えなかった。

平田東助は、山形県米沢生まれの五十九歳。佐幕派の家に生まれた彼は、ドイツ留学中に長州出身の青木周蔵公使らと知り合い、のちに山県有朋の「参謀長」と評される無節操な男である。桂首相のお目付役といったところで入閣しているが、山県の意を受けて徹底的に調査せよと言いだしたら、それこそロシアの逆鱗に触れる結果を招きかねない。ここはなるべく敬して遠ざけたい存在であった。

また仮に、帰化ロシア人である崔鳳俊を参考人として呼ぶにしても、ロシア政府の許可が必要になる。その正当な事由を挙げるとなると、厄介なこと夥しい。この際、平田とロシアは、直接の相手にしたくはなかった。

「法院長。調査したらどうですか」

佐藤友熊が重要性を説いた。内務省には、佐藤の仲間がいる。

「そこまで裁判を延期するわけには参りません」

と、真鍋十蔵が静かだが、毅然と言った。

散会しかかった会議は、主要課題を協議するような恰好になった。

「そうです。真相究明までに何年かかるか、わかったものではありません」

倉知は、思わず真鍋の意見を支持した。

もともと平石は、安重根ら四人に限定したほうが良い、多岐にわたれば真相が見えなくなると言った。倉知もその方向が正しいと思う。この際、長崎方面を切り捨てるのが穏当である。

「うん、そこなんだ。わしは職務上からこう言うてはおるが、これを機に、政府が徹底的に諸悪を根絶させたいと願うておるのであれば、そこまでせなけりゃあならん」

平石が言う。

「日韓併合は、すでに閣議決定されております。排日派の根絶を言いだせば、何年たっても裁判が開けません」

倉知は、言った。事件の解決が長引けば長引くほど、紛擾《ふんじょう》の種にされてしまう。これは政府が望む方向ではない。平石の正義感が言わせるのだろうが、司法の出過ぎである。

「そうではない。わしは排日派を根絶さすには、と言うておる。日本国内だとて、今日までの三十有余年のあいだ、政府は騒動を根絶できんではないか。政府の中枢にいたものであっても、野にくだれば民権主義者になる。近ごろ台頭せる社会主義にしても、民権運動の延長線上にある。そこを考えてのことだ。是非にとはいわんが、倉知君、そこらあたりを政府に示唆しておかんと、徹底的にやれの一点張りになる。将来を思えば、そこは考慮しておく必要があろう」

平石が言った。

平石氏人は、元治元年（一八六四年）三月、土佐藩士平石名平の長男に生まれた。帝国憲法制定の年、東京帝大法科大学を五番の成績で卒業し、司法省の判事補に。東京地裁を振り出しに大審院判事を務め、明治三十九年、都督府高等法院長に就任。以来、三年が経つ。民権運動の発祥の地となった土佐人らしく、法の番人を天職と心得ていた。そして後のことだが、平石は定年を迎えるまで法院長であり続け、引退してからは旅順市長となってこの地で働くのである。

「なれば、わかりますが……」と、倉知は言葉を濁した。

倉知が報告に苦慮するところは、誤解されやすい法院長の発言だった。

会議が終わって、倉知は報告書作りにとりかかった。

まず、密偵派遣の重要性を説き――。

『諸方面との関係を結び合はすこと必要なりとす。従て同方面の探査にして充分ならざるときは、総ての関係は浦潮方面に至りて、其緒《そのちょ》を失ひ、ついで本件全体の真相の明瞭する能はざるに至るやに思考す』と書いて、後続を考えた。

要するに、広範囲にわたる情報を総合する必要がある、各方面の情報不足を考えてみるとすべてウラジオで迷路に入り、真相も解明できなくなっているように思う、という意味である。

完成した電文の要所を抜き出せば、次のようになる。

該《がい》方面が露国領土にして、之を他の方面と同視すべからざるの事情より、且《かつ》該方面に於《おけ》る韓国人に対して、長崎方面に於る露国人の関係もあり。該方面に於る探査は決して容易なる問題に非ずと雖も、政府において此際、大《おおい》に此方面の取調べに力を尽されし出来得る限り手段を講ぜらるゝに非ざれば、本件は取調べ不充分の為、遂《つい》ひに半ば暗黒の間に埋没せらるゝの感を遺すに至らんことを恐る。（中略）露国官憲をして我が総領事館と相呼応して出来る限りの取調べをなさしむるやう、ご交渉相成ること必要なるやに愚考せらる。（中略）当地に於て訊問をなすべき事項も甚だ多きに付、特に早く裁判を切上げるやう取り計らはざる限り、判決までには長期間あり、日時を要することは、別に差し支へあらざるべく。又、右の方法に依るも、必ずしも好結果を収め得べきを期すべからずと雖も……（以下略）

探索する地がロシア領だから、他の地方と同じには考えられない。韓国人ばかりか長崎方面のロシア人の関係もあるために、政府においても各方面の調査に尽力されなければ、暗黒裡に埋没してしまう恐れもあり、ロシアと総領事館が協力できるよう交渉して欲しい。こちらでも訊問が山積しているため、特に早く裁判を終わらせるよう心掛けなければ、長期間かかってしまう。充分な時間があるから心配はないが、必ずしも好結果が期待できるわけではない。政府の熟慮がこちらの訊問に大いに関係があることから、方針が決まり次第、直ちに電報をくださるように、という意味である。

逆な読み方をすれば、処分を急ぐのであれば、適当に「政治決着を」と、仄めかしたのである。政府の意向に触れる微妙な内容だけに、直截《ちょくせつ》には書けなかった。

倉知は、すぐさま小村外相宛に電報させた。

入れ違いに、小村から曾禰に宛てた電文が午後二時五分に着いた。

概略、以下の内容である。

今回の事件の真相を明らかにするため、浦潮総領事館に顧問として韓国の事情に通じた人物を派遣するについて、明石少将が二案を提示したとある。すなわち憲兵将校に憲兵付韓国人将校一名をつけること、いまひとつは統監府通訳官であり韓国警視を兼務する境を派遣する案である。これを至急、政府において決定せよと倉知政務局長が電報で諮《はか》ってきたが、貴電によれば、村井大尉の出張は明石少将の意見に基づくもののようだが、もしそうであれば、村井大尉の任務は、伊藤公暗殺事件連累者の挙動視察にあることを、恬淡とロシア官憲に打ち明けて、なるべく補助を望む態度が得策である。ご同意ならば、閣下の命令として、大鳥総領事より同大尉に伝達して欲しい。至急、回電せよ――。

小村は、村井大尉の任務をロシア官憲に正直に打ち明けて協力を頼め、と。同意ならば外務省からではなく、曾禰自身が大鳥に連絡して村井に伝えろ、と言うのである。

小村は、あくまでも正攻法であった。排日派の把握も重要課題ではあるが、ロシアを怒らせてまで踏み込む必要はない。もちろん、倉知は「別件」の辞令を受けたが、それでもロシアとの友好関係が最優先されるべき、と考える立場である。

ここでふたつの事柄を、はっきりとさせておかなければならない。事件の真相解明と日韓併合とが複雑に混じり合っているからだ。

先に日韓の併合を挙げれば、伊藤の衣鉢を継いだ曾禰統監のほかに、「慎重論」を唱える者は皆無といって良い。その曾禰の真意も、後刻、明白になるのだが、ここに事件の真相解明が付随し、それぞれの立場で解釈が異なってくるのである。

そこで真相の解明だが、「徹底的に必要」としながら、ふた通りの考え方があった。

ひとつは、伊藤の死は死として、犯人を裁くことで、世界に日本の大義名分が立てば良いという立場である。すなわち、日本が韓国を統治している事実を、世界に知らしめるだけでこと足りるというものだ。小村がその代表だが、都督府の民政部や法院も、この線で一致している。アメリカの満鉄への異常な関心こそが危機であり、この事件が障害になってロシアと離反するのを恐れていた。倉知もこの考えであった。

ふたつは、韓国統治を最優先する立場である。当然に統監府が代表である。明石と松井は、この機会に徹底的に排日派の把握を目指している。伊藤亡き今、併合は目前にあり、統治を円滑にするには、当面の敵である内外の排日派を牽制しなければならなかったからだ。また政府部内でも、枢密院議長に返り咲いた山県有朋を筆頭に、陸軍大臣寺内正毅、桂首相は特殊な立場をとったが、平田東助らの併合強硬派が大勢を占めている。事件の徹底解明は名分であって、真意が別件にあることは明らかである。

従って、小村と曾禰のやりとりも、立場の違いを浮き彫りにしている。

小村が曾禰に宛てた『閣下の命令として連絡を』という電報には、やや突き放した感があるのである。こうした背景のもとに密偵たちは、ウラジオストックをめざして韓国を出発したのである。

倉知は、彼らの現地入りを四、五日後と計算した。

十一月二十日朝、山口県赤間関区裁判所。

室田義文は、地区検事田村光栄と机を挟んで向かい合った。これが事件を複雑化する参考人『調書』となるのだが、室田と田村は、夢想だにしない。

田村検事は、旅順の高等法院検察官溝淵孝雄から東京地裁に要請があり、当山口地裁を通じて当赤間関区裁判所が代理で聞き取りをする、と説明した。

溝淵から委託された質問は、十五項目あった。

田村は、それに沿って伊藤公爵の随員となった経緯から質問した。

室田は、列車到着までを語り、いよいよ兇変の場面となる。

室田の『証言』は、一問一答形式だが、とりまとめて再現してみる。

「公爵は、外交団のところで握手をし終わって戻ろうと、露国の軍楽隊の前に来られたときのことだ。忽ち数発の爆竹のような音がした。そのときわしは、狙撃者がいようとは思うておらなんだ。少ししたら洋服を着た男がひとり、露国軍隊のあいだより身を乗り出して拳銃を構えて、わしのほうに向けて発射するのを見た。それでわしは、狙撃者がいたことを知ったのだ。すると公爵の様子がおかしい。わしは、すぐさま公爵のそばに駆け寄り、左後部より抱きかかえたが、すでに公爵は負傷しておられた。狙撃当時の模様は、それだけしか覚えておらん」

室田は、このあと大声で小山医師を呼び、相前後して駆けつけた中村満鉄総裁、そしてココフツェフ蔵相らと車内に運んだ。『室田義文翁譚』の記述と少し違うが、このまま続ける。

「で、いかがなされましたか」と、田村が訊く。

「わしの経験では、拳銃の弾なんぞ、滅多に急所に当たるもんじゃあない」

「いや、閣下。拳銃の話ではのうて、伊藤公のご様子であります」

「そうか。わしが公爵の傷痕を実見したるところ、二カ所は右腕を貫通して、一カ所は衣服を貫通し、余力肺腹部に命中しておった。その弾道は、いずれも上部より下部に向かって傾斜しておる。図で示すとこうなるのだが」

室田は、人体図を描いて射入の角度を矢印と点線で入れた。

「ほう。そこまでご覧になっておられましたか。で、閣下のご所見では、いかがでございましたか」

田村検事が訊く。

「狙撃者は、右手に拳銃を握り、右足を前に出し、身体を前屈みにしておった。わしは、自分の外套の下部に三発の貫通弾痕と、ズボンに一発の貫通した痕を発見した。このほか一発が小指に当たって擦過傷を負った。みんなが立っておったのは、こんな具合だ」

室田は、検事が広げた駅の平面図に配置を書いた。

「……」

「いいか。わしは、ここにおった。満鉄総裁は、わしの斜め背後におった。彼は、外套の右裾と右のズボンに貫通弾を受けた。ここの川上総領事は、右腕に貫通して背部に負傷し、森秘書官は、左手の腕を貫通して胸部（注・背部の誤認）を負傷、と。田中満鉄理事は、左の足首に貫通弾を受けたが、これはわしか、もしくは中村に発射した弾丸が流れたのであろう」

「それで露国の大臣は、どうしたのでありますか」

「大蔵大臣は、ぶじであった。後で公爵の身体に寄り添って泣きながら何かを唱えておった。花環を注文したので発車が三十分ばかり延びたが、問題は弾丸のことだ。わしの受けた弾痕は五発だが、このうちには一発で二カ所を貫くこともあろう。狙撃者は、少なくとも五、六発は発射したようだが、後で聞いたところによれば、七連発の銃には一発が残っておったそうだ。この点より推察をくだせば、公爵を狙撃したものは、この写真にある狙撃者ではなく、他のものだろうと思われる。もっとも、狙撃者が公爵を撃った後、さらに銃を持ち換えて撃ったとすれば、話はべつじゃ」

狙撃者は他にいる。室田は、確信した。

『証言』をもとに、弾痕の数を挙げれば、次のようになる。
伊藤博文　三個（盲管）。
室田義文　五個（一発で二箇所の可能性がある）。
中村是公　二個（同）。
川上俊彦　一個（盲管）。
森泰二郎　一個（貫通した弾が上着の袖のなかに入っていた）。
田中清次郎　一個（足首を貫通。靴のなかに弾が。室田か中村の流れ弾か）。
総計十三個だ。一発で二箇所、および流れ弾の可能性を差し引くならば、少なくとも犯人は、八発ないし九発を発射していなければならない、と室田は指摘した。
室田の『証言』は、すぐさま政府部内で問題になった。というのも、曾禰統監から桂首相に宛てた十一月七日付機密電報に、『真の兇行担任者は、安重根の成功と共に逃亡したるものならんか』と、あったからだ。
この室田の『証言』に問題ありとして、山本海軍大将が差し止めるのである。
詳細は、章を改める。

十一月二十一日午前七時。旅順高等法院長室。

定例会議の席上、平石氏人が取調べの中断を告げた。

「溝淵君は、昨日と一昨日で、ひとわたり嫌疑者全員の取調べを終えた。それまでを概観するに、安、禹、曺、劉の四人のほかは、極めて嫌疑が薄いと判断できる。なお、曺と劉はやや関与を認められるが、深くないと見て良かろう。そこで安と禹だが、ふたりが主導者であることは明白だが、特に安は、肚をくっておるようだ。いやしくも他人の迷惑になる供述を一切しないあたりは、常人として考えられないほどの覚悟が窺える。従って、よほど確実な証拠を突きつけられんかぎり、これ以上の自白は求めようがない」

平石が言った。捜査の進展待ちといったところだ。

溝淵の訊問では、結局のところ新証拠が得られなかった。決め手に欠けた金沢信と洪時濬は、すでに十一月十日の段階で釈放され、倉知が予測したような結果になっていた。

「境をどうしますか」と、佐藤友熊が提議した。

佐藤が身柄を預かった韓国統監府警務局警視境喜明は、犯人の訊問をさせろとうるさいらしい。いや、その前に境が旅順に来た経緯を説明しておく必要があろう。

三日前、韓国統監府からの電報で、境喜明が来るとの知らせがあった。てっきり海路を陸路に替え、村井大尉らと一緒かと思ったところが、昨二十日、境だけが旅順に到着し、村井らは船でウラジオストックへ向かったとわかった。

戸惑ったのは、佐藤ばかりではなかった。

曾禰は、外交上、「憲兵」が表面に出るのを恐れて境をつけた。暗に倉知が境を推薦したのも、曾禰の心中を察したからだ。「お飾り」とまではいわないが、警務を担当する境がつくことで、ロシア官憲に対して、小村のいう「事件連累者の挙動視察」の名目が立つ。つまりは、自国領内の警備を遂行するための、一連の行為と見做されるのである。

それを明石は外し、外されたその境が旅順へきて訊問をさせろ、と言う。

都督府にしてみれば、寝耳に水である。何しにきたかと聞きたいぐらいである。

そもそも統監府と都督府の関係は、中川一介検事長が安島憲兵隊長を引き連れて韓国から旅順入りしたときから怪しかった。この経緯を報告したのは、遅れて韓国から到着した憲兵中尉杉山翆《のぼる》である。

杉山の報告書『安重根凶行事件に関し旅順に出張報告』に、次の記述がある。


最初、中川検事正が旅順に着し、大内民政長官代理及平石高等法院長に面会せらるゝや、法院側に於ては、既に本事件は当地法院に移されたるにも不拘《かかわらず》、斯《かく》の如き専門家を派遣せらるゝは、或は事件を韓国に移さんとの目的に非ざるか。若し否《しか》らずとするも、少くも法院に於ける裁判の執行に関し、隠然監視するには非ずや、との疑念を抱きたるもの ゝ如く、随《したがっ》て当時派遣員の申出に対しては、殆《ほと》んど交渉を重ぬる余地なきが如くなりし。（以下略）

事件発生と同時に中川検事長が旅順に韓国から派遣されたことは、前述した通りである。このとき旅順の民政長官白仁武は、東京に出張していた。事件を聞いて急遽帰任したが、中川が到着したときは留守だった。そこで伊藤博文の随行に加わっていた大内丑之助が代理を務め、平石と共に中川と面会したのであった。杉山中尉の報告は、そのときの模様である。

「君のような専門家が来るということは、裁判を韓国に移そうとするか、それとも監視しようとでもいうのかっ」と平石が叱責したのであろう。

平石は、東京帝大で中川の一年先輩である。

「いえ、われらは加害者の系統がどこに所属するものか、それによって調査の仕方がありますので」

と、中川が弁解したのか。先輩の平石には遠慮せざるをえなかった。

「ばかを言うな」と平石が拒否し、『殆んど交渉を重ぬる余地なき』関係になった。

その後、白仁が帰任し、そこへ倉知が到着。平石がハルビンへ出張して、その間はなにごともなく過ぎた。十一月七日に旅順に立ち寄った明石は、同月十日に戻った平石と翌日夕刻に会見した。陪席した倉知は、そのために佐藤との約束の時間に三十分ほど遅れて、料亭に着いたのである。

その会見の席で、明石は言った。ぶっきらぼうだが、内容だけを伝えるならば――。

「訊問の進展を見ながら、われらも探索する。共同歩調をとってもらいたい」

「国内外が注視する裁判だから、極めて厳格公正にしなければならない。従って、検察官の訊問については、職務上、遺漏なく遂行せねばならない。その他のことを軽視するわけではないが、韓国から派遣された者の意に副《そ》えるとは限らない」

平石が応えた。

「われらが求めるのは、罪科がどうなるかではない。事件の背後に潜む人脈を知るためである」と、明石。

「ならば、いくらかは協力できましょう」と、平石が応えて妥協したのであった。

だが明石は、都督大島義昌大将の帰京中を幸いに、配下の杉山中尉を旅順に張りつけて情報収集に当たらせた。それさえ目障りなのに、さらに境警視が回されてこようとは、誰ひとり予想していなかったのである。

明石に一杯食わされた。倉知は、そんな思いがした。

平石も「明石には、困ったもんだ」と、肘掛けを軽く叩いて苦り切ったが、このまま境を捨てておくわけにもいかないのである。

明石の強引なやり方は、法院ばかりか浦潮斯徳総領事館でも迷惑していた。

昨夜遅く、大島から小村外相宛の以下の電報が、倉知のもとに届いた。

安応七に関する探索方、其後、端緒を得、追々歩を進めつゝあり。然るに北韓晴気《はるけ》少佐の手により、一人滞在密偵中なるに、尚又、貴電による者も来るは、却って韓人に悟られ、当方の密偵上、困難あるべきを恐る。

尚、秘密探偵として軍人の入り込むことは、露国官憲の我に対する感情、折角、融和しつゝある際、之を中途に阻害するの危険あり。なるべく軍人の秘密に来らぬ方、得策と存ずる。

当地露国憲兵隊は、存外、我が軍事探偵の出入りを能く機敏に探知し居れり。


大鳥は、小村からの連絡に対して、「困る」と直言している。すでに歩兵少佐晴気市三(注・情報担当)と連絡をとっており、そのうえ村井が来ては「軍事探偵の出入りを能く機敏に探知」するロシアとの関係が悪化する、と。

大鳥富士太郎は、往年の外交官、というよりも榎本武揚らとともに箱館に籠城し、官軍と戦った幕軍歩兵頭だった大鳥圭介の長男である。東京帝大法科大学を卒業したのは、石井菊次郎や中川一介と同じ明治二十三年。大蔵省に入り、本来ならば次官クラスの地位にあってもよい人材だ。それが大蔵省を辞して台湾総督府民政長官後藤新平の秘書官を九年務め、心機一転、試験に合格して外交官に。二年間、韓国公使館に勤務して三等書記官。

そのあとベルギーからオランダ公使館に転じ、ハーグ国際平和会議の随員に選ばれて陽の目を見るに至った。名門の出で成績優秀。だが、運に恵まれなかったというべきか、先月、浦潮総領事に就任して早々に、この事件に遭遇したのであった。

彼は、与えられた職務に忠実だった。電報から見て、涙ぐましいほどに——。

今回も、民間人を使って果敢に情報を収集していた。とりわけ数日前に送られてきた明治四十一年三月二十一日付『海朝新聞』は、貴重である。裁判に役立つかどうかは別にして、逮捕の一年半前、つまり義兵募集に駆けずり回っていた時期に安重根が自ら書いた、幻とされた投稿記事が掲載されているのである。

安の心境を知るうえでも興味深いが、大鳥の努力に報いて、一読願いたい。

記事の題は、『寄書』。漢文を平文にして前段を省略する。

驕傲《きょうごう》を医するは、謙遜なり。ひともし各々謙遜を旨とし、己を卑しみ、ひとを傚ひ、甘んじてひとの己を責むるをうけて、而《しか》してひとを責むるに寛大に、己の功をひとに譲るにおいては、ひと禽獣《きんじゅう》に非ざる限り、すべて相和せざる可《べ》けんや。古《むかし》、某国の王、その死に臨んで児孫《じそん》をまねき、鞭《むち》を与へてその一本ずつを折らしめたるに、みなことごとく折りたり。再び一束となして折らしめたるに折れず。王曰く、汝等、もし余の死後において兄弟心を一にせざれば、容易に他人の折るところとならん。心を一にすれば、何んぞひとのために折らるることあらんや、と。いまや我が同胞、ただ相和せざるの故をもつて、故国の山川、倭奴（注・日本人の蔑称）の奪ふところとなれり。而も、なほかつ何を苦しんでか、倭賊のために我が内情を探りて彼に通じ、または忠義の同胞を駆つて倭賊のためにその頭を断らしむるぞ。その心事を想へば、憤《いきどお》り天に激《ちよう》す。

だから、『わが同胞よ、今より不合の二字を打破し、団合の二字を急成し、子女を教育し、青年兄弟、死を決し、すみやかに我が国権を回復し、高く太極旗を掲げたるのち、妻子眷属《けんぞく》を率ゐて独立館に相会し、六大州、震動せんばかりに一心団隊、大韓帝国の万歳を唱へることを期せん』と、血涙を流さんばかりに結んでいる。

これは、義兵決起の檄文《げきぶん》である。この思想は、いまも変わっていない。

大鳥の努力は、これだけではなかった。正体不明だった李致権の素性を明らかにし、禹と安の談合に関わった可能性を裏づけたのである。明石の強引なやり方は、この誠実に対処してきた大鳥の努力を水泡に帰せしめる恐れさえあった。

それも現実に、旬日を経ずして起こるのだが——。

さて、会議に戻る。

こうした明石の意を受けた境警視をどうするかである。明石の魂胆は、いままで非協力的だった法院に対して、独自の訊問をさせることであった。境の朝鮮語は、それほどまでに卓越していたのである。

「まあ、通訳として監獄吏に雇った形にして、犯人どもと雑談でもさせたらどうか」

平石が、明石の真意を知りながら断を下した。誰からも異論が出なかった。

「大鳥総領事の件ですが、村井大尉たちの暴走を防ぐ意味からも、彼らの行動を逐一わたしに報告してから、明石、曾禰という連絡手順にしたらどうかと思いますが」

倉知は、提案した。伝達経路が明石に自制を促す、と考えたのである。

「うん、それで良い。あとはこれに沿った形で各自、調査方を進めてくれ」

平石がいって、ようやく会議は終わったのだった。

その日午後三時、大鳥総領事から小村外相宛の電報が倉知のもとへ入った。

——当地官憲の意向を探るに、在住韓人は、露国に対しては従順平和の民なるに、今此等内より数名を逮捕し、若くは家宅捜索等のことを為すときは、在住韓民の動揺を来すべきを慮《おもんぱ》かり、（中略）時日も経ち、証拠も隠滅勝ちなるのみならず（中略）、露国の捜索方法は、至りて不行届にて、結局、無効に了《お》はるべきことと懸念す。（中略）知事（注・ウンテルベルゲル総督）に依頼するも、好意を以て承諾するや否やも疑はし。（中略）或いは密偵を派すか、或いは露国官憲に内密に依頼し、内情を探る外方法なしと思考す——。

大鳥は、手詰まりを打開する手段の選択に揺れていた。

さらに一通、大鳥から。

——本日、村井憲兵大尉到着。本人は僧侶たる身分の旅券を以て上陸したるが、先の報告のごとき当地官憲の状態なれば、暫らく其儘秘密に付し置く考なり——。

大鳥の判断は、この時点で正しかった。だが、村井たちは、黙って大鳥の指示に従うはずがなかったのである。放たれた弾丸のように。

翌日、倉知は、撫順と長春へ旅に出た。欧米企業を調査するためである。


倉知が出張から戻ったのは、一週間後の十一月二十八日であった。

皮肉にも倉知が出発した翌二十三日朝、大鳥のもとで大変な騒動が発生した。

『韓国人密偵は、到着してすぐに活動、云々』で始まる電文は、村井大尉に同行した韓国人将校山田元次郎が、韓民会の連中に捕まった詳細を伝えている。

情報収集の窓口となった矢野正雄の大鳥への報告によれば、着任早々、山田正尉は天主教の教徒と称して韓人街に潜入した。同人が李東煥なる男の別宅を訪れたところ、鄭淳禹その他の青年に日本の密偵とみなされて捕捉された。袋叩きの目に遭い、所持品を調べられたが、幸いにも天主教徒であることだけは信用されて解放された。すぐさまその日の夜のうちにハルビンへ移動させたが、身分がバレたことは確かだ、と言う。

矢野正雄は、根っからの外交官ではなかった。東京帝大法科大学を卒業して陸軍省主計課に入省。昨年十二月から総領事館付武官として情報収集を職掌している。それが山田正尉が着任してたったの一日もへずして、この事故である。

韓国に在勤した経験を持つ大鳥は、「補助員」と呼ばれる韓国人憲兵や警察官らの、同胞に対する厳しい拷問を見てきた。そのために彼らは、同胞から日本の「走狗」として忌み嫌われ、猛烈な憎悪を買った。まして将校に起用される有能な人物であれば、無罪放免されたこと自体が奇跡である。

矢野の大鳥への報告は、さらに続く。

山田正尉が訪ねた李東煥は、かつて日本郵船浦潮支店に勤めていたが、いまは韓人街で同社の乗船切符を斡旋している。四、五年前に移民取扱に任命された教育のある男で、資産は四、五千円。また、例の李致権は、韓国の端川の生まれで、約十五年間、浦潮に在留して目下、仲買業に従事している。食堂と旅館をやっているが、二、三千円の資産を有する金満家だという。ともに排日派に属する韓民会の世話役。安重根は、ハルビン行の出発前、同人方に宿泊している。また、張承元という男は、またの名を張中華と言い、崔鳳俊の番頭。高利貸で、月に三千円の収入をあげている。また、李剛については、目下探索中だが、大東共報の記者で、排日派だ、と。

そして矢野は、大鳥に「いままで情報源としていた連中も洗いなおす必要がある」と進言した、と言うのである。情報網の再編成だ。これには相当な時間がかかりそうだ。

翌十一月二十四日朝の入電。大鳥からだ。

大東共報社の前に、社告が出された。〈本月七日、本社会計主任禹徳淳氏を解雇し、李春植氏を臨時会計主任に任命する〉と。それらを総合すると、社長は崔才亨、総務は車錫甫、主筆が張承元。地方係が朴馨柳、また主任に李剛がなっている。

倉知は、浦潮韓民会の危険人物リストで、これらの人物を当たってみた。

禹徳淳は、すでに逮捕された禹連俊である。

李春植は、名簿に名前がない。だが、崔才亨の息がかかっていることは確かだ。

崔才亨は、今回の事件を画策した最有力として名があがっている。

車錫甫は、安重根の近くにいる男らしかった。

張承元は、崔鳳俊の番頭。崔才亨との関係はどうなってくるのか？

さらに翌二十五日、大鳥は、『大東共報』の発行人がロシア陸軍退役中佐コンスタンチン・ペトロヴィチ・ミハイロフと判明、いま同人はハルビンにいる、と川上と小村、倉知宛に要警戒の電報を寄せていた。

初めて登場したミハイロフとは、いったい何者か。

仮にロシア政府と結んでいるとすれば、厄介な障壁となる。では、この事件でロシアが得るものがあるならば、いったい何なのか。

密偵のもたらす情報に、倉知は一喜一憂するのであった。

第十章

機密電の交錯

十一月二十八日、倉知鉄吉は、留守中の電報を読みつづけた。

『大東共報』の発行人が、ロシアの退役中佐コンスタンチン・ミハイロフと記した十一月二十五日付大鳥総領事の情報は、倉知を当惑させた。崔才亨はあくまでも名義上の社長で、実質的にはミハイロフが支配している。とすれば、ミハイロフが中心か。

倉知は、この退役軍人に注目しながら電報をめくった。

同日付、村井大尉が調査した情報が大鳥から別電で寄せられていた。

安重根が手紙の宛先にした李剛は、韓民学校に宿泊し、年齢は四十歳未満。同胞から尊敬され、ロシア語が解らないという。浦潮韓民会は、崔鳳俊と金秉学《へいがく》が管理運営し、事務は李東煥、山田正尉が最初に訪れた相手だ。日本郵船の切符を扱っている人物である。

どこまで正確かは不明だが、かなり具体的な内容であった。

村井大尉は、別個に韓国駐箚軍司令部へも連絡していた。同軍司令部から寺内正毅陸相と小村外相に宛てた回覧電報では、李範允の居所を探ったこと、安重根が大東共報社に立ち寄っていたこと、また書道先は十月十六日に浦潮を経てハルビンに向かったことなどが報告されている。つまり書は、安と合流する目的ではなかったか、と。

十一月二十六日付電報によれば、大鳥は川上総領事を介してミルレル検事にミハイロフの調査を依頼。そして同日付、大鳥より倉知宛の電報には、次の内容が認《したた》めてあった。

村井大尉より

大東共報発行人「ミハイロフ」は、傍ら三百代言《さんびやくだいげん》（注・弁護士の蔑称）の如きことを為し居れり。同人は、安応七に「ブラウニング」拳銃を当地露国商店より周旋せしものゝ如し。この種の拳銃は、猶ほ当地商店にあり。（以下略）

新聞発行人ミハイロフは、弁護士のようなことをしている。それが拳銃を周旋？

この退役中佐は、いったい何を狙っているのか。

あえて挙げれば、いくつか考えられる。

ひとつは、韓人街の情報を一手に掌握し、商売に役立てようとするものだ。

たとえば、義兵が使った武器・弾薬は、日露戦争時の廃棄寸前の旧式銃だったが、払い下げとなれば、莫大な仲介料が転がり込んだはずだ。逆に韓国人の側が、ロシアの威光を借りる、とかの場合もあろう。退役中佐ならば、それ相応の人脈が得られ、ロシア官憲のきつい監視からも逃れられる。亡命・出稼ぎ韓国居留民、とりわけ排日派にとって、ミハイロフから得られるこれ以上の特典はないはずである。

ふたつ目は、ちょっと面倒だ。過去の栄光を誇示する軍人特有の心理である。

日露戦争以来、ロシア極東軍は、何ら軍事行動を起こしていない。そして軍の存在すら忘れられようとしているうちに、ロシア極東地域は日本の経済進出を許してしまった。これに一矢報いる手段として在外韓国人に加担する、という構図だ。

さらに深読みをすれば、日韓のあいだに騒擾を起こし、再び韓国民にロシアの後ろ楯を求めさせる心理作戦である。韓国内にロシア待望論が澎湃《ほうはい》として湧き起これば、軍人の出番が回ってくる。また、ロシア帝国の失地回復にもなる。

こう考えると、ミハイロフが事件にからんでくるのも頷ける。

だが、ロシア政府は、これを望むだろうか。経済的な失地回復はともかく、日露の関係に水をさす元軍人の策略を歓迎するわけがない。理由は後述するが、ロシア国内の世論は、必ずしも日本との絶縁を求めてはいないからである。しかも韓国内への波及に至っては、伊藤の死は「合邦」運動を盛んにした。詳しくは別章にゆずるが、伊藤暗殺は、個人的な利害を除いて、ロシアと韓国に何ひとつ利益をもたらしていないのである。


倉知は、電報から目をあげた。

窓から投錨した軍艦『秋津洲』が見えた。伊藤公爵の遺体を運んだ御還艦《ごかんかん》だ。

あの凶変を誰が予測しえたか。そして今、血眼になっているこの事態を――。

一昨日、明石少将が旅順入りし、平石高等法院長に予審裁判の予定を聞き糺した。

平石が「すぐにでも始めたい」と応えると、明石は「延期できないか」と申し入れたらしい。平石は、その直後の定例会で、「ここでもって一気呵成《かせい》に浦潮の韓国人と対決するつもりかもしらん」と、明石の行動を怪しんだという。

明石の肚は、徹底した排日派の洗い出しである。狙いが韓人街にあることは、言うまでもない。だが、彼らを刺激しないのを得策とした大鳥総領事の状況分析は、当を得ていた。彼らは、平和裡に暮らしている。証拠を隠滅してしまっている可能性も高い。ここで強引な策に出て一大騒動にでもなれば、それこそ退役軍人の思う壺に嵌《は》まってしまう。

それにしても平石は、すぐにでも予審を始める、と言う。出張前の打ち合わせでは、延期か形式的に、と決めたはずである。

予審裁判を開廷した場合、すぐあとに始審裁判、つまり旅順の地方裁判所に提訴されて、一審を行うことになる。予審終了から始審にいたる開廷猶予の規定は定かではないが、常識的には、一、二カ月後である。陸上競技の審判が号砲を掲げて「よーい」といえば、数秒後には「ドン」と鳴る。そんなタイミングと思えば良い。形式的にならば、「走るぞ」と、走者を呼び集める程度である。そうしておいて証拠を補充すれば良いのである。

平石は、何を意図してそう応えたのか。明石に対する牽制だとしても、さらなる調査を断念したわけではない——。

小村外相は、倉知が示唆した「政治決着」の提案に返答を留保していた。政府の方針が定まらないのである。それでもあえて平石は、予審を開くのか。

思いを巡らせていた倉知のもとへ、佐分利が解読したばかりの電報を持ってきた。

川上総領事から小村に宛てたものである。

検事ミルレルが館員に語る所に依れば、九月二十六、七日頃、米国桑港《サンフランシスコ》に於て発刊せる一朝鮮新聞に、韓国および満州を併呑せんとせる伊藤公に対し、韓国人がブラウニングの拳銃を擬して狙撃せんとする風刺画ありし由聞き及びたるに付、直ちに当地にて右新聞を求めたるも、入手するを得ざりしと。尚、同検事は、語を添へて斯《かか》る不穏の絵画ありとせば、日本政府は、事前に於て警戒を加ふることを得ざりしやと謂《い》へり。同新聞は、当地韓人に就き捜索せしむべきも、ご参考迄。

倉知局長へも電報済。

ミルレルは、サンフランシスコ発行の朝鮮語新聞（注・桑港新韓民報か）に、伊藤を「ブラウニング拳銃」で狙撃する風刺画が掲載された、と報せてきた。そして、こうした不穏な空気があったならば、日本政府は、事前に警戒すべきであったと――。

「九月二十六、七日……」

ちょっと、偶然過ぎはしまいか。

「九月二十八日、金基烈は、前統監の暗殺を漏らして立ち去った」と、最初の電報にあった。同行の断髪の韓人四人は、大将洪範図、洪致凡、李明南、允致定と名前が挙げられた。

清国領北間島での噂だ。金基烈なる人物は、どうやら安重根の仲間らしいが、正体は今のところ不明である。

このような早い時期に、彼らはどうやって知りえたか。この極秘事項が事前に漏れたとすれば、公表までの段階を疑う必要がある。

倉知は、伊藤訪満の計画がどのように立ち上がったかを振り返ってみた。まず、訪満の話は、今年八月末に持ち上がったとされている。そのころ外務省は、関与していない。いや、少なくとも倉知は知らなかった、というべきだろう。

が、今にして思えば、根回しの兆候はあった。

九月十五日午後か、翌十六日朝のことだ。倉知のもとへロシアの有力紙『ノヴォヘウレミヤ』の論説が、翻訳文付で回覧されてきた。表書きにペテルブルグ駐箚本野一郎大使の添え書きがあり、外交文書とともに「郵送」されたものである。九月十五日着を示す文書課のゴム印が押してあり、小村と石井が「読了」のサインをしていた。

同紙は、ロシア国内の世論をリードする外務省ロシア班必読の新聞で、反日の急先鋒でも知られている。新聞の発行は、八月二十四日付である。

論説は、『日本国内および属領地における経営に興味が持たれる』と書きだし——。

われは、日本帝国なるものに深い注意を払はざりしことを悲しむものなり。さきに東洋における隣邦の事情を知ること少なかりしため、彼を駆りてわが敵たらしむるに至るべき危険の存在を測知する能はざりき。また日本に対する無知の結果は、海において全滅、陸においては連戦連敗の不幸を見たる戦争の後において、わが国外交家は必要もなきに等しく、日本に対して譲歩に譲歩を重ねたり。（中略）

現今、極東において世界の大勢を左右し得るのは、日露両国にほかならず。清国やうやくにして覚醒しつつありといへども、いまだ維新の生活に入りたりと謂ふを得ず。清国は、三隣邦（日露清）中には、重要の地位を占むといへども、なほ第二位に墜つるを免れず。

さらに要約すれば、次の論調へと続く。

――日本は、日露戦争に勝ったとはいえ、ロシアの底力からして完全な勝利は望めないことを熟知している。今、ロシアには、日本を殲滅する艦隊もない。このときこそ日露恒久平和をとりむすぶ条件がそろったというべきである。むしろ日本側の当局者が、多くの問題を解決しようとしないのを黙ってはいられない。日露両国は、重大な国家的利益を共有している。この関係を鞏固《きようこ》にするために、日本が特別な行動に出るかどうかだ。ロシアの世論が日露接近に傾かないのは、日本当局者の罪だといえる――。

かなり強圧的に『日本当局者』を攻撃しているかに装いながら、いまが国交正常化のチャンスだと、「国内向け」、つまりは皇帝か、その閣僚に向けているかに読める。

前述した、『必ずしも日本との絶縁を求めてはいない』理由がこれである。

これを読んだ直後、倉知は、石井次官から伊藤の訪満を知らされた。

後藤新平が独自に訪満を画策したものらしく、石井が憮然としていた。

満鉄を支配下に置く後藤の意図は、明白である。ロシアとの友好関係が、鉄道の振興に欠かせないからだ。だが、どうやって政界の大御所伊藤博文を動かせたか。

後日談だが、これには伏線があった。事件から遡ること二年前、後藤は、広島の宮島で伊藤と落ち合った。当時、伊藤は韓国統監、後藤は満鉄総裁である。ここで後藤は、韓国から視野を脱して世界に広げ、「経世家」、つまり世の中を治め、人民を苦しみから救う人物になるよう伊藤に勧めた。その資格が伊藤にはある、と。

伊藤は、大いに乗り気になったという。ここらの経緯は、長らく統監府で外事局長をしていた小松緑著『明治外交秘話』（原書房刊）に詳しいが、ここではあえてこれ以上触れない。

そのチャンスが到来した。後藤は、本野から『ノヴォヘウレミヤ』の論説を知らされたのであろう。これが八月末と想像される。

今年九月に入って両者の会談が財界人大倉喜八郎の別邸で持たれた。

これを倉知が知るはずもないのだが、内実は、唐突な話ではなかったのである。

後藤と本野は、対露政策強硬派として仲が良い。満鉄を生命線とする点でも、ふたりは一致し、小村外相に一脈通じるところがあった。計画は、本野、後藤、そして伊藤と、外務省抜きで進められた。九月中旬の時点で知らされた石井次官は、配下の本野大使が勝手に行動したことへの不満があったと想像できる。

後藤は、元来が医者でありながら政治が好きで、陸軍参謀総長児玉源太郎が台湾総督を兼ねたころ、配下で民政長官を務め、衛生方面で成果を挙げた。他方、はったりが強く、謀略を好む癖があった。台湾在任中に起きた福州事件は、もっぱら後藤が仕組んだと噂された。仮に事実無根だったとしても、平生の行動が怪しいから疑われるのだ。

後藤は、児玉を失った後、桂太郎にすりよって満鉄総裁に就任。一年務めて配下の中村是公に任せ、自らは逓信大臣に。そして強引に満鉄を逓信省の監督下に移したのである。後藤と中村は、台湾時代の人脈であった。強いていうなら、韓国統監府総務長官石塚英蔵もそうだ。

伊藤訪満の計画は、こうして満鉄を安定させるために動きだした。

本野大使には、勝算があった。

本野は、佐賀県生まれの四十七歳。フランスのリヨン法科大学を卒業して法学博士の学位を持っている。明治二十三年に翻訳官試補となり、日清戦争のころは西徳二郎外相の秘書官を、そして日露戦争のころフランス公使となり、戦後処理をしたあと明治三十九年、ペテルブルグへ赴任していた。

さて、その勝算だが、今年三月二十五日、本野は、ロシア皇帝に謁見した。その席で軍備の増強よりも日露友好の絆を強化すべきと進言し、好感をもって迎えられた。ここで自信をつけたのであろう。

九月初旬、本野は、イズヴォーリスキー外相ではなく、ココフツェフ蔵相を日本に招待したいと誘った。それはココフツェフの伊藤と車中で会ったときの挨拶でもわかる。

では、なぜ外相ではなく、蔵相を招待しようとしたのか。

ココフツェフ蔵相が皇帝の信任が厚いという理由もあろうが、東清鉄道と北満州の租借、さらには沿線警備などの関連を大蔵省が統括しているからだ。当然、本野は、日露の利害が満州にある、と知ってのことだ。そこに後藤が関心を持つだろうことも――。

本野とロシア側との交渉は、九月半ば、つまり『ノヴォヘウレミヤ』の論説が倉知らのもとに届いていたころには、ほぼ成立していたはずだ。

この段階で計画を知りえるものは、外務省内でもごく限られている。小村外相、石井次官、大臣官房と電信課ぐらいなものだ。外部への漏洩は、ないと見てよい。

次に小村は、ロンドン駐箚加藤高明大使に知らせ、英国政府の内諾を得る手筈を整えた。加藤大使からヨーロッパ情勢が伝えられるのは十月になってからだが、事前に連絡したからこそ返事を寄越したのである。そして半ば公となるのが、九月二十九日、伊藤が桂首相を訪ねて諒承を求めたときだ。これとても限られた閣僚ぐらいなもので、新聞記者は知らない。まして外国人に漏れるはずがなかった。

風刺画が掲載されたのは、その二、三日前である。

もちろん、排日派が多く住むサンフランシスコのことだから、「偶然」と考えられないこともない。川上の『ご参考迄』の結びは、あきらかに排日運動の海外拠点のひとつと知ったうえで、大した因果関係もないだろうが、という意味だ。

倉知が哈爾賓総領事館へ機密電を打ったのは、十月八日である。伊藤出発の日が決定し、旅程もほぼ定まったからである。ただ、船の都合で数日間の余裕を見ておいた。

『伊藤公、満洲漫遊の為め、本月廿日より廿五日迄に貴地に赴るべし。貴官旅行中なれば、同公応接の為め一時帰館せらるべし』

返電がなかったため、翌九日に再度問い合わせ、同日北京と奉天の総領事館へ旅行予定を打電している。倉知が認めた電文は、以下である。

伊藤公は、予て満洲旅行の希望を有せられたる処、今回賜暇《しか》を得、十六日、門司発の鉄嶺丸にて大連に赴き、同地より北行、哈爾賓に至りて更に南に引返さるゝ筈。右は、全然個人の資格にての旅行にして、且何等の使命をも有せらるゝ次第にあらず。

旅行期間は、三四週間の予定なり。右、各大使に連絡あれ。

伊藤の訪満は、十月十六日に門司を出発して大連に赴く。三、四週間の予定だから該当する地域の大使に連絡するように、と伝えたのである。ただ、今にして思えば、伊藤は、このときもそうだが、立ち寄る先々で「個人の資格」をしきりに強調している。

この極秘の計画が、事前に漏れる可能性は？

倉知の脳裏に、山座円次郎の姿が閃いた。途方もない妄想ではあろうが、連絡経路をたどると、情報管理の手薄なところか、情報を知りえる主要な人物がいるところしか考えつかないのである。

先の大戦が始まる前の明治三十六年五月、陸海軍と外務省の対露国主戦論者が会合を開いた。それに加わったのが当時政務局長だった山座である。

席上、山座は、開戦に反対する海相山本権兵衛をやり玉に挙げ、余勢を駆って直談判に及んだ。数日後、郷里黒田藩の集まりに招かれた席でも、酔いに任せて首相伊藤博文の軟弱を憤慨し、「伊藤公を叩き殺さにゃいかん」と、やらかした。そこにいた玄洋社や黒竜会の壮士たちからは大喝采を浴びたが、それがそっくり伊藤の耳に届いてしまったのである。

後日、山座は伊藤に呼ばれて叱責を受けたが、その席でも一杯やったうえで、「このように酔って申しました」という豪傑。いつも机の引出しにビールを入れ、来客があると喜んで呑ませた。小村外相は、この山座と、いま大臣官房にいる書記官本多熊太郎を寵愛した。ともにポーツマス講和条約で活躍し、対露政策では本野と同じ強硬論者である。

山座はいま、参事官臨時代理大使として英国にいた。英国政府への事前通告で伊藤の訪満を早くに知りえる立場である。伊藤に不満を鳴らす玄洋社や黒竜会と密接な関係をもつ彼ならば、積極的に否定する材料がない。特に日韓「合邦」を推進する黒竜会は、伊藤を「仇」としており、これに明石元二郎が加われば、役者がそろい過ぎるぐらいである。

だが、事前に知りえたとして、その情報がどうして烟秋の田舎にまで伝わるのか。倉知は、そこまで考えて断念した。

倉知は、あらためて政治決着の道を探るべきだ、と以下の電文を認めた。

——検察官は、その後も訊問を続けたけれども別段の新事実を発見できず、境警視の調べもさしたる結果を得られなかった。犯人の処罰に充分な材料も既にあり、村井等が密偵の手を経て得た事実を判決書中に引用するに当たっては、帝国官憲のいずれかよりの報告としたほうが穏当である——。

倉知は、かなりの長文を小村外相に送った。

十一月三十日。都督府警視総長室。

倉知は、佐藤友熊の部屋を訪ねた。

昨日の朝、倉知は、八日ほど前に外務省から送られてきた電報綴りと、韓国統監府の調査資料を佐藤に貸した。佐藤自身も、関東軍司令部が派遣した密偵からの情報を持っている。それらを総合した彼の判断を、倉知は知りたかった。

佐藤は、全文に目を通していた。そして――。

「そうだな。まず……」と、語りだした。

「検察官の溝淵があまりにも細部にこだわりすぎて、全体の把握がおろそかになっている。境が韓国で得た事実も、訊問に生かされていないんだなぁ。また、去る十一月二十五日、旅順へ来た明石少将がハッパをかけて境に取調べを始めさせたが、外交資料を持たないためにすれ違いが見られる。まあ、統監府とわれわれとの関係を考えたら無理もないだろうが、同じ情報を分かち持っていれば無駄骨を折らなくても済んだのに、という印象をまず持ったのだが……」と、佐藤は資料の読み解きを始めた。

佐藤が注目したのは、大鳥総領事が十月三十一日の段階で、小村に報告した『伊藤公爵遭難に対する浦潮韓民の態度に関する件』であった。

爾来、概して平穏に之有り候、尤も、当地韓人間に最も信用あり、現に韓人共済会会長及副会長の名誉職にして露国帰化韓人崔鳳俊及金秉学の行動に対しては、爾来、出来得る丈け注意を払ひ居り候処、（略）昨日来館、弔辞を述べたる後、無頼の兇漢は李範允、其他韓京地方より渡来したる監吏・軍人上りの徒党ならん。（略）秘密結社を為し居るに付出没常なくす。良民を苦しむること少なからず云々、平気に物語り居候。金秉学も崔とほぼ同様の言動をなし、（略）崔、金両名が果して其言の如く全然彼等排日党と関係なきや否、今回の兇漢と何等の関与する処なきや否やは、未だ不明に属すれども、表面に於ては飽くまでもその然らざるを装ひ居候。（略）又、当地憲兵隊長シチェルバコフ大佐の当館館員に物語りたる処に依れば、客年中、桑港に於てスティーブンス顧問を狙撃せる連累と常に気脈を通じ、彼等は桑港、ホノルル、浦潮間を往復せるもの……（以下略）

韓民会会長崔鳳俊、同副会長金秉学が言うには、主犯は李範允や韓国から来た徒党であろう、と。秘密結社のために神出鬼没だが、在留韓国人を苦しめること甚だしい。崔と金が果して排日党と無関係か否かは不明であるが、表面上は、無関係を装っている。また、去年、サンフランシスコでスティーブンスを狙撃した連中と常に気脈を通じ、外国にいる同胞との連絡も頻繁なようである、と報告している。

「ここには、李範允が重要人物として挙がっている。それを日本側は、初動の時点で無関係とみなしたかに見えるんだ。これを韓国統監府の資料と突き合わせると……」

と、佐藤は言う。

韓国では、事件発生の当日午後五時に調査を開始した。

まず、犯人が韓人というだけで手掛かりはなかった。とりあえず韓国駐箚憲兵隊と警務局とが会議を開いて合同警察部を設置。入電する犯人の氏名を待ち構えた。

翌十月二十七日、「ウンチアン」なる氏名が報らされた。

この人物の割り出しに、彼らは三つの条件を設定した。
一、「ウンチアン」は、おそらく平安道の出身者。
二、浦潮方面に出たもの。
三、兇行者は、教育があり、海外を経験したものとする。
以上の三点から、策源地を露国領沿海州「ノウエフスキー」(注・ノウォキエフスク=烟秋)と推定。その首領は崔才亨であり、李相卨の策略によって兇行に出たものと想定した。

次いで「ウンチアン」と書いて、どのような字を充てるかを調べたところ、姓名を逆にした「アン・チアン」であろうと。該当する韓人名がなく、「アン・ウンチル」ではないか。「安応七」ならば、李相卨について間島に赴き、「ノウエフスキー」に至って崔才亨のもとに身を投じ、暴徒の頭目となって一気に有名になった男と判明した。三つの条件にもぴったりである。

そして翌十月二十八日、本名「安重根」と断定。その弟が京城にいて勉強中。家族は平安南道に住んでいるとわかり、すぐさま同地の警察部長に電命を飛ばしたのである。

次に、露国綏芬河《すいふんが》税関に勤める鄭大鎬なる人物が浮かびあがった。鄭ならば、十月十七日に平安道平壌に現れ、安と自分の妻子を伴って十月二十三日に同地を出発。安奉線で哈爾賓へ向かう途中の二十八日、長春より鎮南浦金文奎宛に『ツイタイマタッ』と電報を打っている。金文奎なる人物は、安と鄭の共通の友人で税関主事、とまで突き止めた。

「ここでふたつの人脈が浮かびあがる。ひとつは、ノウエフスキーの崔才亨の周辺だ。もうひとつがウラジオ周辺の崔鳳俊たちだろう。まず崔才亨だが、重要人物とされた李範允もこれに含まれる。というのはだ……」

と、佐藤は韓国の資料を手にした。そこには崔才亨の経歴が詳しく書かれていた。

まず、崔才亨の出生地は、慶興または慶源（注・ともに北間島）と、明確ではない。四十数年前に沿海州にわたり、一介の労働者から巨富をたくわえ、露国に帰化して地方代議員を務め、その官職名から別名『都憲』とも呼ぶ大物である。同人は、日露戦争が勃発して間島管理使を失脚した李範允を食客として養い、ついで教育者として知られた柳麟錫を得て排日派の学校を建てたりした。また、彼の配下に李相卨がいる。明治三十八年当時、京城にいて内閣書記官長を務めたほどの高官である。日韓協約に反対し、翌三十九年に家屋敷を売却して北間島へ赴き、やがてハーグ国際平和会議の密使として派遣された李儁に同行している。

「大立者は、この中にいる。大鳥総領事が名を挙げた李範允は、崔才亨の配下だ。崔才亨に含まれるといったのは、このことだ。この崔才亨は、『大東共報』の経営交代で崔鳳俊と金秉学、そしてウラジオの人脈につながる。もともと崔才亨は、崔鳳俊と義兄弟の契りを結んでいるから、ふたりの結託は明白だ。事件への直接関与はともかく、背後の人間として最も有力視されて然るべきだった。しかし、ロシア国籍だから直接に触れるわけにいかん。だから遠慮したのだろうが、周辺にはすでに名前が出ているやつがいたな」

と、佐藤は、『大東共報』主筆兪鎮律の名前を挙げた。兪鎮律は、平安道の出身。安が書いた手紙は二通あり、一通が兪鎮律宛、もう一通が李剛宛だった。李剛は、平安道平壌出身。排日組織『基督教青年会』を率いる安昌浩の配下に属し、久しくアメリカにいた。一説には、スティーブンス暗殺事件に関与していたとの噂もある。昨年、安昌浩に呼び寄せられ、『大東共報』の記者として送り込まれた。

「こうして見ると韓国では、崔才亨を黒幕とし、『大東共報』の周辺人物を協力者に見立てていたことがわかる。事件直後の十月二十九日、ウラジオストックから韓国に帰国したばかりの鄭書房なる人物の証言によれば……」と、佐藤は一通の電文を示した。

小村に宛てた韓国統監府からの転送電である。

『李相卨は、本年十月十四日、ハバロフスクへ。安重根は、十月十九日ごろ「ノウエフスキー」(烟秋)に向けて李致権宅より出発したものと思う。李相卨は、兇行同志の募集のため、安重根は崔才亨のもとへ計画の打ち合わせで行ったのではないか。従って兇行策源地は「ハバロフスク」または「烟秋」、云々』

鄭書房は、さらに「消息通によれば」と断りを入れて——。

兇行は、韓国人のみでは遂行できるものではない。必ず背後に外国人の応援がある。大東共報は、崔才亨が出資しているが、露国官憲の便宜を得る為にロシア人「ニコライユカイ」なる人物を発行名義にして居り、其指揮は前極東憲兵隊長予備大佐、現弁護士の「ミハイロフ」が執っている。また、崔才亨、李相卨は、「ミハイロフ」の協力を得て、予備露国軍人八十名を教師として派遣まで約束。之等を総合すれば、「ニコライユカイ」「ミハイロフ」は、次の兇行を計画しているのではないか。（以下略）

ここに早くも、ミハイロフの名前が挙がっている。しかも次の計画もあるはずだ、と。

「ニコライ・ユカイ」は、兪鎮律のロシア名である。

「ロシアが背後にいるとわかれば、外務省の出る幕ではない、おれに任せておけと、明石が出しゃばる気持ちもわかる。明石は、事件よりも排日派の把握が目的だからな。だが、ここでミハイロフをどう判断するかだ。ミハイロフがやろうと提案して、韓民会の連中が簡単に動くとは思えんのだ。だからひとまず除外して考えたんだ」

そこで佐藤は、十一月七日付の曾禰から桂宛の電報に注目したという。

『真の兇行担任者は、安重根の成功と共に逃亡したるものならんか。今、浦潮方面の消息に通ずる者の言ふ処に照し兇行首謀者及び兇行の任に当りたる疑ある者を挙れば、左の数人なるべきか』と、二十五名の名前を挙げている。

「明石の狙いは、これだ」と、電報を繰りながら、「これら二十五名のうち何人かが連携して動きだすには、計画が事前に漏れていなくてはならない」と、佐藤は言った。そして、十一月十二日付報告を注意深く検討したのである。

前述したが、再度、確認しておこう。


金基烈は、九月二十八日、断髪韓装の韓人四名の内一名は拳銃を持ち、一泊の上会寧方面に向ひたる形跡あると。彼等はすべて平壌付近の者と称し、前統監暗殺の陰謀ある旨を漏し立ち去れり。（以下略）

九月二十八日ごろ、断髪の韓国人四名が金基烈の家に宿泊し、そのうちのひとりが拳銃を所持し、会寧方面に向かったが、彼らは平壌付近の出身で、『前統監』すなわち伊藤暗殺の陰謀がある、と漏らして立ち去った。ここにも平安道出身の共通性が見られる。

これについて所管の清津《せいしん》警察署は、確認のために富寧で金基烈なる人物を探したところ、同姓同名が四人いた。そのうちのひとり、安が説明した人相に似た男を取り調べた清津警察署は、『平壌方面の者四名（内一名は金と称せりと）一泊し、伊藤公爵暗殺を公言して会寧方面に立ち去りたりとの供述を為せる』と報告した。

「そこだよな。色々とおれも疑ってはみたんだが……」

倉知は、結論が出せなかった。今では、山座の線はないだろうと思っている。

「わかるわけがない。松井にしても事前の漏洩を否定しようとしている」

と、佐藤は、十一月十六日付、明石元二郎に宛てた松井茂の文面を抜き出した。

伊藤公爵暗殺を公言して会寧方面に立ち去りたりとの供述を為せるも、其月日が旧暦なるときは、十一月十日にして当らず。陽暦九月二十八日なるときは、伊藤公爵満洲旅行は、未だ発表以前に属す。而も、兇行者と目すべき者、同日現はれたりとせば、既に其以前、何《いず》れにか旅行を知り、兇行を協議したるものと云はざるべからずして、事実に遠かる安応七は、慶興を通過せりと云ふに、会寧方面に向ひたりと云ふ事、及び暗殺を公言するが如き事は、理に於てあり得べからず。

松井は、まず、伊藤の訪満計画が発表された「時期」と移動「経路」の食い違いから、金基烈の話は、「ありえない」と否定している。松井の指摘は、次のようである。

九月二十八日が、旧暦ならば十一月十日になるから当然ありえないとしても、陽暦ならば、発表前だから、これも無理。また、そうした事実を遠隔の地にいた安重根は知りえない。富寧から海岸部にでて新洞、羅津をへて慶興に向かう道筋をとったであろうから、会寧を経由したとする金基烈の話も「ありえない」と、否定が続く。

「ところが、富寧から会寧を通って山伝いに歩き、尾根を越えれば慶興に出られる。日数さえ考えなければ、可能な経路だ」と、佐藤は言うのである。

さらに松井の文面は、続く――。

又尚、安応七は、日本新聞及大韓毎日申報を読み、伊藤公の哈爾賓旅行を知り、金基烈等と兇謀して旧八月晦日《つごもり》〔明石少将の電報には、二回訊問に一ケ月程前、富寧に於て云々とあり、判然せざるを以て、安応七哈爾賓に於ける十月三十一日訊問の日付に基く〕出発せりと供述せるも、旧八月晦日は、陽暦十月七日。旅行が確実なる事の記事の掲載ありたるは、十月八日なり。

なお、安応七は、日本新聞や大韓毎日申報を読んで伊藤の訪満を知り、金基烈らと共謀して旧八月晦日に出発と供述しているが、旧八月晦日は、陽暦の十月七日。伊藤がハルビン訪問と新聞が発表したのは、十月八日だから知りえるはずがない、と。

「これを見る限り松井は、新聞報道で知ったというのは、日数の点から無理としている。ちなみに『金基烈』の名は、兇行者と目された二十五名の中にはないんだ。そこでおれは、松井の計算が合っているかどうかを確かめたんだ。旧八月晦日は、陽暦の十月七日ではなく、十月十三日だ。松井はこの点でも間違いを犯しているが、日本の新聞に記事がでるのが十月八日。五日間の時間差がある。一方に、金基烈が暗殺を仄めかした『九月二十八日』が控えている。さらに付け加えれば、サンフランシスコの朝鮮語新聞に風刺画が掲載された『九月二十六、七日』がある。烟秋で知ったとしたら、完全に無理とわかるのだが……」

そこで佐藤は、詳細に松井の電文内容を確認したという。

以下がその電文の続きだが――。

又、日本内地に於て発行する新聞は勿論、韓国に於ける日本文新聞も概ね六、七日頃旅行記事を掲載せるものにして、到底、富寧に於ては、十月十三日以前に新聞を接受するの余地なし。即ち、伊藤公爵旅行新聞記事は、日本新聞は六、七日、大韓毎日申報は七日にして、十月六日以後、釜山発北韓行汽船『江原号』は十月六日発なるを以て、該新聞を搭載するを得ず。『隆興号』は十月九日発遮湖《しょうこ》行なるを以て、清津行郵便物は搭載する理なし。『咸興丸』は、十月十日発にして、清津には四、五日間を要するを以て、安応七富寧出発日に付、十三日より遅るゝこととなる。然らば富寧に於ては、早くも十月十五、六日以後にあらざれば、大韓毎日申報は勿論、其他の新聞をも見る能はず。（以下略）

「松井は、あくまでも新聞で知ったという安の証言を否定しようとして、『誘導訊問は、斯る結果を来すこと実験上往々ある所にして』とまで付け加えている。見方を変えれば、安重根らは、別のルートで知ったとしか考えられんのだ」

と、佐藤が言う。

この日付のからくりは、十一月十八日の安重根に対する第五回の訊問でも、溝淵検察官を大いに悩ませた。結局、溝淵は、安から富寧―ウラジオストック間の所要日数を聞き出せなかった。

「なぜ、松井や溝淵が日付にこだわるかといえば、策源地が烟秋か、ウラジオかを特定して、崔才亨か崔鳳俊かを割り出すためだ。だから松井は、金基烈が話した九月二十八日を崩そうとし、溝淵は富寧からの所要日数で割り出そうとしたのだ。境もさんざん苦労している。苦労のし甲斐もなかったのだが……」

と、佐藤は、十一月二十六日の境警視の訊問調書を挙げた。

安の自供は、次のごとくである。

富寧にて大韓毎日申報、または日本字の新聞を見て伊藤の満洲行きを知りたりとは事実にあらず。尹致宋がこれを語りたるにより、然らば、その新聞を持ち来たれと云ひたるも、何処よりか持ち来たれるを見たるに、果して事実なりし。日付は何日なるか不明なり。

露領より、李明南、洪致凡、金基烈、尹致宋と共に富寧郡へ入り来たりて尹が伊藤の満洲行を語りたるより引返し、（略）哈爾賓に向かふことに決したり。その日取計算、左のごとし。

十二日　慶興の山中（泊）。
十三日　同。
十四日　同。
十五日　豆満江岸露領韓人家（泊）。
十六日　同。
十七日　烟秋宋某方宿泊。
十八日　ポシエト宿屋金某方宿泊。
十九日　ポシエト発　汽船中（泊）。
二十日　浦潮李致権方に宿泊。

二十一日　浦潮発　綏芬河にて劉東夏を乗せ汽車中（泊）。
二十二日　昼　汽車中　夜は金成白方宿泊。
二十三日　哈爾賓金成白方　同上。
二十四日　蔡家溝露人の飯屋にて宿泊。
二十五日　哈爾賓金成白方宿泊。
二十六日　兇行。

安は、『大韓毎日申報』や日本の新聞で伊藤の訪満を知ったのは「事実ではない」が、尹致宋がどこからか持ってきた新聞を見たところ、確かであったと訂正している。「尹致宋」が先に述べた「允致定」だと推定できる。そこで境警視が日程表を作らせたが、今度は、肝心な伊藤訪満の情報入手が「慶興の山中」と、不明確になってしまった。

「つまりは、またもうまくはぐらかされたのだ。だが、事前に知っていなければ、このような噂が立つはずがない。入手経路は不明としても、やつらは知っておった。そこから考えれば、次の行動が読めてくるではないか」

と、佐藤は言った。

「君の推測では、誰から情報が漏れたと……？」

倉知は、訊いた。

「それはわからん。だが、村井大尉から寄せられた明石宛の電報が二通あったなぁ。一通には、李範允が九月下旬に烟秋のロシア国境事務官の家に逃れたことと、その地で安が崔才亭を訪ねたところ五ルーブルしか醵金しなかった、と書いてある。大いに不満のていで安は、十月二十二日にウラジオに出て大東共報社に立ち寄り、同日午後十一時発の列車でハルビンへ出発。一方の一通には、安重根が十月十六日にウラジオを出発し、ハルビンへ向かった、とある。もう一通には、安重根が十月十九日に烟秋を出発し、ウラジオを出発し、ウラジオからハルビンに向かった。洪範道、金基竜も連累だという情報だ。行動開始の時期にズレが見られるが、これらの動きからしても、情報が漏れていたとしか考えられんだろう」

と、佐藤は言いながら、登場する人物の整理をした。

「洪範道」が「洪範図」と同一人物かどうかは、不明。また「金基竜」は、本名「金泰勲」と言い、三年前に辞職し、ウラジオストックに来た元平安北道警務官（注・警視）である。また「金義竜」の別名を持つ泰勲が「金基烈」と同一人物かどうか。統監府が作成した名簿には、「金基竜」「金基烈」の名はなく、「金起竜」と「金義杰」が別人に挙げられている。また「允致定」も、「尹致宋」の違いがあり、いずれも「伊藤の暗殺を仄めかした」連累に登場するから、これは同一人物と考えられる。

あれこれ推理をした結果、「つまりだなぁ」と、佐藤は言葉を切り――、

「これらの情報を総合すると、『真の兇行担任者は、安重根の成功と共に逃亡したるもの

ならんか』の一言に尽きる。これをとことん追い詰めるには、都督府と統監府が協力して何年もかけて調査していく必要がある」と、いった。

「捜査の担当者がそういっては、話にならんじゃないか。君は、単独犯行の線で捜査してきたんだろう」

倉知は、介在が濃厚なミハイロフの存在を知りつつあえて訊いた。

「予断は許されないが、その通りだ。だが、無駄とはいっていない。境警視の調書を見るとわかるのだが、不審な点がいくつか読み取れる」

佐藤は、境の訊問調書を取り出した。

そして、曺道先の調書の一項に指先を当てた。

――大東共報社員、そのほか浦潮に在住する有力者で知り合いはいません。ただし、金秉学氏は、わたし個人宛の郵便の受取先として住所を借りているひとですから、郵便物を受取りに行くたびに会っております――。

「これだよ。曺道先は、イルクーツクという奥地で働いている洗濯屋だ。どうして浦潮の金秉学の自宅に、自分の郵便物を届けてもらう必要があるのかね。真の兇行担任者、これが問題だ。特に崔鳳俊、金秉学らの関与だな」

佐藤が言った。安の単独説ではあるが、影の立案者を否定しない立場だ。それは松井が懸命に否定しようとし、逆に「別ルート」を感じさせたと同じ結論であった。

「崔才亨は？」と倉知。

「証明できん。おそらく情報が届いておらんだろう」

「だったら君は、どうして崔才亨を立役者のひとりに挙げたんだ」

「計画を知っておったら、排日党の崔才亨が運動費を五ルーブルしか出さんはずがないと見たんだ。大物が指揮せんでも、崔鳳俊や金秉学だけでもやれる。溝淵や境は、問題にしていないが、大鳥はこのふたりを信用しておらん。またウラジオならば、情報を入手してから動きやすい。安は、このふたりに呼ばれたんだ」

佐藤が言った。

「それだけかね」

倉知は、いささか落胆の思いで訊いた。

「手元の資料では、これ以上は期待できない。おれの情報を加えても、崔鳳俊と金秉学については不明な点ばかりが目につくんだ。これを溝淵と境に言って追及させるんだよ」

「それで予審裁判は、もつのかね」

「予審ぐらいならば、充分だ。真相は、別問題としてだ」

佐藤は、恬淡と言った。

崔鳳俊と金秉学。この韓民会を牛耳るふたりは、いったい、何者なのか。また、ミハイロフや崔才亨の他に黒幕がいるのか――。

倉知は、いくつかの疑問を残しながら佐藤の部屋を出た。

十二月二日夜、倉知は、外務省から転送電を受け取った。

本日午前中に明石少将より発信され、小村外相に届けられた機密電だ。

明石の電文に、こうあった。

　昨日、当地法院に浦潮大東共報の主管露人「ミハイロフ」来れり。同人は、排日韓人の黒幕として評判あるものなり。地方法院真鍋判官及溝淵検察官は、同人の請を容れ、同人及其同伴せる在上海の弁護士英人「ドグラス」に安応七の弁護人たることを内約し、監獄に就き安に面会せしめ、安の承諾を得たり。露人「ミハイロフ」は、此時在浦潮なる安の知人より弁護の依頼を受けて来れるを告げ、安は我待遇の善良なるを賞揚し、又浦潮の知人に謝意を伝ふることを託したりと。

○　小官は、以上の出来事を法廷に貸与したる統監府通訳官の内談にて承知し、倉知は小官より初めて承知せり。

○　小官は、司法権独立と云へば其迄なるも、犯人取調及政治上に影響重大なりと考居る。前後の状況より推し、法官等熟議を経たるものと思はれず。但し小官の問に対し、平石法院長は自分が承知の上、責任を以て許可したりと答へたり。此一談、只御参考迄。

昨日、ミハイロフが地方法院に現れた。同人は、かねてより排日韓人の黒幕と評判されている人物で、上海在住の英国人「ダグラス弁護士」を伴ってやってきた。地方院長真鍋と検察官溝淵は、安重根との面会を許可した。同人が浦潮の同胞から「弁護」の依頼を受けたと告げると、安は承諾し、同胞によろしく伝えて欲しいといった。

本官は、これを通訳官（注・境警視）より聞いて告げたところ、倉知は初めて知ったというありさまである。司法権の独立だといえばそれまでだが、本件は、政治的にも重大な問題である。平石は熟慮のうえ許可したと答えたが、ご参考までに、というのであった。

昨日午前中、この文面にある通り、このことを明石から知らされたが、倉知は驚かなかった。法の公平を謳う平石ならば、当然に許可するだろうと思ったからである。

だが、これを本省に報告しておくべきであった、と倉知は悔いた。

報告の代わりに、『政府におかれても、早急なご判断を』と、政治決着を急ぐべきだと、二度目の要請を打電したのであった。

倉知には、明石の電文を見た小村たち首脳の驚きが想像できた。具体的ではないが、薄々こうした事態を予想はしていた。上海駐劄総領事代理松岡洋右の報告に、ハーグ密使事件に深く関わった米国人ハルバートの一件があったからだ。

ちょっと煩雑になるが、英国人弁護士の登場という重要な部分なので、日時を二十日ぐらい遡らせていただきたい。

倉知が旅順に到着した翌々日の十一月七日、仁川から酒田丸で大連に向かう予定だったハルバートは、その便を外して翌八日の西京丸に変更。大連には寄港しただけで上海に向かった。これは、新国が摑んできた情報である。新国は、かつてハルバートと面識があった。とぼけて話しかけてやろうと港で待ち構えたところ、ハルバートは酒田丸に乗っていなかったのである。

韓国の仁川港から上海へは、長崎経由が一番早い。それをハルバートは、わざわざ遠回りしたのである。そして松岡の報告――。

十一月九日、韓国統監府から連絡を受けた松岡は、すぐさま上海駐在滝島警察署長を手配し、同日午後四時に到着したハルバートに尾行をつけた。

報告によれば、ハルバートは、すぐさま英国人モリス・ヘンリーと落ち合い、パレスホテルに投宿。同日午後六時半にひとり外出し、午後十一時にホテルに帰った。行き先は不明であったが、特にホテルへの訪問者はなかった。

翌十一月十日午前九時、ハルバートは、モリスを伴って英国郵便局に立ち寄り、十分ほどしてふたりは別れる。その足で北京路のアメリカ長老会伝道新聞社へ行ったハルバートは、約一時間して「西洋人一名」を伴って現れ、ふたりは同長老会出版部へ赴いた。

四十分ほどして中国人のボーイに見送られ、ひとりで北四川路《ベイズーチュアンルー》の英国人リッチャーを訪ねたが、留守だった。そのあと引き返し、百老匯路《ブロードウエイロード》に行ってバナナを買い求める。

午後十二時半、ハルバートは、虹口《ホンキユウ》橋をフランス租界へ渡り、バンドから四馬路《スマロ》を経て、山東路のあたりで姿を消す。尾行員が投宿先のホテルで待ち構えていたところ、午後二時半に現れた。

午後四時、外出。大北電信会社に十分ほどいてフランス租界へ行き、アメリカ寝台会社代理店を訪れる。二十分ぐらいして現れたあと、両替商で百七十円をメキシコ銀に交換して宿に帰った。その直後、南京路図書館へ行き、一時間半ほどして午後七時に帰宿。夕食後、酒場で約一時間半も新聞を読み、夜十一時ごろ自室に戻る。訪問者があった様子はない。

翌十一月十一日、午前八時半、前日訪れた両替商へ立ち寄った後、午前十時発の西京丸で大連に向かった。後刻、尾行員が調べたところ、ハルバートは、上海から寛城子までと、ハルビンからロンドンまでの切符を買った、と言う。

滝島署長は、『彼レガ如何ナル使命ヲ以テ来ルモノナルヤハ、殆ンド判断ニ苦シムモノナリ』と報告しているが、全体を俯瞰《ふかん》すれば、問題は、この切符の不思議な買い方である。寛城子―ハルビン間をなぜ買わなかったのか。しかもこの慌ただしい面会は、何を意味するのか。

倉知は、何かの準備行動であろうとは察したが、ミハイロフと大連で面会し、同じ船で上海へ赴いたとまでは想像しなかった。だが、尾行員が報告した『北京路のアメリカ長老会伝道新聞社へ行ったハルバートは、「西洋人一名」を伴って現れた』のだ。そして、同長老会出版部へ入って別れた。

この「西洋人」がミハイロフだったとすれば、すべてが符合する。おそらくハルバートは、ミハイロフの代理人として上海在住の英国人「ダグラス弁護士」と交渉し、図書館内で打ち合わせて旅順に乗り込んできた、と考えなければならなかった。

予断を与えることを慮った倉知は、ただ、『機密電二八号』によって政治決着をと、「早急な予審の開始」を提案したに留まったのであった。

その日深夜、それに対する返事が小村外相から倉知宛に入った。

——貴電『二八号』に関し、一、当方に於ては差向き露国政府に公前の援助を求めることなく、浦潮において充分に秘密捜索を遂げること。しかして、右終了前に公判を開始することは、あるいは捜索の進行に障害があるかもしれない。よって浦潮方面の調査を切り離して公判を進めるのは好ましくない。二、処罰は判事の裁量によるほかないが、当方に特別の希望はない。三、政府は、特に予審を希望しない。四、密偵の報告の出所を明らかに示すことはよろしくないし、示す必要もないと考える。少なくとも満州以外のわが国領事館より得た報告は、その出所を示さないようにしたい。なお、ご注意の点は、本件関係の事実が広く世上に発表されることは面白くない。政府の希望としては、必要な場合は容赦なく裁判の公開を閉めること。また、判決言渡しなども簡単にしたい。予審を開くとなれば、公に発表されることもあろうから、法院に省略する意向があれば、それは政府の意向と合致する。右お会いの上、しかるべく措置して戴きたい――。

小村は、大きく方向転換をした。ロシア官憲の協力を求めず、秘密に捜査せよ、と。また刑罰の裁量は判事に任せるとしながら、裁判によって公表されないために予審を開かないのが政府の意向と合致すると、暗に省略を指示してきた。

この「右お会いの上」ということは、本省への召還命令である。

倉知は、この期に及んで帰れとは――。

暗然とならざるをえなかった。

第十一章

国益と国家観

十二月三日朝。旅順監獄内取調室。

元勲の狙撃といった重大犯罪では、個を超えたところに真相が求められる。たとえ、私憤に駆られた行為であっても、国益がからむと複雑に窯変《ようへん》するものだ。

安重根は、旅順に来て一ト月を迎えた。屈辱の日々ではあったが、今日ばかりは軽口を叩きたい気分だった。一昨日の夕方、ミハイロフが英国人弁護士ジェーン・E・ダグラスを連れてきた。法院のお歴々に監視されての面会だったが、同胞から弁護を頼まれたという話に、安は快諾した。あれ以来、なんとなく気分が高揚していた。

境喜明が栗原典獄とともに現れた。境の取調べは、六回目である。

安は、『供述』の冒頭で次のように述べている。


自分が当監に収容せられて以来、已に数旬。此の間、公（注・境警視）に会し談話を交へんこと数回に及び、監獄の通弁なりと云ふも其の然らざる所以《ゆえん》を知れり。思ふに本国統監府に於て相当の位置に在る官吏なること、公と会するの初に於て了察《りょうさつ》斟酌《しんしゃく》し居れり。故に自分は、伊藤公を殺害せざれば東洋の平和の維持せられざる所以を陳《の》ぶべければ、統監府又は、日本政府の当事者に向て伝へられんこと畢生《ひっせい》の願なり。

これを会話風に直せば、次のようになる。以下、同様にする。

「境さん、あなたは通訳とおっしゃるが、韓国統監府では相当の地位にある方でしょう。会った当初からそう見てましたよ。だから自分は、今から伊藤公を殺さなければ東洋の平和が維持できない理由を述べますので、統監府または、政府当局者に伝えてくださるよう一生のお願いをするのです」

「わたしは、そんな身分ではない。通訳が足りないから臨時の監吏を頼まれたに過ぎんのだが、君と話していると、つくづく日韓のむずかしさを知らされる。お伝えするだけならば、何なりと申しつけてくれますか」

境は、心底そう感じているらしく、衒《てら》いもなく言う。

四十がらみの流暢な朝鮮語を使う境は、決して強引ではなかった。あくまでも通訳を装い、肝心な部分をいたずら書きのように筆記する。文字のわからないときにだけ、安に書かせたりするが、供述の内容は、一語一句、聞き漏らすことなく記憶した。

「では、申しますが、わが東洋は、日本を盟主として韓国、清国とが鼎立《ていりつ》して平和の維持に努めなければなりません。そうでなければ、あるいは百年の大計を誤るおそれがありま す。伊藤公の政略は、これに反して漫然と韓国を併呑しようと急いだに過ぎませんでした。だから周囲を顧みる余裕もなかったのです。わが同胞を殺戮し、皇帝を威圧し、横暴を極めた彼の方針は、わたしたちの東洋三国を共倒れにして、白色人種の蹂躙に任せる結果となりましょう……」

ロシアと清国が日本に復讐するのは、当然に考えられる。のみならずアメリカが日本の跋扈《ばっこ》を許すはずがない。世界の同情は、こうして徐々に韓国と清国、ロシアの弱者に集まる。日本の孤立は、想像に難くない。それを考えずに一時の勢いに任せ、わが韓国の独立を奪おうとするのは、浅慮であり、智者の嘲笑《あざけり》を受ける。

「………」

「わたしは、生きていたくないのではありません。父母、妻子を愛しく思う情がないのでもありません。家を捨て、韓国のため、東洋平和のために尽くすべきは、このときと決心して、故国を去ったのです。伊藤公を倒すがごときは、この目的からすれば、些細なことなのです」

思わず目に涙がにじんだ。この悲憤の涙をいくたびこらえたことか。

「……君の血涙、わたしにもわかる。だが、そのために伊藤公は、韓国を併呑するのではなく、韓皇太子をご教育し、韓国百年の基礎を固めて、兄弟相たずさえて東洋の平和を実現しようとなさったのではないのか」と、境が言った。

「そうではないから境さんにお願いするのです。伊藤公が統監となって三年有余、大勢の韓国人が殺され、獄につながれて病死しています。義兵が起《た》って、それに百倍する武力で鎮圧するにいたっては、到底、平和を実現しようとする態度とはいえません」

安は、故国を追われて流浪する韓国人を思った。草木を拾って小屋を建て、崖を穿《うが》って住処とする。これが仮の住まいならば許せよう。だが、日本人が韓国から去らない限り、そこで子が生まれ、木の実を拾い、魚を採り、教育もなく暮らしてゆかねばならない。もちろん、韓国皇帝の失政もあったであろう。だが、その失政を衝いて国土を蹂躙した伊藤の責任、ひいては日本の責任のほうがはるかに大きいのである。

「君が言うように、この事件が些細ならば、真相を語ってはどうかね」

境が本筋に戻そうとした。おだやかながら職務を忘れない。

「では、申しあげましょう。まず、ハルビンで捕縛されて今日、乱賊同様に待遇されたのがいささか心外でした。だから、いままで述べたことのすべてが嘘です。伊藤公の噂を富寧で金基烈から聞いたのも、嘘でした」

「……」

境が苦笑いした。

「わたしは、常にウラジオの李致権方にいて、義兵を挙げる見込みもないことから、どうしようかと考えていました。たまたま金策に出、烟秋に着いた途端に、黄海道の義兵大将李某が大金をもって武器の買入れにウラジオへ向かったと聞きました。これは朗報だと思って富寧行きを切りあげ、すぐさま引き返しました。偶然にもポシエトから夕方に出帆する船便があり、これ幸いと便乗して十月十九日夕刻に李致権の宿に着きました。ウラジオでは、伊藤公がハルビンへやってくる噂でもちきりでした。同志がどうやって彼を殺そうかと方法を詮議しており、わたしは大いに喜んで、他人に手柄を横どりされないよう口を閉ざして、その夜は寝ました」

翌朝、安は、李某なる大将を捜したところ、運良く見つかった。田舎者丸出しの大将は、李錫山といった。風体、教養などどうでも良かった。安は、国家のために労苦を厭わない義兵の大将に謝して、金策を持ち出そうとした。ところが来客が多くて、話す暇もなかった。一時間後に再び訪れたが、相変わらずだった。やむをえず、いったん、宿に帰った。

二時間ほどして赴くと、李錫山は出発するところだった。

「わたしは、『李大将、武器よりも大切な用件があるから用立ててくれ』と申しました。ところが、李は出し渋りました。わたしが拳銃で脅したところ、『同志を脅迫するとは何事か』と言いましたが、百円を融通してくれました。さて、伊藤公を狙う段取りができましても、ひとりでは討ち損じるおそれがあります。世の笑い物になっては同志にも顔向けができませんから、かねて意中にあった禹徳淳を同行したいと思いました」

「…………」

「禹が定宿にしている高俊文の家は、すぐ近くにありました。禹が部屋におりまして、すぐさま李致権の家に誘って、伊藤公殺害を打ち明けました。禹が同意して、その夜のうちに出発しようと駅に行きましたところ、ハルビン行の最終便が出たあとでした」

あのとき、駅で一夜を明かしても良かったが、李錫山の一味が追ってくる虞れがあった。

そうなれば拳銃で撃ちあいになるかもしれない。大事を前に騒動を起こしていられないから、とにかく李致権の宿に戻り、翌朝の列車でハルビンへ向かった。

「汽車の中で、伊藤公がいつ来るのか、本当に来るのか、心配になりました。これはロシア語のわかる通弁がひとり必要だと思いました」

安は、物語りながら、もうひとつの筋書きを演じている自分を知った。境は、あくまで日本の官吏である。下手にしゃべって同胞を売る真似だけは、避けなければならない。

さて、劉東夏を連れてハルビンに着き、金成白の家に泊まって伊藤の消息を聞き合わせると、なおも動静が判然としなかった。考えてみれば、汽車の中でことを起こすとは不便と思い、すれ違う駅ならば機会があるだろうと問い合わせたところ、蔡家溝駅で待ち合わせるという。そこで二十四日にハルビンを出発し、蔡家溝に向かおうと決心した。ところが劉東夏が余りにも年少だから、同行しても役に立たない。そこで曺道先を雇った――。

当初、特別列車がハルビン駅に入ったところを、車中に殴り込む計画だった。それが乗り換え駅の寛城子駅となり、資金が足りずに蔡家溝駅に落ちついたのである。

境が辛抱強く聞きながら、要点を筆記している。

昼どきになり、取調室で食事となった。

そして食後のお茶を飲みながら、また物語がはじまった。

『淡々、幾万言血涙を注いで叫ぶ処は、誤解ながら一縷の至誠を認め得べきものあり』と。血涙を流しながら滔々《とうとう》と語る安の姿は、誤解はあっても、真実、国を思う心を認めないわけにはいかない。しかし境喜明は、安重根の自白に疑念を抱いてはいた。

再び、境の側から『供述調書』を拾ってみると——。

「ところで君は、伊藤公の顔を知らなかった、と言ったね」

境は、狙撃の場面に質問を転じた。

「はい。新聞の挿絵しか見たことがありませんでした」

安が言った。

「さっきは、プラットホームで兵隊が捧銃《ささげつつ》したあたりで終わったが、そこらあたりで撃っても良かったんではないのかな」

境は、訊いた。安の自白によれば、特別列車が到着して「十分間」ほど伊藤は出てこなかった。安は、じっと喫茶店で待った。

「はい。わたしは、ロシアの高官と挨拶しているのが伊藤公だろうと目星をつけました。新聞の挿絵に似ていなくもなかったからです。兵隊が捧銃しているとき、その後ろを早足で歩いてまいりました。しかし、これが伊藤公かどうか、まだ躊躇がありました。そうこうしているうちに歓迎陣のほうへ行ってしまいましたので、いずれ戻ってくるだろうと待ち受けました。そのうちに戻ってきました。拳銃をポケットから取り出そうとすると、ロシアの高官と身体が重なってしまい、一瞬、機会を逃しました。およそ一尺（注・三十センチ）ばかり離れましたので、拳銃を抜きだして発射しました。四発ばかり撃ちましたが、果して伊藤公かどうかわかりません。ふと見ますと、後ろから立派な服装をしたふたりの紳士が目に入りましたので、これに一発ずつ見舞いました。命中したと思いましたので、わたしは拳銃を投げだし、ロシア語で『ウラ・カリヤ』を三回叫びましてから、韓語でもって『大韓国万歳』を絶叫しました。そこをロシアの官憲に捕縛されました」

安が一気に語る。

「それにしても伊藤公は、よくぞ都合良くハルビンへ来たものだねぇ」

境は、サンフランシスコの風刺画の一件を念頭において訊いた。佐藤警視総長と打ち合わせ、倉知政務局長からも情報を仕入れていた。

「はい。わたしもウラジオを出発するときは、伊藤公は日本の勢力圏外のハルビンへは来ないだろうと考え、長春まで出向こうと考えたぐらいです」

視線を真っ直ぐ境に向けながら安が言う。

なかなか辻褄を合わせるのがうまい、と境は思う。

「で、かねて話しておった断指同盟だが、あれも嘘だったのかね」

断指同盟とは、抗日を誓った仲間が、左手の薬指を切って盟約したことを指す。何回目の訊問だったたか、鄭大鎬から聞いた内容を安にぶつけたところ、怪しい名前を書きつらねた。調べたが、ひとりとして該当者が存在しなかった。

「いいえ。あの話は本当ですが、当人に迷惑がおよぶのを恐れて嘘を申しました」

「では、十二名の本当の氏名、年齢、出身地は書けるな」

境は、半紙を安のまえにすべらせた。

すらすらと書きながら、「いま、どこでなにをしているのやら」と安が呟いた。

境もまた、どこまで安が正直に語っているものやら、と胸奥で自問した。

『此の写真（注・厳仁燮）を知るかとの事なるも、一度も見たる人にあらずと答へり』と境は書いて、この日の訊問を締めくくった。安が義兄弟の契りを結んだ厳仁燮を知らないと応えるぐらいだから、断指同盟の同志の名前だとて怪しいものである。

そして後日、境は、田舎者丸出しの義兵大将李錫山（注・安は、『伝記』にもこの名前を書いている）も、架空の人物だったことを知るのである。


同じ日の午前十時。旅順高等法院長室。

「そんな、馬鹿なっ」と、平石氏人が電報用紙を持った手を震わせた。

昨日、小村外相が倉知宛に発した電報に、高等法院長の怒りが爆発したのだ。倉知は、こういう事態を想定して、民政長官白仁武を伴ったのだが――。

小村は、最初の電報で裁判に干渉しない態度を示し、いくつかの条件を示唆した。ところが、直後に方針を変えた。小村が倉知に宛てた今回の電報では――。

政府に於ては、安重根の犯行は極めて重大なるを以て、懲悪《ちょうあく》の精神に依り極刑に処せらるゝこと、相当なりと思考す。又禹連俊が中途犯罪を断念せること明らかなる以上は、或は無罪なるべきも、（中略）彼が蔡家溝にて目的を達せざりしは、露国官憲に妨げられ室外に出づること能はざりしに因るものと謂はざるを得ず。果して然りとせば、謀殺未遂罪を構成せりと云ひ得べきが如し。御含迄《おふくみまで》。

尚、曺、柳二人に付ては、別段の希望なし。

政府は、重大な罪を犯した安重根には「死刑」が相当と考える。禹は、あるいは無罪というべきところだが、蔡家溝駅でロシア官憲に妨げられなければ実行していたと解釈せざるをえない。従って、殺人未遂罪。他のふたりはどうでも良い、というものだ。

前電との時間差は、わずかに二十分である。このあと、石井次官から河村司法次官宛の文書が打電されてきた。法解釈に関するやりとりだ。

それによれば、帝国刑法適用の条項で、在外公館宛の外務大臣の回訓に「帝国臣民」とあるのは、「韓国臣民」を含むか否かである。昨年九月十四日に司法省と合議した解釈によって、外務省は、『帝国臣民とは、帝国の領土と同視するべきもの』と、関係各領事館に訓令した。ゆえに今、清国において帝国の法権に服従する韓国臣民は、帝国臣民とまったく同一の地位にあるものと解釈して良いと考える。それを正当と考えられるのであれば、あらためて司法省より訓令を発してもらいたい、という内容である。

石井の文面は、東京帝大時代の一年後輩河村弥三郎への、権威ある法解釈の「証明」を求めたものだ。とりもなおさず、政府の切実な裁判権の行使を表している。

この介入を「怪《け》しからん」と、平石は言うのであった。そもそも立法を司るものが、自ら定めた法律を、あえて侵犯すること自体が恕《ゆる》せないのである。

平石は、「疑わしきは罰せずが法の根本理念だ。刑罰は定めた法に基づく罪刑法定主義も厳守されねばならないが、審判もせずに判決を誘導するとは言語道断である」と、譲歩の態度を示さなかった。

土佐人特有の「いごっそう」である。そんな平石は、ダグラス弁護士を受け入れ、国際的に正当と評価される審判をめざしていた。平石のいう政治決着とは、容疑者の範囲を拡大せず、いま逮捕している者にとどめるか否かである。これならば、一般的にありえる措置だ。だが、量刑にまで政府が介入する行為は、司法の無視、裁判権の侵害である。

これに加えて今朝、小村から『外国人弁護士は不都合』との電報が入った。

倉知がまず先に白仁武に会ったのは、このふたつの電報を、どのようにして平石に伝えるかを相談するためであった。そして平石を法院長室に訪ねたのである。

二通の電報が平石の手から白仁に渡った。

「外務省の立場を率直に説明したまえ」

白仁が倉知を促した。

「はい。政府が厳罰を求めるのは、当然であります。日韓併合を目前に控えまして、国際世論に訴えれば、何でも通るという悪しき前例を作ってはいけないからであります。併合は表現のアヤでして、条文には、韓国が廃滅し、日本帝国の領土の一部になると明記してあります。小村外相も桂首相もこれに同意され、閣議に諮って陛下の允許《いんきょ》も戴いております」

この条文は、小村から命ぜられ、倉知が起草したことも平石は承知している。

「………」

「文面には、『時機を見て』と記してありますが、そうも遠くないように漏れ聞いております。この前例ができますと、ハーグ密使事件の二の舞いが頻繁に起こりえることとなりまして、国家の主権は保てません」

「………」

「また、政府の方針は、ふたつの戦争によって明らかであります。韓国の安定が国家の安全に欠かせません。欧米が何と難癖をつけようとも、この際不退転の覚悟で臨む必要があろうかと思われます。また、外国人の弁護士を法廷に立たせるのも同様でありまして、上述の理由で小村外相も反対であります。ご判断に当たりましては、こうした外交の立場をご斟酌願いたく存じます」

倉知は、怒鳴られるのを覚悟した。

平石は沈黙していた。はらわたが煮えくり返る思いであろう、と倉知は察した。

「法院長。若手の法務官から不満の声が挙がっておるのは、わたくしも存じております。いずれも政府の介入を認めてはならん、と。法院長のお気持ちは、わたしも同様でありますが、露領にいる賊どもは、何ともなりません。一罰百戒の意味からも、不退転の姿勢を示しておくほうが今後のためにもなりましょう」

白仁が言葉を添えた。

「ならば、どうしろと言うんだ」と、平石。

倉知も、白仁の言葉を待った。

「ひとまず予審裁判の進行を停止させ、嫌疑者全員の拘置と訊問を継続します。その間に、外国人弁護士の件を協議すればよろしいのではないでしょうか。しかし、安に対する死刑は、すぐに科するわけにはまいりませんから、ひとまず地方法院において検察官に死刑を求刑させて判決を待ちます。無期徒刑になった場合、検察官に控訴させて、高等法院において死刑を言いわたす。この手順でいかがでしょうか」

白仁が言った。

「裁判のやり方はともかく、いったん、外国人弁護士に良いと口から出したものを、口実をもうけて不許可にしたならば、わが国の裁判に不信の念を抱《いだ》かせることになる。また諸外国も、わが国の法制度を非難するであろう」

平石は、自説を引っ込めなかった。

「それに関しましては、わたくしが本省へ赴きまして相談してまいります。いずれにせよ、韓人か日本人の弁護士をつけなければなりませんので、そこらあたりの政府の算段を確かめてまいります」

倉知は、あいだを執りなした。

「予想される非難は、極力避けねばならん。この問題は、日本の司法の存立がかかっておる。そこを踏まえてやらねばならんのだぞ」

平石は、毅然としていった。

「そこは小村大臣も法律家でございますから」

白仁が機嫌を損ねないよう慎重に言葉を添えた。

「よし。裁判の延期は諒解した。あとは弁護士の件だが、恥をかかんように手順を踏むよう進言しておいてくれ」

平石は、ようやくにして頷いたのである。

さて、ここらで事件の整理をしておこう。

安重根を中心に考えるならば、当然に伊藤博文の罪状に焦点が絞られる。転じて伊藤博文を中心とすれば、韓国統治、すなわち機運の盛り上がりを見せる日韓併合が論点となる。日本にとっては、むしろ後者が重要であることは、排日派の徹底調査でもわかる。

そこで事件の背景となる「合邦派」の一大政治組織一進会と、その会長李容九について概説しておかなければならない。

伊藤の死は、韓国内の「合邦派」を混乱させた。同時に、彼らにとって千載一遇《せんざいいちぐう》の追い風となった。安重根が祖国を愛したように、彼らにも国と国民を思う国家観があり、それが背後で微妙にからんでいるからである。

倉知たちが裁判の延期と、外国人弁護士の件を協議していた同じ十二月三日の深夜、これまで「合邦」を強力に推進してきた一進会の京城本部には、韓国十三道支部長八十名の代表を加えた三百名の幹部が集まっていた。四年前に建てた本部の柱や壁には、おびただしい数の疵《きず》があった。騒動のたびに投石され、刀や槍が振り回された苦難の歴史を物語っている。

総会は、翌四日に予定していたが、一日早めての開催だった。

中心人物は、李容九と宋秉畯《そうへいしゅん》のふたりである。

総会の冒頭、後述する「三派提携」の破棄と「合邦」を奏上する案の賛否を問うた。

賛成多数で両案は採択に至ったが、数をあたると二名が不賛成であった。三派提携の破棄はともかく、後者の採択は国家の将来を決める重要な文書である。

ひとつは、韓国皇帝に対する『上奏文』、ふたつは、国民に対する『声明書』である。あとは曾禰統監に提出する『請願書』だが、前記ふたつに較べれば、さほど悩むほどではない。採択した問題の文書が本部の印刷局へ回されるのを確認した宋秉畯は、黒竜会の内田良平たちに報告するために清華亭へ向かった。そして、李容九だけが会長室に残っていたのである。

李容九は、自己矛盾に悩んだ。長年の懸案がやっと立ちあがる。切に願い、ために東奔西走したが、沈黙した不賛成の二票が、胸のうちに大きく広がって行くのである。

四年前、李容九らは、躊躇なく一進会を立ちあげた。そして発起宣言書に、「もし韓国が外国の干渉を拒否し、完全な独立国をというのであれば、奮然と立って世界中に宣言すべきである」と謳った。反感を買ったが、これもひとつの選択である。

このとき一進会は、皇帝の立場に立つべきか、それとも国民の側につくべきかで揺れた。韓皇室を重んじる李容九にとって、悩ましい選択だった。そして貧困に苦しむ国民の擁護を選んだのである。その覚悟は、刎頸の盟約を結んだ宋秉畯も同じだった。あえて売国奴の汚名に耐え、五賊と罵られながらも韓国の自立をめざしたのである。

李容九の原点は、極貧の育ちにあった。祖父母と両親は、仕事を求めて雇い主の家を転々とした。野良仕事、家畜の世話、馬車引き、雑貨の行商と、口を糊《こ》する下働きのために流浪したのである。向学心に燃えていた彼は、最悪の環境にありながら十歳で漢学を学びはじめた。学問こそが、貧困から救い出してくれる。そのために家族は、爪に火をともす思いで容九に期待をかけたが、十二歳のときに祖父母と父が相次いで他界。残された母子ふたりに、未来はなかった。容九は学問を放擲《ほうてき》して商いに専念、妻を迎えて母を安心させたのが十八歳のときである。母と妻、三人が力を合わせてやっと生活が安定したのが、二十歳。それから三年後、彼は東学に出会った。

その教えは、『人すなわち天、天すなわち人』である。王も農民もみな平等。救いは、己自身の心のありようにある。国民上下が自らを律すれば、必ず道は開ける、と説いて人口に膾炙《かいしゃ》していた。

なぜか。

一八六〇年、宗主国清朝の首都北京を攻略した英仏連合軍は、天主教《カトリック》の宣教師を派遣してソウルにおよんだ。西欧の武力に恐れをなした李氏朝鮮では、王家から両班、儒家、家臣に至るまでが、こぞって天主教に転向、帰依した。これら高貴な身分のものは、西洋の神に救いを求めると称し、自らの保身に走ったのである。国民の半数以上を占める両班は、働かずして何かと収益を農工商の民から絞り取っていた。西欧勢力に追従してその権益を守るのが彼らの魂胆であった。階級制度が徹底した朝鮮に、庶民の救いはなかった。これに危機感をもったのが、没落両班出身の崔済愚《さいさいぐ》である。

両班は、何を考えているのか。その日暮らしの庶民は、塗炭の苦しみを舐めているではないか。善政を敷いてこれらを救うのが、彼らではないか。

崔済愚は、「斥洋《せきよう》」（注・西洋を排斥）を訴え、儒教の再興と疲弊した国民の再生を鼓舞した。西洋の教えを西学と呼んだのに対して、朝鮮本来の美徳を東学とし、その一派を東学党と呼んだ。この教えが、李容九の心の琴線に触れたのである。

国内は、両班による甲申の変（注・明治十七年、日本党による宮廷クーデター）が失敗に終わり、日本への反感と清国、ロシアへの傾斜に加速がついた。

李容九が二代教祖崔時亨《さいじりょう》に弟子入りしたのは、前述のように二十三歳のとき（注・明治二十二年）である。ときあたかも日本は、朝鮮半島を国家の生命線とし、ロシアはシベリア鉄道を開設して東洋への触手を伸ばそうとしていた。ここに「斥倭洋」、すなわち西洋の排斥と同時に、日本をも排斥の対象に加えたのである。

李容九は、布教に専念した。直後、初代教祖崔済愚の刑死三十周年にあたり、名誉回復運動が起きた。そして二代目教祖崔時亨が逮捕された。これを契機に起きたのが東学党の乱（注・甲午農民戦争）である。

一八九四年（明治二十七年）四月、東学農民軍は、またたく間に政府軍を破って全羅道を中心に全国を制覇。高宗と閔氏政権は、六月、清国に鎮圧を要請。同時に日本は、日本人居留民保護を名目に軍艦を仁川に派遣し、一部兵力を漢城（注・のちの京城）に入れた。ついに七月、日清は、干戈《かんか》を交える。日清戦争である。東学党は、さらに十月に決起した。二度にわたる決起の敗北によって、東学党の殲滅作戦が展開される。

李容九は、老母と妻子を連れて逃亡したが、二年後に妻子が他界。自らも捕らわれの身となった。師崔時亨の刑死、李容九自身の釈放、兄弟弟子孫秉熙《そんへいひ》の三代教祖就任。そして一九〇〇年（明治三十三年）、孫秉熙の日本亡命へと続く。そして孫秉熙が日本の政治家や軍の参謀本部とむすびついて、韓国内政の改革を提唱した。

東学に民会（注・政治団体）を設置し、その名称を『進歩会』と命名した。その統括を韓国内で託されたのが李容九であった。

翌一九〇一年（明治三十四年）、李容九は、孫秉熙に連れられて初めて日本を訪れた。そして帰韓後、全国から義援金を募って有能な青年四十名を留学させたのである。優れた文物を学ぶに、体面はいらない。良いものは、手本とすれば良いのである。

李容九は、親日に転向したのではなく、期するところはあくまでも国家・国民の再生であった。また、全国の教頭《きようとう》（注・指導者）を集めて改革し、教徒の組織化に力を注いで百万人を獲得した。

日本から孫秉熙の指令を受けて、来韓中の宋秉畯と会ったのは、一九〇四年（明治三十七年）八月である。宋は、四十七歳。日本名を野田平次郎といい、李容九よりも十歳年長であった。その年二月に日露戦争が始まり、日韓は議定書に調印。さらに第一次日韓協約が締結される時期であった。

　李容九は、すぐさま宋秉畯の一進会と進歩会を合体させ、新生『一進会』を旗揚げした。そのとき発表したのが、前述の発起宣言書である。

　新生一進会は、三千名の輸送隊と五十名の偵察員を提供して、ロシアと戦う日本軍に協力。宋もまた、通訳として日本の軍司令部で働いた。翌年、李容九は、農業会社を設立し、韓国実業の振興と、京城を中心に地方に学校を建設して開化事業を展開。その年十一月、第二次日韓協約、いわゆる日韓保護条約の締結にも一役買った。

　こうした政治的な活動に対して、東学三代教祖孫秉煕と齟齬をきたし、孫は天道教を、李容九は侍天教《じてんきょう》を創立して袂《たもと》を分かつようになった。そして宋秉畯との関係が密となり、親日による国家独立の運動は、ますます勢いを増したのだった。

　日本の禅僧武田範之《はんし》が侍天教の宗旨を整備して、儒教に仏教の思想が加わった。そして初代崔済愚の名誉回復がなり、京城に本教堂を建築するまでに至った。これには、日本に太い人脈をもつ宋秉畯の助力が大きかった。宋の縁から黒竜会の内田良平との関係が密になり、「日韓合邦工作」へと突き進んでいくのである。

　二年前、排日派による国債報償運動が起きたとき、「いま、なけなしの金を返すより、それを元手に立ち直れば立派に返せる。そのときこそが独立なのだ」と、李容九は全国を説いて回った。そしてハーグ密使事件で参政（注・総理）大臣朴斉純を辞職に追い込み、李太王を譲位させ、新帝のもとで前外部（注・外務）および学部（注・文部）大臣を務めた李完用を首班にして、現政権を誕生させる大きな原動力となった。

直後に断行された韓国軍隊の解散によって、京城に抗日暴動が発生した。それが全国に波及して、日本人や親日派韓人が襲撃される事態に陥った。

韓国統監府は、軍隊と警察を出動させて鎮圧に乗りだしたが、李容九もまた、一進会の幹部を地方へ派遣して情報を収集。そして統監府および李完用首相と諮《はか》って自衛団を組織し、自ら補助の先頭にたって地方へ飛んだ。李容九には、抗日暴動の正体はわかっていた。皇帝の側近が国民を煽り立て、騒擾を奇貨として復権しようというものだ。

だが、副統監曾禰荒助の変節によって撤退を余儀なくされた。李容九は、鎮圧半ばにして京城に戻った。あとできけば、「李容九は一進会の会員獲得に専念している」と噂がたという。その出所が首相の李完用だったのである。

なんたる曲解、なんたる嫉妬か。それを真に受けた曾禰も、なぜにわが国民の赤誠を信じないのか。煮え湯を呑まされる思いに、李容九は煩悶した。

あのとき一緒に闘った内田良平が、曾禰に激怒して直談判してくれなければ、あの胸を抉《えぐ》られる悔しさを癒すことができなかった。これも国民大事と思って耐えたのである。

考えてみるが良い。自ら唱える「合邦」とは、韓国が滅することなのだ。国民の誰が祖国の滅亡を喜ぶか。国が滅すれば、そこに立身出世などあろうはずがないではないか。だが、心から二千万同胞の福利を考え、将来の幸福を図るのであれば、わが身の勲功・栄達など、否、わが命とて鴻毛《こうもう》の軽きに等しいではないか。それがなぜ、わからないのか。

やはり李完用は、両班出身の、噂にいう変節漢であったか。同じ「五賊」とされながら、親米、親露、親日へと乗り換えた李完用は、自らの権力の保全に汲々としただけだったのか。その疑念は、ずっと李容九の胸奥にくすぶっていた。

一進会から推されて農工商大臣になった宋秉畯は、早々に内閣から抜けた。かつて親日派の金玉均の刺客として日本に送り込まれ、近代文化を見て親日派に変わった男である。その宋は、先帝の退位を新閣僚の面前でやってのけた。泣いて馬謖《ばしょく》を斬るというが、国民を思って血涙を流したのである。

これに警戒感をつのらせたのが、李完用首相であった。

そのころ李完用は、韓国を良くするどころか、国民に対して害悪をもたらしはじめた。自らの地位にこだわり、これを害する者は排斥する。従来の両班と、何ら変わりないやり方で権力をほしいままにした。かつて李内閣誕生に一役買った一進会は、ついに見切りをつけた。

だが、いまや合邦問題は、最優先の課題だった。

本年九月、李容九は、現政権にかわる野党連合を結成するために、仇敵『大韓協会』と『西北学会』を連合させようとした。もともと大韓協会と西北学会は、排日派の両巨頭だったが、合邦の機運が高まるにつれ、発言権を得るために大筋で一進会に妥協した。これを阻止するために李完用は、お互いが反目するよう画策に懸命だった。

九月十八日、東京から内田良平と宋秉畯が京城にやってきた。すでに内田と宋は、八月末に一進会の顧問に迎えた杉山茂丸を通じて、桂首相へのラインも強固にしていた。そうして合邦は、既成事実のように前進した。

そんな矢先の九月二十五日、李容九の老母がコレラに罹って他界。李は、すぐさま隔離されて活動を休止する。あとは内田と宋がやってくれた。

十月一日、やっと三派提携が正式に整った。合邦推進内閣をつくり、暫時、国内基盤と意識調整をはかることになった。そうしたときに、伊藤博文が暗殺された。

犯人は、かつて西北学会の会員だった安重根である。しかも、安が両班の出身で天主教の信者となれば、相容れる仲ではない。

伊藤の急死で、李容九はゆるやかな合邦を断念せざるをえなかった。

十一月四日、李容九は京城独立館において伊藤の追悼会を開催した。

『公のために哭《な》き、日本のために哭き、わが韓のために哭き、世界のために哭く』と、李容九は、弔辞をしめくくった。

宋と内田は、伊藤の葬儀に参列するために帰京。ふたりが京城に戻ったのは、十二月一日であった。

すぐさま李容九は、清華亭で彼らと会った。そして、合邦上奏文および請願書など、五通を見せられたのである。その内容には驚愕したが、反論すべき言辞を持たなかった。躊躇しているときではなかったからだ。李容九は容認した。

これらは、三派提携を前提に、杉山茂丸と小村壽太郎の間で交わされた密談から始まった。『李容九小伝』（西尾陽太郎著／葦書房刊）には、以下が記されている。

> 杉山は先ず小村外相に対して、政府に「日韓合邦」の意図があるかを問うた。政府としては前述の明治四十二年七月六日の閣議決定後であるにも拘らず、事は秘密に属するため、杉山にも洩らすべき事ではなく、この時も小村は、しらを切って、再び、国際関係上、日韓の保護条約による制約を男女関係にたとえ、「その場合其《その》女性が自発的に一個の男性に向かって、特に結婚を申込む外に……合邦は君等の望通りには出来ぬ」と答え、これに対して杉山の側から「然らば朝鮮より具体的に合邦なる結婚を申込み候はば、閣下は拒む能《あた》はずと被申候《まかりもうしそうろう》哉《や》」と問い、小村は「然り」と答えて、両人はその点の合意を握手によって、「誓約」したという。（中略）

「合邦請願書提出」について、桂ははじめこれを笑いとばしている。その言葉は、馬鹿を云ふな、台湾の生蕃《せいばん》（注・原住民）でさへ、自己の蕃社《ばんしゃ》（注・原住民の村）を失はざるため首を賭して常に抵抗するに非ずや。夫よりも智識程度の発達したる朝鮮人が、何で自己の国家を取って呉れよと申出る筈がない。杉山の希望はインポツシブル、不可能である。

実に、重大な桂・小村両首脳の発言である。

杉山は、この小村と桂の言葉に脈ありと見た。杉山の説得に、桂は最終的に黙認の形で諒解したというのである。

こうしてできあがった合邦の請願書に、李容九は一抹の不安があった。五百年続いた皇家の存続が確約されていないのに加え、韓国人と日本人とが、本当に「合資会社」のように、対等な形で合邦がなされる保証がなかったからである。

だが、事態は急を要していた。すぐさま文言の訂正作業に入った。

十二月三日午後七時、三派代表二十四名による『政見研究会』が開かれた。

李完用首相の切り崩しが功を奏したのか、大韓協会と西北学会は、合邦を七年、十年と、長時間をかけるべきと主張して一進会を攻撃した。李容九は、彼らの質問に何も応えなかった。伊藤の死によって、他との提携すら無意味になっていたからである。

そして三派提携を推進するための総会は、逆に提携破棄と独自の『上奏文』を採択する場に様変わりしたのである。

最初の『声明書』は――。

『嗟《ああ》、我が檀君《だんくん》四千年の神聖なる歴史を保有し、我が太祖五百年の創恢《そうかい》の洪基《こうき》に奠居《てんきょ》せる二千万国国民同胞よ。国家は独立し人民は自由にして競争の舞台に翱翔《こうしょう》（注・羽ばたくこと）せむとする祖国精神は、二千万の脳裡に充満しつゝあるは固《もと》より認むる所なり――。』

以下に続く文面を要約すれば――。

――われら韓国民は、すでに他国の支配を受け、死にたくとも死ねず、生きたくともその生を得られない奴隷となっている。いま深く過去をふりかえり、将来を考えるならば、前途は真っ暗である。これは天の采配ではなく、すべて韓人自らが選んだ道である。

甲午の年、日本は日清の戦役において巨億の戦費を使い、万余の兵士を失い、清国の羈《き》絆《はん》を脱してわが韓の独立を確保した。しかし、政治を濁乱《じょくらん》させ、好誼を排撃して将来の基礎をつくる努力を怠った。これはわが韓人が自ら選んだ道である。

ついにそれが日露戦争の原因となり、また日本は、日清戦役の十倍もの犠牲を払い、韓人がロシア人の虎口の肉となるのを免れさせ、東洋平和を維持しようとした。だが、善隣の友好に沿うどころか、従来の悪弊にこだわってついに外交権を他に譲り渡し、保護条約を成立させるに至った。これも、わが韓人が自ら招いた道である。

日韓の関係は、すでに密接になっているにもかかわらず、心を閉ざして経済や文化、技七芸の交流発展を怠って、かえって信用をなくすハーグ事件を起こし、一大政変を招き、七条約を継続成立させたのも、わが韓人が自ら招いた道である。

三年を経たいま、国内では殖産せず、教育を怠り、ひたすら権力を争い、また国外においては暴力匪賊がはびこって、人民の日々の生活を顧みない。

また、伊藤太師（注・皇太子の輔育官）は、人民を懐深く抱き、わが官吏を輔導し、わが韓のために多大の心血を注いだ忘れ難いものがある。にもかかわらず意外にも、哈爾賓の変怪を起こしたために、日本の輿論が沸騰して、対韓政策を根本的に考え直さなければならないと主張させるに至ったのも、またわが韓人が自ら選んだ道である。

もともとわが韓は、専制政治であった。人民の権利が束縛され、あえて自由が与えられなかった民族である。過去を顧みて将来を考えるとき、今日の危機存亡の責任が、韓人にないと言えるだろうか。

いま、わが国に財政はあるのか。軍機（注・軍事上の秘密）はあるのか。通信はあるのか。法律はあるのか。この現実を知れば、わが二千万国民は、祖国を愛する心を大声をあげて呼び醒ます一方、日本の与論に胸襟を開いて、わが韓皇帝陛下と大日本皇帝陛下に誠をもって訴え、わが皇室の永き尊崇の基礎を固め、わが人民に福利を享受させ、政府と社会を、ますます発展させることを主唱する、一大政治機関を成立させなければならないのである——。

そして一通は、『上奏文』である。

『一進会長　臣李容九ら一百万の会員、二千万の臣民を代表し、誠《せい》恐《きょう》誠《せい》惶《こう》（注・誠に恐れ多い）。頓首々々。慎みて百拝して大皇帝陛下に言上したてまつる』で始まる書面は、声明書よりも長大である。

韓皇帝に対して謂わんとするところは――。

――大皇帝陛下は、二千万の同胞の父母であり、三千里の国土の天と仰ぎ、ご命令の届かないところはございませんが、どうかわたしたち不忠の言葉をお聞き届けください。わが大韓国を病人にたとえますならば、すでに命脈尽きて長時間が経っている状態であります。いたずらに死体を抱いて慟哭し、これを死んでいないというのは、あたかも死体が生きているかに見えるからでございます。

外交の主権はどこでしょうか。陛下の意を隣国に相談することになっております。財政の主体はどこでしょうか。陛下の志《し》を家臣に相談することになっております。軍機の執権はどこでしょうか。陛下の威《い》を寇盗《こうとう》（注・侵略者）に加えるだけでございます。

法権はどこにありましょうか。陛下の仁《じん》を匹夫《ひっぷ》に加えるだけでございます。

このような危機存亡のときにあっても、いまだかつて陛下が、的確に国民に向かって事実をお述べになられたお言葉を拝聴したことがございません。陛下が国民の死をお認めになりたくないお気持ちもまた、仁から出たものと拝察いたしますが、朝に鼻を削られ、夕《ゆうべ》に耳を削がれても、なお五刑（注・手足の切断）を終えなければ、死をお赦しにならないに等しいのです。たとえば蛆虫が湧いて困ったとき、熱砂に転がして殺すようなものです。ひと思いに踏みつけてくだされば、それこそ西国浄土《さいごく》へ赴き自由になれるのであります。因って日本皇室と存亡を倶《とも》にされますならば、五百年絶えることのなかった韓皇帝は、万世にわたり日本と伴に永遠に続くことになりましょう。

わたしたちが念願する合邦を結成する理由は、高祖四千年の歴史と、国家安泰を図るためであり、その協約を破ることは決していたしません。どうか陛下におかれましても、二千万国民の命のために大事のご決意を賜りますよう、謹んで、死を甘んじて受ける覚悟でお願いするところでございます——。

さらに統監府と曾禰、李完用首相へ宛てた文書が添えられていた。

それらが今、別室で印刷されている。これが公表されたならば、どのような結果を招くか火を見るより明らかだった。李完用は、必ずこれを潰しにかかる。また、全国に反対運動が起きれば、曾禰統監だとて合邦を強行できなくなる。

だが——。

韓人の反応は、三割が親日派といえた。七割が排日派かといえば、そうではない。それは、日露戦争の後方支援を自主的に行ったときの、一進会の働きでもわかる。韓人は、あの後に韓国の独立があると信じて奉仕した。また、日本が電信線を引く工事のときも、三千名の工事人を提供したが、給金を支払うという日本の官吏に、わが国民が文明の恩恵に浴するためだと、敢然と「要らない」と拒絶した。貧しても鈍せず。韓人には、その気概がまだある。まして伊藤暗殺で揺れる国内を思うとき、必ず正しい判断をくだしてくれるだろう、と李容九は願うのであった。

午前四時、全文が刷りあがった。

これを明朝、政府と皇帝に手交すると同時に、『声明文』を京城市内から全国に配付するのである。

李容九は、上奏文などを手に清華亭へ向かった。宋秉畯と内田良平、武田範之らが寝ずに待っているはずである。

雪が舞っていた。雪道に足跡はなかった。黙ってついてくる四人の護衛は、上奏文の内容を知っているだけに言葉を発せないでいる。

屹立する統監府の建物が黒々と浮かびあがった。部屋の窓から、明かりが三つ四つ漏れている。残業する日本人に引き換え、韓帝に深夜まで働く忠臣がいるのだろうか。

南山の中腹、松が生い茂ったあたりに、運命の清華亭があった。

この李容九の赤誠が誰かに利用されていたとしたら、どうであろうか。

第十二章

秘密の授産金

明治四十二年十二月六日午後三時ごろ。旅順高等法院。

高等法院長室は、一枚の書類を囲んで打ち沈んでいた。平石ほか白仁、佐藤、真鍋が神妙に坐っているところへ、倉知鉄吉は駆けつけた。この様子は、倉知が小村外相に宛てた電報に詳しく描かれているが、読みやすく物語風にする。

困った問題は、外国人弁護士の処遇であった。

「本日午後一時過ぎ、ミハイロフがダグラス弁護士を伴ってわが法院を訪れ、安に面会を求めました。高等法院長がお許しになって、多羅尾《たらお》首席判官、溝淵検察官、栗原典獄立ち会いのもとに面談いたしました」

真鍋が経緯を説明した。

ミハイロフらは、面会を終えて戻りしな、真鍋にダグラス弁護士名で弁護届を提出して去ったのである。テーブルの書類がそれである。安重根の署名があり、書式は整っている。

「おそらく、ハルバートの入れ知恵だろうが……。アメリカでは、アメリカに国籍のある弁護士を立てれば、たとえ外国人でも弁護ができる」と、平石が言った。

「どうして……」と、白仁が言う。二度までも、と言いたげである。

この日の午前九時、帰国を二日後に控えた倉知は、白仁武に統括を頼んだあと、高等法院を訪ねた。裁判資料の持ち出しの許可状と、二、三の打ち合わせのためだ。

このとき平石は、早急に予審を開くといった。小村外相の介入を拒絶する意地もあっただろうが、平石の既定方針でもあった。

事務所に戻った倉知は、平石の要望を『裁判の停止の余り長からざるを』という表現で電文に認《したた》め、小村宛の秘匿電にして打った。早ければ今夜、遅くとも明日までに返事があれば、予審の日程を決めて帰京できる。そんな腹積もりでいた矢先に、白仁から呼び出された。急いで駆けつけたところが、この厄介な問題が待ち構えていたのだった。

ダグラスは、住所を大連ヤマトホテルに移していた。彼らの狙いは明白だった。これを断れば、世界の世論が許さない。あわよくば韓国の実情を訴えようという魂胆である。

「開廷日が未定ですから慌てる必要もないでしょうが、早急に大臣と連絡をとります」

倉知は、これで開廷も遠のくだろうと思う。

「こっちもひとまず、罪の軽そうな連中を釈放したらどうですか。全員を裁判にかけておったんでは、それこそ弁護士不足を理由にされかねない」

佐藤が言った。

すでに金沢信と洪時濬のふたりを十一月十日に釈放していた。

「検討はしておるんだが、まだ、境が取調べとる」

平石が言った。明石元二郎は、まだまだ情報収集を続けるつもりでいる。一昨日、倉知はその明石と、哈爾賓総領事館の密偵費用の分担について話し合ったところだ。

「ここは、倉知君が言うように開廷日未定を理由に、相手の出方を見るほうがいい」

白仁が言って、何となく散会になった。

一難去って、また一難。倉知は、そんな気分だった。

十二月九日の朝、倉知は、佐分利貞男に長春と奉天の視察を命じ、新国《にいくに》とともに帰国の途に就いた。


閑話休題。事件を別の視点から整理してみる。

そもそも韓国の処置をめぐって、伊藤博文と山県有朋の両元勲は、真っ向から対立していた。山県は、伊藤が統監をしている限り、韓国に関して一切、口を差し挟まないと漏らしていた。それを知った伊藤は、たまたま山県が大磯の滄浪閣《そうろうかく》にやってきた機会をとらえて問い糺した。『日韓合邦秘史』（黒竜会編／原書房刊）は、こう伝える。

一日山県公大磯に伊藤公を訪問せるに、伊藤公は其言を以て山県公に質し『果して此事あるか』と問ひしを以て山県公は、『然り』と答へしに、藤公色を作《な》して曰く、
韓国問題は国家の公事なり。一伊藤の私事に非ず。卿《きょう》若し意見あらば、之れを告げて何んぞ僕の蒙《もう》を啓《ひら》かざるや。
山県公曰く、
然らば之を告げん。最早日本　天皇兼韓国皇帝陛下となし奉りては如何《いかん》。

伊藤公日く、

そは時機未《いま》だし。

と、滔々列国の関係等、得意の問題を陳述して山県公を説破せんと試みたるが、山県公は、

君の所執《とれるところ》斯《か》くの如し。是れ余の意見を述べずと称せし所以《ゆえん》なり。両者の所見既に異れり。卿は唯だ卿の信ずる所を自から施して可なり。

韓国問題について、「異論があるならば、なぜ直截に教えてくれないのか」と言う伊藤に対して、「ならば、日本の天皇に韓国皇帝を兼ねさせてはどうか」と、山県が応える。「それは、時期尚早だ」と伊藤。「このように意見が食い違っているのだから、君は、君の信ずるやり方でやれば良いではないか」と、山県が応えたのである。

この対話は、伊藤が韓国皇帝と韓国内巡幸を終えて帰国した、明治四十二年二月十八、九日のものである。韓国統治に関して、倉知政務局長がわが国の方針をまとめるように小村外相から命じられた時期であり、また李容九が東京へ来て、宋秉畯や黒竜会の内田良平と協議していたころでもある。

当時、両国の合併には、諸説が入り乱れていた。対等な関係で「合併」する案。オーストリー・ハンガリー帝国のように性質の異なった国同士の「合邦」。また「併呑」とか、

主体不明の「融和」などの考え方もあったが、最初のふたつが主流であった。

倉知は、「合併・合邦」の表現が過激なため、「併合」の文言を創案。『適当の時期に於いて韓国の併合を断行する事』とし、『韓国を併合し之を帝国版図《はんと》の一部となす』と明記した試案を作成。以後、公文書では「併合」が使われるようになった。

併合後は、韓国皇帝を王として「大公殿下」の尊称で呼び、王族、公族、その重臣を貴族として身分制度を残存させる。そして外交、内政、軍事、治安など国家の主要機関のすべてを天皇が統治し、親任された「総督」が代理職掌する。

倉知が作成した試案を小村が訂正を加えて完成したのが、同年三月三十日である。

小村と桂首相は、これをよしとして伊藤を説得する手筈を調え、さらに倉知が問答集を作成して、伊藤の質問に備えた。反対は必至、と覚悟したのだ。

伊藤は、同年三月十一日に大磯を出発し、松山の道後温泉で休養をとった後、三月三十一日に東京に戻った。そして四月十日、桂と小村は、霊南坂の官邸に伊藤を訪ね、ここに三巨頭が会談した。

このとき伊藤は、『これがために重大な外交問題が起きないよう、あらかじめ手配しておく必要があろう』とだけいって、あっさりと「併合」に合意した。

また、李容九が伊藤から活動資金を得たのもこのときであった。総額六十万円。これを日韓合邦の出産に備える「授産金」と呼んでいた。

二千円もあれば豪邸が建つ時代である。六十万円といえば、半端な金ではない。全額を即金にしたかどうかはわからないが、とにかく桂首相も認めた金である。

伊藤の肚が奈辺《なへん》にあったか。同年四月二十四日、桂首相主催の韓国人観光団二百六十名の歓迎会が、上野精養軒で開かれた。席上、伊藤は次のように挨拶をしている。

これを伝える『伊藤博文伝』を現代文に書き改めると――。

日韓両国の関係は、一般的に言う経済、貿易、あるいは産業などの関係だけではない。政治上の関係があるからである。（中略）ひと言にしてこれを述べれば、欧州列強は、東洋の問題について門戸を解放して機会均等を言うが、いまや日韓の関係はこれとは異なり、両国間に門戸なし。よって機会均等を論じる必要もない。従来、両国はお互いが国として存立し、ともに並んで立っていたが、いまやまさに協同して進もうとする状況となり、進んで一家となろうとしている。これを理解せず、ときに紛争を起こそうとするのは、わたしの意とするところではない。（中略）東洋が滅んで韓国の独立があろうか。力を合わせるものは強く、離れれば弱い。見るが良い。欧米列強が強大な軍事力を持ちながら、なぜ、なおも他国に同盟を求めるのか。それを考えるべきである。（以下略）

これは、安重根が後に語る「東洋平和論」と、まったく同じ内容なのに驚く。伊藤の意中に、なおも両国の「融和」の基本理念が窺える。これが極めて少数、伊藤だけの意見だとは、前述した通りである。

同年六月十四日、伊藤は統監を辞し、枢密院議長の職に返り咲いた。併合の法案は、同年七月六日に議会で可決され、大臣の署名をもって成立。同日、天皇の裁可を戴いて日本の大方針となった。

このとき伊藤は、京城にあって辞任の挨拶をしている。そのあと韓国皇太子を伴い、自ら臣下の礼をとって日本の東北・北海道を巡遊した。ここでも伊藤は、皇室同士が固く絆をむすび、あくまでも両国を融和させようと腐心していたのがわかる。

一進会が三派提携を訴えて息を吹き返すのは、同年九月である。

韓国内にある主要な排日派の政治団体は、『西北学会』と『韓国基督教青年会』、『大韓協会』の三つがあった。そのうち大韓協会と西北学会が不倶戴天《ふぐたいてん》の敵一進会と提携する。その情報は、内外の排日派に危機感を与えたはずである。

そこに安重根による事件が発生した。

当初、安による単独説であった。ところが同日、蔡家溝駅で禹徳淳と曺道先が逮捕されて複数説に変わった。だが、それだけではない。日韓合邦を推進する関係者は、敵対する反対派を知らないはずがなかった。彼らは、どのような真犯人を想定したか。

事件直後の『東京朝日新聞』や『大阪日日新聞』の報道を見ると――。

宋秉畯は、早々と在外韓人の指導者「崔才亨」と、かつて北間島の郡主だった「洪範図」の名を出した。

宋秉畯は、清廉潔白な一進会の重鎮である。李完用が組閣して農商工大臣に就任。やがて内部（注・内務）大臣となったが、急進的な合邦を建議して伊藤統監に容れられず、辞任。東京にあって合邦運動を展開していた。

内田良平は、まず西北学会の領袖「李甲《りこう》」と基督教青年会の領袖「安昌浩」の名を挙げている。内田は、日本の成城学校に留学し、士官学校を卒業した李甲に対しては「本命ではなかろう」と注釈を加えながら、三派連合の懇親会に欠席したから「怪しい」と。そうして「李範晋」と「李範允」の兄弟の名前を挙げた。

内田は、合邦の裏工作に暗躍する壮士。当時、まだ三十五歳と若い。八年ほどまえに国粋団体黒竜会を設立したが、もとは内田の叔父平岡浩太郎が社長だった玄洋社から発している。福岡に本社を置き、大アジア主義を唱える巨人頭山満《とうやまみつる》を指導者と仰ぐこの玄洋社は、日清、日露の両戦役で活躍した国家主義者の団体である。平岡は三年前に他界したが、玄洋社と黒竜会は親子同然だった。

内田の兄貴分ともいうべき人物が杉山茂丸。内田より十歳ほど年長だが、軍と政界、財界にも人脈を持つ黒幕。もちろん、伊藤博文や山県有朋とはサシで話せる間柄だ。杉山が一進会会長李容九の個人的な顧問になったのは、事件発生の年の八月下旬だった。

次に、捜査から証言までを追ってみる。

憲兵隊長明石元二郎は、すぐさま朝鮮語の通訳と司令部参謀の晴気少佐を連れてハルビンへ急行した。同行した通訳官鳥居忠恕は、同地駐屯の憲兵隊で下調べのために、すぐには哈爾賓総領事館に入らなかった。晴気は、北間島に潜入。そして明石は、鳥居と晴気を残して旅順に立ち寄り、京城に帰って次なる村井らを派遣した。

関東都督府は、長春駐屯の陸軍歩兵少佐上原平太郎に、山村長治こと崔尚雲正尉と山本龍一こと朴明龍正尉をつけて派遣。彼らは、北間島からハルビン周辺を探索していた。

他方、佐藤友熊は、平石高等法院長、旅順衛戍《えいじゅ》病院長谷軍治郎軍医正らとともに伊藤の遺体を長春で迎え、長春ヤマトホテルで納棺した。そして軍艦秋津洲に乗せるために一行は、大連へ向った。その道中、室田がしきりにフランスの騎兵銃だとか、駅の二階の食堂から撃ったに違いないとか言い出した。これは、田村検事がとった室田の陳述書には出てこない。後年、『室田義文翁譚』に詳しく記したことからすると、早い時期に室田は内外で公言していた、と考えられる。

室田の主張に疑問がないではない。彼は、ホームに降りて式典に加わっていた。あとはほとんどが特別列車内である。駅舎の外観はともかく、内部の構造までは見ていない。

その疑問に応えてくれるのが、遺体を運ぶためのハルビンから寛城子までのおよそ六時間だ。全員が黙っていたとは、考えられない。随行には、満鉄の社員が五、六人とロシア人将校の警護も乗っていた。彼らは駅の構造も知っており、いろいろな可能性を語り合ったに違いない。長春では、遺体を裸にして防腐処理も施している。それを見た室田の『証言』だとすれば、あながち憶測で済ますわけにはいかないのである。

そこに登場するのが、崔鳳俊と金秉学である。穏健派を装ってはいるが、浦潮斯徳総領事大鳥富士太郎は、必ずしもふたりの関与を否定していないのである。

確かに事件発生後、数日してふたりは、弔意を伝えに総領事館へ来た。

崔鳳俊は、年齢五十二、三歳。八年前、単身ウラジオストックの韓人街に入り、住み着いた。これが今では、三十万ルーブルの大金持ちになっている。日本金にして二十万円だ。高級官僚の佐藤や倉知の年俸は三千円だが、約七十年間、彼らが呑まず食わずで貯金してやっと手が届く金額を、わずか八年間で稼いだことになる。新聞を発行し、韓民会の会館や学校を寄付しても、なおそれだけの金を貯めた。これは、明治四十一年七月、義兵の資金源をさぐるために韓国統監府が調査した資料に基づくものだ。

その蓄財の秘密はこうだ。

朝鮮の元山に吉田某（注・福岡の吉田磯吉か）なる日本人がいた。伏見丸という八百トンの船を持つ吉田某は、ロシアを相手に商売をしようと試みたが食い込めなかった。そこでロシア国籍のある崔鳳俊に目をつけ、共同経営を持ちかけた。船名を俊昌号と改めて、元山、城津、浦潮の定期航路の権利をとらせた。出資金は、吉田が出したと考えられる。日露戦争の前である。ロシアも大歓迎だったはずだ。そして崔鳳俊は、ロシア陸軍の糧秣《りょうまつ》や生牛肉の輸入が大当たりして、巨万の富を築いたのである。

倉知は、平石氏人から「長崎の関連もあって」と、突然に聞かされた。何を証拠にと思ったが、後日、上原少佐ら密偵は、崔鳳俊が事件発生の少し前に長崎へ出張していた事実を掴んだとわかった。いったん、長崎からウラジオストックに戻り、また城津へ行っている間に事件が起きたのだ。城津から帰ったその足で日本総領事館へお悔やみに行ったと考えれば、その数日遅れた弔問が偶然とは決め難いものがある。

次に金秉学だ。四十五歳。これも以前は、韓国の貿易事務官をしていたが、ロシア陸軍の御用商人もやっていた。そのうちに建築や道路工事の請負をはじめた。朝鮮時代に政治家だったとの噂もあるが、正規の教育を受けた彼は、崔鳳俊から韓民会副会長として重用された。同胞が銃や阿片を密売に来ても決して手を出さず、適当な購入者を紹介するに止めている。おかげでビルを持ち、日本の銀行や船舶会社に貸すほどの財力となった。

安は、金秉学と「二、三度会っただけで、よく知らない」と供述しているが、密偵の調べで頻繁な出入りの事実が判明した。また前述したように、曺道先が「手紙の宛先に」していたのが金秉学宅である。イルクーツクといえば、シベリアのど真ん中、バイカル湖のあたりだ。そんな片田舎の洗濯屋が、なぜウラジオストックで手紙を受けとる必要があったのか。

　後に哈爾賓総領事館が韓民会員某の情報として、「十年前、曺はハルビンに住んでおり、仲間と喧嘩して姿を消した。二、三年前、ひょっこり舞い戻ってきて、李範晋の代理人を名乗りだした」とある。単なる洗濯屋ではないことがわかる。

　李範晋は、元韓国駐露公使。ハーグ密使事件の張本人だ。曺道先は、ペテルブルグで同人と会って代理人になったとハルビンで吹聴した。あまり威張りちらして暴力事件まで引き起こしたことから爪弾きにされ、ウラジオストック方面へ姿をくらました。それが、ハルビンへ舞い戻ってきたのである。事件の一ト月ぐらい前とか、十月十六日とか日付にばらつきはあるが、とにかく戻った。この時期、「ハルビンへは、仕事を探しにきた」という曺自身の供述にも符合するが、暗殺のためか否かは判然としない。

　考えてみると、安昌浩がアメリカから京城に戻り、排日運動をはじめたのが事件発生の二年前だ。ハワイとウラジオストックに韓民会が結成されるのも同時期。義兵が盛んだった二年前は、海外同胞の間でも重要な年であり、また、一進会が義兵の討伐で勢力を拡大したのも、それ以降である。

　ハルビン駅頭で逮捕された安重根が旅順に護送され、十五項目の伊藤博文の罪状を列記した『陳述書』を提出したのは、明治四十二年十一月六日であった。

韓国統監府警務局長兼韓国政府参与松井茂が、予想される連累と、「複数犯」説を桂首相に連絡したのは、そうした騒動の最中だった十一月七日のことである。

松井から曾禰、そして桂首相へと知らされた『真の兇行担任者は、安重根の成功と共に逃亡したるものならんか』との情報は、かなり複雑な計画のもとに伊藤を確実に射止め、絶対に成功させるよう仕組んだもの、と考えなければならない。

そこで安が提出した『陳述書』が問題となる。

『罪状十五項目』のうち、とりわけ、第一に挙げた『一八六七年、大日本明治天皇陛下父親太皇陛下弑殺の大逆不道の事』は、倉知が散々添え書きに悩み、書き直したものだ。度重なる原稿の訂正によって、文脈さえ捉えられなくなるほどであった。最後は、「御参考まで」としなければ、書きようがなかったという代物《しろもの》である。

『父親太皇陛下』と言えば、孝明天皇だ。溝淵検察官の訊問調書には『現日本皇帝の御父君』とある。天皇を『皇帝』と呼ぶのは、安の認識度が窺い知れる。だが、仮に噂された「毒殺」が事実であったとしても、どうして伊藤の名が挙がり、それを安重根が知りえたか。そして、なぜ韓国の施政に無関係なこの条項を加えたかである。

また仮にだが、この秘密を知りえる立場の者を挙げると、生存者では山県有朋と井上馨、陸軍大臣寺内正毅、そして首相桂太郎と、長州出身のごく少数に限られる。

彼らは、この秘密を公言したりするだろうか。否である。だが、政財界に人脈を張りめぐらした玄洋社ならびに黒竜会ならば、可能性を否定できない。

では、この『明治天皇陛下父親太皇陛下弑殺の大逆不道』を罪状に加える効果は、どこにあるのか。まず、これを目にした者は、どこから聞いたのかと驚き、疑うだろう。そして、これを薄々知る者は、背後に隠された不気味な圧力を感じ取るに違いない。こと天皇に触れる内容だけに、単なる噂程度の秘密に止まる性格のものではないからだ。これを知る者だけが恐れ、戦《おのの》くのである。

もちろん、今回の事件の背後に内田や杉山が関わった証拠はない。だが、安重根が挙げた不可解なこの一項目は、世界中の目がこの事件に注がれていることを視野に入れるならば、よく知らない者でさえ不用意に触れられないと直感するはずである。そこらあたりから推測すれば、激情に駆られて犯行に及ぶ性質のものではなく、伊藤訪満をいち早く知り得、綿密な計算のもとに事後も考慮に入れた「黒幕」がいなければならないのである。

では、誰か。さあ、誰か。意外な結末が待っている、とだけ予告しておこう。

そこで、本筋に戻る。


十二月十六日、京城、清華亭。

伊藤博文の死は、日韓「合邦」派にとって、余りにも好都合であった。しかも、この事件の重要な伏流水として見逃せないのは、韓国内の動きであった。

黒竜会の内田良平は、朝から明石元二郎に連絡を取りつづけた。

一進会会長李容九が「合邦」のサイを投げて、十二日目である。安重根は、目的を達して次の段階に移行したが、合邦派の李容九と内田良平は、剣が峰に立たされていた。伊藤という障害が取り除かれたが、事態に進展が見られなかったからだ。脇道に逸れるようだが、事件と表裏一体となる合邦運動こそ本命なのかもしれないのである。

昨日、李容九は、三回目の『上奏文』と『建議書』を李完用首相宛に郵送した。それが本日午後一時、大臣会議で諮られる予定であった。今度こそ採択され、合邦に一歩踏み出さなければ好機を逸することになる。その根回しのために内田は、ぜがひでも明石少将に会わねばならなかった。その明石がなかなかつかまらないのである。

明石が京城に戻ったのは、十二月十日だった。それから一週間、内田は竜山の軍司令部に幾度か訪ねたが、埒が明かなかった。今度こそはという思いが内田にはあった。

李容九が最初に『陳情書』を持って統監府を訪れたのは、十二月四日午前九時だった。日韓合邦にとって記念すべき日であり、身を焦がす苦難のはじまりでもあった。

秘書官を通じて陳情書を提出したところ、同秘書官は曾禰荒助の返事として、『極めて重大なり。つぶさに訳者を待って細訳すべし。宜しく自ら慎重なるべし。軽動あることなかれ』と伝え、「明日来るように」といった。

翌五日、再び李容九が訪れると、曾禰は総務長官石塚英蔵と一緒に統監室にいた。

李容九は、「合邦の議は、この機を逃してはなりません」と訴えたが、曾禰は、「いま、詳しく翻訳させておるところだ。諸君の意は、充分に政府にも伝えておく。だが、軽挙妄動は慎まねばならん」と応え、早々に面談を打ち切った。

李容九の報告を聞いた内田良平は、「軽挙とは何事か」と統監室に怒鳴り込んだ。内田には、李容九の屈辱が痛いほどわかった。韓皇室の存続、対等の合邦、これらが陳情書に盛り込まれていなかった。李容九が不満なのは充分にわかっていた。だが、このままでは韓国の再起もない、ここは辛抱だと、李容九は耐えたに違いないのだ。

これとは逆に首相李完用は、殖産を名目に自らの義兵を養い、権力をほしいままにしている。そうして育てた義兵は、盗賊と化して庶民から財産を奪い、庶民は飢えから逃れるために義兵となる。その義兵が、また略奪をする。この悪循環をどこかで断ち切らなければ、韓人は永久にお互いを食い合う羽目になる。そのために李容九は、またも売国奴の汚名を覚悟で、全国十三道の一進会幹部を納得させたのである。

そもそも曾禰は、一進会の真意を知らなさすぎた。

今年三月末、李容九が伊藤からもらった授産金の六十万円は、韓国側から「合邦」を申し込むための費用であった。李容九は、ほぼ半金の二十六万円を日本で受けとった。内田も五千円をもらったが、李は伊藤とともに韓国へ赴き、曾禰新統監に面会して残金を受けとろうとした。すると曾禰は、「統監府で管理する」と言い出した。「それでは筋が違う」

と、内田が強引に主張して李容九に支払うようにさせた。

韓国の側から申し込んで「合邦」の結婚が成立する。これには桂も不承不承に頷いたが、その運動資金を統監府が管理して、どうして韓国側からの申し込みになるのか。

義兵と称する暴徒が韓国各地で蜂起したときも、そうだった。

両班と元軍人、元警察官、そして彼らの雇用人たちで編成された義兵は、殺戮と強奪をほしいままにした。彼らは、単なる暴徒と化していたのである。

これに対抗して一進会は、農・工・商人からなる鎮圧の自衛団を組織した。めざす「合邦・独立」を旗印に、勇猛果敢に戦った。あと一歩で殲滅できそうになったとき、曾禰は何を血迷ったか、戦闘の「停止・撤退」を命じたのである。あのときの曾禰の処理の仕方は、蒙昧《もうまい》の一語につきる。なんたる愚挙か。

そのために武器を持った残党が農家を襲う。これを好機として義兵を自己の勢力下に組み入れ、政権の保持を企む李完用を、曾禰は後生大事に守っているのである。

この悪循環を理解できるのは、明石元二郎しかいなかった。

大臣会議が始まる時間が刻一刻と迫っていた。

やっと明石と連絡がつき、約束が取れた。

午後一時、ドイツ人が経営するソンタクホテルにて。大臣会議と同じ時刻である。

刻限がきて、内田は人力車を走らせた。

内田に外出禁止令が出されて三日目。彼は、逮捕を恐れてはいられなかった。

思えば伊藤は、最初の段階で誤りを犯した。

例を挙げれば、徴税の改悪である。

従来、韓国における納税は、金納と物納の両方を採用していた。郡守のもとに納付された穀類や布などの物資は、日韓の仲買商が無料で開港場所まで運搬して現金化、三カ月後に納金する制度をとった。仲買商は、三カ月間、無利子の資金を活用できることから競って物資を運びだす。その仕組みが定着していたのである。

それを伊藤は、明治二十九年に金納に統一した。物流は停止し、滞納者が続出した。これを強制的に徴収すれば、農民は長年住み慣れた村を捨てざるをえない。それがまた、義兵という名の暴徒に変身して、農民から強奪するのである。

さらに重大な間違いが三つあった。

伊藤が、韓皇帝を国民の求心力にしようとしたことがひとつだ。

元来、李氏朝鮮は、両班による族長政治を行ってきた。司法と行政は、両班たる族長が一手に握り、裁判もすれば、税も徴収する。不都合があれば勝手に処分して反対者を取り締まった。その絶大な権力を手にした族長同士が勢力争いをするために、国王の威光が初めて「誰が側近かを示す」ことで機能し、国民からまったく遊離した政治が行われてきた。

李王朝誕生以来五百年のあいだ、国王が国内を行幸し、国民の前に立つことは、一度としてなかったのである。それは日本の天皇とて同じことだが、維新が成って後、すぐさま新政府は、数次にわたって行幸を実施、全国統一の礎《いしずえ》としたのであった。

それを知る伊藤は、忠君愛国の精神を植えつけるために、皇帝と国民を直結させた。そこで権力を奪われ、賄賂などの役得を失った両班を中心に反日感情を醸成させたのである。韓国を無条件で独立させるのであれば良い。だがそうすれば、海外に逃亡中の両班が戻ってきて、またも国民を食い物にする。だから無条件の独立は現実的ではないが、皇帝をことさらに尊崇の中心におくべきではなかったのである。

次に、日本居留民団制度の設置である。

従来、在韓日本人は、韓人に溶け込んで政府の援助もなく商売を営んできた。だが、統監府が居留民団設置を法律で定め、日韓人が別々の法のもとに置かれ、居住地区や教育までも区分けした。これでは融和どころか、互いに離反するのは目に見えていた。それが今日の混乱の原因になってしまったのである。

また、土地所有権を外国人に許した制度は、さらに最悪であった。

明治三十九年、土地家屋証明規則が発布され、日本人および外国人の不法な不動産取得が横行するようになった。かつて韓国には、税金逃れのために所有の土地や家屋を宮内府や外国人の名義にする習慣があった。ところがこの法律の施行で、名義人が土地、家屋を奪う形になった。無償で奪われた本来の持ち主は、訴える先もなかった。

慌てた統監府は、東洋拓殖会社を設立して防ごうとしたが、逆に外国人は、一大シンジケートを興して農地の買収にかかった。この規則は、諸外国の干渉を恐れた統監府が「開かれた統治」を偽装する方便《ほうべん》にすぎなかったのである。

韓国の全農地は、現価で三億円という。もし、外国人がその気になれば、国土を丸ごと買い占めることもできる。それがまた、韓人を苦しめるのである。

だから内田は、一刻もはやく「合邦」しなければならないと焦るのであった。

俥《くるま》がソンタクホテルに着いた。内田は、鍵をもらって洋室に納まった。

約束の時間には、しばらくの間があった。


内田良平のもの思いが続く――。

合邦の『陳情書』を曾禰に提出したあの十二月四日、一進会の幹部は、機関紙『国民新聞』に合邦の『声明書』を付録につけて市内にばらまき、さらに十三道の代表がそれを手に全国各地に散った。また、京城に残った李容九、宋秉畯ら大幹部は、各界組織の代表と会い、共同戦線を張るよう訴えた。

組合員七十三万人を擁する大韓商務組合は、すぐさま賛成。漢城普信社二千二百四十名も名乗りをあげ、さらに儒生団体、基督教徒の一部も合邦に賛成の声明書を発表した。そしてついに、国民同志賛成会が組織され、首相李完用に声明書を突きつけたのだった。曰く、『即刻、合邦すべし』と。

李完用は、国民大演説会、ついで国是遊説団を結成して必死に反対運動を展開した。

そして、十二月七日午後一時、統監官邸で大臣会議が開かれた。

会議に先立って曾禰は、『先日、李総理よりご協議ありたる一進会の上書は、内閣にてご希望通りにご返却、然るべきと存ず』と挨拶し、李完用の望み通りに却下された。

翌十二月八日、李容九らがふたたび李完用に同書を提出するころには、地方から合邦賛成派が大挙上京。敵に取り締りの口実を与えないよう、本部に待機させた。

李完用派も、反対の印刷物を大量に準備し、大韓協会などへ働きかけて地方へ撒《ま》く手だてを講じようとした。

この事態を陸軍大臣寺内正毅から知らされた明石は、急遽、旅順から集会とビラ配付の禁止を命じて帰韓。釜山、馬山、木浦、群山など十三道の憲兵隊に警戒を促した。内容のいかんを問わず、集会を開いた者は全員逮捕し、ビラの類を没収した。

こうなると頼みは、個別の切り崩しである。大金が闇から闇へと流れはじめた。

一進会の副会長を買収すると、これに乗じた幹部二、三人も転向。さらに地方の幹部や基督教徒にもおよんだ。つい先日まで合邦の賛成記事を書いていた大阪毎日新聞特派員楢崎観一、日本電報通信社京城支局長牧山耕造、京城新報社長嶺岸繁太郎、大韓日報社長戸叶薫雄までもが反対派に転向した。その買収係は、なんと曾禰の腹心石塚英蔵と松井茂だったのである。

内田は、自国の高級官僚をも相手に、身を挺して戦う他になかった。

十二月十三日、内田は、太平洋通信社を中心に朝鮮問題同志会を結成して、世論の喚起を試みようとした。内田に外出禁止令が出されたのは、その日である。

同日、日本では、河野広中が委員長になって朝鮮問題有志大会が開催された。

内田は、李容九に河野宛の電報を打たせた。その内容は――。


　敝会《へい》(注・一進会)が日韓合邦の議を提出せしは、決して独断的に出《い》でしに非ず、各階級と連絡を通じ、一般人民の不同意少きを確かめ、しかるのちに決行せしものなれば、その事実は、漸次現れ来るならん。しかして敝会の目的は、政権に野心あるに非ず。真に敝邦の現状に鑑《かんが》み、合邦の急務なるを認めしによる。


わたしたちが合邦を提案したのは、決して独断ではなく、各界と連絡し、一般民の反対が少ないのを確かめて決行したものである。わたしたちは、政権に野心はない。ひとえにわが国の現状を考えるとき、合邦が急務だと認めているからである。

このあと李容九は、『わが五百年の君民の情を掬《く》まれんことを』と、切望するのであった。この切実な気持ちが、どうして曾禰に通じないのか。新たな疑問が怒りとなって、内田の胸を圧するのである。

部屋の扉がノックされ、明石が現れた。

内田は、荒々しく曾禰の不見識をなじり、一進会が提出した陳情書や建議書、上奏文を一顧だにもしない、と明石に訴えた。

「曾禰には曾禰の立場がある。たとえ桂首相の威光をちらつかせても、おぬしの指図を曾禰が受けるはずがない。ここは、おとなしく功名を譲ってやれ」

明石が言った。桂の威光とは、杉山茂丸との暗黙の諒解事項を指す。

「功名のためでなかですばい。昨日、李容九らは、建議書を李完用に提出しよりました。これ以上突っぱねられては、堪忍袋の緒も切れるごたる。後ろから糸で操っているのが曾禰の野郎ですたい」

「何回出した?」と、明石。

「今回で三回目です。曾禰のやつめは、返事もよこさんとです」

「七回出せば、自動的に受け付ける習慣が朝鮮にはある。だが、そろそろ良かろう。曾禰にはわしからも言うておこう。で、今度ばおれの番だ。内田、お主はそろそろ内地ば戻れ。しばらく東京に身を潜めて渦中から抜けるがよかばい」

明石が言った。

「なんば、仰せらるっとね。勝負は、これからですたい。おいがおらなんだら、李容九らは孤立無援になりますばい。いくら参謀長でも、そいばひどすぎますばいね」

感情が昂ってきた。

「外出禁止にしてやっても、まだ、おぬし、懲りとらんようだな」

「ええっ」

まさか、明石の計らいだったとは——。

「悪いようにはせん。李も宋も、一緒にそうしてやれ。彼らの命を守るために、どれほど憲兵隊が苦労ばしちょるか。それも聞き分けねばならんとよ」

「いいや。おいば、合邦を見届けるまでは帰らんとです」

内田は、懸命だった。

「強情ば言うな。こげんばしちょったら、一進会も活動停止になるぞ」

明石は、厳しく言い置いて部屋を出ていった。

その日の夕刻、宋秉畯が李容九を伴って内田を訪れた。

「上奏文と建議書が却下されました」と、李容九が報告した。

明石の口添えが遅かったのだ。そこへ参謀本部の植木喜久治大尉がやってきた。

「参謀長のお手紙をもってまいりました。中身を読みましょうか」と、植木が言う。

「いや、もらっておく」と、内田。

「そろそろ潮時との仰せでした。わたしらも辛い立場です。これにて」

植木大尉は、軽く敬礼をして出ていった。

内田は、封書をひらいた。

『内田良平、李容九、宋秉畯。右の者、外出および集会禁止の命に反した廉《かど》にて明日より三日以内に韓土より退去せしむ。爾後、逮捕す。憲兵隊長少将明石元二郎』

添書もない一枚の命令書だった。

深夜遅く、李容九は、不退転の覚悟を固めて一進会本部へ帰った。

そして三日後の十二月十九日夜、憲兵隊が清華亭にやってきた。

翌十二月二十日、内田と宋は、仁川港から船に乗せられた——。

第十三章　室田翁の苦渋

韓国で内田良平が明石元二郎に面会を求めていた時刻、東京では――。

と、妻久良子に言い置いて、室田義文は楠本方の寓居を出た。

「昼過ぎには戻る」

母屋から楠本正敏が「おはようございます」と、声をかけた。四十五歳になる男爵家の総領である。英国仕立ての外套を身にまとい、同色の中折れ帽を手に持っていた。

室田は、「おはよう」と、無愛想に応えた。

午前十一時に東京地検に出頭する約束になっていた。例の事件で再度、証言を頼まれたのだ。なんでノコノコ出掛けにゃあならんのか、といった思いが室田を憂鬱にした。

このたびの上京は、室蘭製鉄所の経営建て直しが目的である。

三年前、英国を訪問した海軍大将山本権兵衛は、アメリカが清国で製鉄事業に乗りだそうとしているのを知った。それに対抗して英国と日本政府が折半で合弁したのが、室蘭製鉄所である。主な売りつけ先は陸軍と海軍だったが、思いのほか消費が伸びない。とはいえ英国から輸入した原料の代金だけは支払わなければならず、経営が行き詰まってしまった。当初より山本権兵衛に後援を頼まれていた室田は、経営建て直しのために呼ばれたのであった。各省の大臣と折衝し、鉄道、港湾、橋梁といった公共事業を興す一方で、金融機関に投資の相乗りを提案した。

この一ト月、室田は、それらの調整に追われた。

その再建会議が、昨日も海軍省で行われたのだが――。

「老公。ちょっと相すまんが、このあと時間をくれんかね」

山本権兵衛が苦り切った様子で室田に声をかけた。

「よかろう」と応えて、山本が用意した赤坂の料亭に同行した。

座敷に通され、酒肴の膳がならべられた。そして「一献」と勧める山本の銚子に、室田は盃を出す。山本は、手酌をしてひと口つけると、盃を膳の端に置いた。

「老公。実はなぁ」と言ったきり、山本はなかなか切りだそうとはしない。

「なんだ、貴公らしくないじゃないか」

室田は、どうせ具合の悪い頼み事だろうと思った。

「じゃあ、言わせてもらおう。先般、桂がおれを呼んで言うには、老公をなんとかしてくれんかと。何事かとわけを訊いたところが、伊藤さんの事件よ。老公の陳述書に頭を抱えておった。拝見すると、なかなか老公の説明は、微に入り細を穿っておる。桂も真相を究めたいと願うてはおるが、はてさて、ほかに犯人の目星がつかん。老公の陳述通りにやっておったのでは、百年たっても解明には至らんというのよ。ここに日露の問題もからんでくる。ご承知だろうが、伊藤さんの訪満は、東清鉄道のみならず韓国が控えておる。その日韓併合はすでに進んでおるから、政府としてもこっちを何とか優先せんならん。伊藤さんは生き返らんのだから、老公を説得してくれんかと、こういうわけなんだ」

山本が冷や汗をかきながら言った。

「桂は、わしを無視すれば良いではないか」

室田は、憮然と応えた。

「いくら首相でも、それがでけんから頼んでおるのではないか」

「わしに、どうしろと言うのだ」

「もういっぺん、検事に証言してもらえんじゃろか」

「嘘を証言せよと言うのか」

「そうじゃねえよ。推測ではのうて、見たままを言うてくれりゃあええんじゃ」

「正直に言うたつもりだが」

「弾の数なんぞは警察に任せておいてだ、老公の身辺のことをさ」

「バカも休み休み言え。それで真相が究明できると思うとるのか」

「そこさ。おれだって辛ぇんだ。老公がそう言うのは、わかっとるからなぁ。だが、このまんま放置すりゃあ、アメリカが承知せんと言い出すに違いねえって桂が言うのよ」

「………」

長々とやりとりしたが、結局、室田は承諾した。

「では、明日の十一時、東京地検に出頭してくださるか」

山本の顔がぽっと明るんだ。

「なにぃ？　お主、そこまで桂と約束しておったのか」

「桂に話すのはこれからじゃ。いよいよ明後日から、銀行を集めて室蘭再建の負担金会議がはじまるじゃろう。老公の暇は、明日しかなかろうが」と、山本が言った。

山本にうまく計られたかと思ったが、諸問題が控えているならば、と妥協した。

腹立たしい苦い酒であった。


黒い板塀の門を出ると、室田は左に曲がった。数軒先に、伊藤が自宅のようにしていた霊南坂の枢密院議長官舎がある。家人は、大森の恩賜館や大磯の滄浪閣にいたが、いまだ邸内には伊藤の私物があった。伊藤は、これといった財産を遺さなかった。

室田は、楠本正敏が憎いわけではなかった。釜山領事を拝命して久良子と赴任中、楠本家に預けておいた八歳になる長女天津子を、当時二十五、六だった正敏は可愛がってくれた。自分で撮った娘の写真を送ってくれたりもしたから感謝はしているが、親のありがたみを知らないボンボンであった。

正敏の父楠本正隆は長崎大村藩中老で、倒幕に奔走した三十七士のひとりである。廃藩置県後は、新政府のもとで長崎裁判所権《ごん》判事や九州鎮撫使参謀助役、長崎府判事、東京に出て外務大丞《だいじょう》を務めた。東京府権知事（注・副知事）を歴任して元老院議定官、そして衆議院議員三期のうち、議長を二期務めて錦鶏間祗候《きんけいのましこう》となり、男爵の称号を授けられた。

その楠本は、室田よりも八歳年長だが、刎頸の仲であった。まだ駆けだしの外交官だった室田に、中根久良子を娶《めと》るように勧めたのも楠本である。

国内外で官舎暮らしが長かった室田は、自宅を買わなかった。その代わり、楠本家の庭に小さな家を建てさせてもらい、それがいま東京の足場になっていた。

楠本は七年前に没したが、暮らしぶりは清廉潔白、質素を信条とした。遺した財産は、大村にある代々の家屋敷と東京の住まい、つまりは伊藤に似て蓄財に疎い男であった。貪欲な山県と較べたら、伊藤や楠本は、鶏《とり》の雛《ひな》ほども他人の金を食ってはいないのである。だから室田は、このふたりが好きであった。

家督を継いだ正敏は、都新聞を買収して社主におさまったが、大臣さえも遠慮しているアメリカの自動車を乗り回し、やることなすことすべてが派手好みである。室田は、それが不満だった。

逓信大臣官邸前をアメリカ大使館へくだり、東伏見宮邸から溜池にでる。道ゆく人がどこか慌ただしいのは、師走も半ばに差しかかったせいであろう。

この逓信大臣邸の主後藤新平がたきつけて、伊藤の訪満を実現させた。それも良かろうと室田が思ったのは、韓国は曾禰の手におえる相手ではなかったからだ。伊藤の手でロシアと協調し、時間をかけて併合の難事を行わせるためである。

伊藤が遭難死した日は、奇しくも室田六十三歳の誕生日だった。

室田の人生は、伊藤によってひらかれたといって良い。水戸藩を脱藩し、設立されたばかりの洋語学校でロシア語と英語を学んでいたとき、外務省に雇うよう働きかけてくれたのが伊藤だった。あのころはひどかった。何しろ蚊帳まで質に入れて、机の下で新聞紙にくるまって寝る惨状であった。訊かれるままにこれを物語ったところ、外務省の給仕の仕事を世話してくれた。そして伊藤の引きでサンフランシスコの領事館に見習いとして派遣され、三十年間、国に奉仕できたのである。

外交官を辞めたのは、福州事件の直後だった。この事件も後藤新平が関わっていた。癇癪もちの総督児玉源太郎が率いる台湾駐箚軍は、天皇の直属であった。それがために陸軍参謀本部も手がつけられない。メキシコ公使だった室田がたまたま帰国したおりに、政府はこの事件に困り抜いていた。そして解決方を頼んできたのが、伊藤である。台湾に乗り込んで児玉に直談判をし、やっと兵を引かせた。ところが当の後藤は、知らぬ顔の半兵衛を決め込んでいた。

そのあと室田は、外相加藤高明とそりがあわずに退官し、貴族院議員に勅選された。ところが半年もしないうちに、伊藤から百十銀行の建て直しを押しつけられた。

下関に本店を持つ同銀行は、旧長州藩士の公債を運用するために設立されたが、北九州の炭鉱に多大な不良債権が生じて行き詰まっていた。頭取となった室田は、工夫をこらした新規の事業には、担保もとらずに融資した。それらがことごとく当たり、五、六年のうちに再建した。

明治三十八年、伊藤が初代統監として京城入りするとき、経済人として室田も同行した。かつて二度にわたって領事を務めた国である。室田が自ら乗り込んで敷設した釜山と京城間の鉄道は、今では満州と日本をむすぶ大動脈になっている。

日清、日露の両戦役の火種は、常に韓国であった。伊藤は、この韓国をわが友邦以上の関係、すなわち「融和」して、西洋諸国と対抗してくれる国になってくれなければならないと腐心してきた。そのためには、いかなる出費も惜しまない、と。

伊藤が韓国と日本を往復するたびに、室田は下関のフグ料理屋で歓待するのが習わしになっていた。そんな折りに伊藤は、言ったものである。

「旭日の旗（注・日本）と八卦《はっけ》の旗（注・韓国）とが並び立てば、わしは満足なのだ。普通教育を整備し、共に立てば良いのである。なぜに日本は苦しんで韓国を滅ぼす必要があろうか。日本は、韓国を合併する必要はない。合併は、甚だ厄介である。韓国は、自活を要するのだ。さりながら韓国の人民中、陛下にひとりの忠なる者なきは、まことに腹立たしい限りである。ところが韓国は、清国が強ければ清国に、ロシアが強ければロシアにと、常にどこかの国に依存して変節した」

伊藤は、韓国が立派に独り立ちするならば、見苦しい変節外交をしなくてもすむ。そうなるためにはと、統監として赴任してすぐに国勢調査をした。人口は、国力である。これが伊藤の信念であった。

韓国政府は、当時人口二千万人と称していた。今もそうだ。これを証明する統計などというものはなかった。伊藤は、従来の税収と税官吏の両班が適当に誤魔化して懐に入れる額を計算して、精々一千万人ぐらいと見当をつけた。

全国十三道各郡の警察に命じて、戸籍調査をさせた。（注・明治三十八年）

戸数　二、三三三、〇八七戸。

人口　九、七八一、六七一人。

なんと伊藤は、税収から人口を、ほぼ言い当てたのであった。

その税収はといえば、たまたま今年二月、伊藤が韓国皇帝と北韓に行幸した後、一夕《いっせき》、室田は下関で歓待した。伊藤は、次のことをいった。

「わしはな、平壌の韓国高級官吏の前で、皇帝をお支えするように言うたのよ。みんなはな、誰かが国に金を出しておろうと思うておる。おれ一人ぐらい税金をちょろまかしても、困りはしまいとな。それがいくらになると思うか」

と言って、伊藤は数字を挙げた。

明治三十七年　　三、四七三、四〇二円。（注・統監府を設置する前年の税金総額）

同　三十八年　　六、七七一、五二五円。

同　三十九年　一〇、一三八、五三九円。

同　四十年　　九、四八四、五八三円。（注・暴徒が頻発した）

同　四十一年　一〇、四六八、二〇二円。

明治四十一年の税収は、国税のみならず印紙税、鉄道駅の切符諸税収、煙草、官有財産収入、雑収入を合計すると、一三、八四八、四四三円。これに臨時歳入七、五八六、二八〇円を加えると、総計が、二一、四三四、七二三円となる。

わずか四年余りの間に韓国政府は、過去の税収の六倍余を得ていたのであった。

「どうやって、これだけの金を捻出されたのですか」

室田は、訊いた。

銀行は、金利が年に四歩、六歩という世界である。四年で六倍余とは、いかなる高利でも絶対に不可能な数字であった。

「室田よ。バカを言うな。わしがこれだけの金を捻出できるはずがなかろうが。わしは、手品使いではない。韓国には、それだけの底力があったのよ。それを四百年ものあいだ、遊び惚けておった両班が食うておった。そいつを吐き出させただけだ」

伊藤は言った。そして――。

臨時歳入の七百五十万円余は、伊藤が日本政府からもぎとった統監府の人件費、旅費などであった。無利子の貸付金の形は取っているが、どうせ返らぬ、と伊藤は言った。

臨時歳入だけでも大変な額であった。

「それだけでも、日本が治める前の二倍以上ではございませんか」

と、室田が問うたところ、伊藤は――。

「バカを言うな。欧米に日本が取られると思うたら、タダみたいなものよ。日清・日露の戦役を考えてみよ。億という借金を今でも返しておろうが」と、笑った。

「先年、韓国でも国債の一千三百万円をわが国に突き返そうと償還運動が起きましたな。借金は、どこでも辛いですからなぁ」

韓国内は富くじを売るような賑わいだった、と室田は聞いていた。

「バカなことだ。誰も返してもらおうとは思うておらん。それにだ、血税一年間の総額ですら一千万あるかないかだ。そんじょそこいらの義捐金で返せるわけがなかろう。どうせ自分の懐に入れる金を巻き上げる理由に、両班が陛下を焚きつけたのだろう。陛下に忠臣がおらんとわしが嘆くのは、このことじゃよ。集めた金も、どこへ消えたものやら」

伊藤は、恬淡と応えたものだ。

あれが十カ月前のことだったとは――。

伊藤は、周到な男である。こうして韓国の拓殖に力を入れながら、徴税と金融の改革を手掛けて、韓国の近代化を推進したのである。

伊藤は、その韓人の手にかかって死んだのだ。

今回、事件を間近で見た秘書官古谷久綱、医師小山善、陸軍中将村田惇などは、みな当時からの側近である。あたかも末期を見届ける訪満だった。いま新たに、「ばかなやつだ」と言った伊藤の最期の言葉が、まざまざと甦る。

伊藤とは、文字通り死ぬまでのつきあいだった。

有栖川宮邸を右に曲がって三年町で左に折れ、虎の門の濠をわたる。かつてこの辺りには、薩摩の重鎮たちが住まっていたが、いまは東京女学院と御料局にかわった。維新の功臣も、才覚のない華族は淘汰される時代になっていた。たとえ選ばれた華族といえども、韓国のように四百年ものあいだ遊んで暮らせる世の中は、日本のどこにもないのである。

室田は、右手に国会議事堂、左手にロシア大使館を眺めながら外務省と海軍省のあいだを抜けた。右手司法省の手前が裁判所だった。

赤レンガの建物に入ると、室田は初老の衛士に迎えられた。

東京地裁検事古賀行倫《ゆきのり》は、東京帝大法科大学卒業の三十七歳。佐賀県の出身。室田が古賀と交わした質疑は、おおよそ以下である。

「ご面倒でございましょうが、さきに示しました十五項目につきまして、順序だてて伺わせていただきます」

古賀が例の質問書とやらをとりだした。

「うん、よかろう」と、室田は受けた。

「では、公爵に随行されました方々につきましては、赤間関で伺いました経緯でやらせて戴きますが、公爵の警護につきましては、どのようになっておりましたでしょうか」

「長春以北は、日本官憲の警護はなかった。古谷から聞いたところによれば、都督府の官吏、おそらく大内事務官と思うが、護衛を申し出たところが、伊藤公が自国の警護は不要と申されたようだ。それは事件の後で聞いたことだ」

室田は、各地で連日歓迎され、警護の必要すら感じていなかった。

「公爵が辞退されまして、秘かに護衛をなす手立てを講ぜられたとかは？」

「ない。貴賓車には、誰もおらなんだ」

それがために、ロシア将校と打ち解けられたように思う。

「川上総領事のハルビン駅における警護の首尾につきましては、いかがでございましょうか。ロシア官憲との協議に手落ちがなかったかどうかでございますが」

「川上とは、熟知の仲ではあるが、警護について話したことはない」

「儀仗兵を閲兵されておりますあいだ、川上総領事は、伊藤公の通訳をしておられましたが、どのような位置関係に立っておられましたか」

「公爵と露国大臣とが並んでおる真ん中を、やや遅れて川上が歩いておった。そうしたところが突然に銃声がして、公爵が『やられた』と口外せられた。わしは、驚いて駆けつけ、ちょうど反対側から中村が来たんで両側から支えた。瞬間の出来事じゃったから川上がどうなったか気がつかなんだが、公爵を汽車のなかに助け入れたところ、どこにもおらん。『川上はどこだ』と訊いたら、銃創を負って露国の病院に運ばれたと言う。わしの意見をもってすれば、川上を非難する理由は、毫《ごう》の先もないと思う」

何しろ、予期しなかった出来事である。

「公爵は、『やられた』と。他に何か発せられましたか……」

古賀は、巧みに狙撃のあたりを避けた。

「わしは、拳銃だから大丈夫です、しっかりなさいと言うたところが、『だいぶ入った。だめだ』と申された。で、汽車に運ぶ途中だったように思うが、『なにやつだ』と問われた。そのときはわからなかったから、『まだわかりません』としか応えなかった。長椅子に横になられると、わしは『靴を脱がせ』と従者に命じた。従者が右足を脱がせ、左足を脱がせようとすると、もう足を持ちあげる気力も失せておられた。小山医師が衣服を脱がせて創口を改めたるところ、致命傷だということが一目瞭然じゃった」

室田は、応えた。

あのとき、室田はずっと伊藤の手を握っていた。従者小林勝三郎が靴を脱がせ、同じく従者の奥村金之助が撃たれた直後に脱げた伊藤の帽子と放した杖を持ってきた。小山医師と出迎え陣に混じっていた日本人医師らが、伊藤の衣服を脱がせて注射をし、止血の治療にとりかかろうとしたが、胸のなかで雑音がすると言う。大事な肺腑がやられたとわかった。

小山は、治療を施しながら創口を検《あらた》めた。

当たったのは、三発だった。いずれも右上から左下へ弾が入っている。

咄嗟に室田は、やったのは拳銃を擬した小男ではないと直観した。小山医師は、応急処置をすると包帯で伊藤の身体を巻いた。車室にあったガウンで身を包むと、伊藤は無意識のうちに悶えて、やがて静かになった。

あのとき――、室田は、涙腺がはち切れそうになっていた。ここで泣けたならば、どれほど慰められるか、と思った。だが、涙は出なかった。国の威信を、伊藤のためにも保たねばならないと思ったからだ。考えてみるがいい。伊藤は、ただ日露が結んで世界が平和になれればと、それを何よりも優先して身を投げ出す覚悟をしていたのだ。

「それで公爵は、どうされましたか」

古賀が訊いた。

「わしは、気付け薬にブランデーはどうかとお勧めしたところ、苦もなく呑まれた。そのとき通弁がきて、犯人は韓人である、ただちにわしが、『捕縛されました』と告げると、『ばかなやつだ』と申された。古谷が公爵に、『申し送りはありませぬか』と問うたが、もうお応えにはならなんだ……」

「ばかなやつだと、そう仰られて、どうされましたか」

古賀の乾いた声が、遠くでしたような気がした。

室田は、現実に戻った。

「注射して五分ぐらいして、もう一杯ブランデーをお勧めしたが、もう首をあげることもおできにならなんだ。口に注ぎこんだが、それから一、二分後に絶命された」

ブランデーが口からこぼれた様子が、まざまざと目に浮かぶ。

「では、以上、伺いました内容をくりかえします」

古賀は、書面を室田のまえで読みあげた。

「うん、その通りだ」

室田は、憮然として応えた。

室田の聴取書は、次の文言で結ばれている。

『注射を始め五分間の後尚「ブランデー」一杯を勧めたるに際し公爵は最早其の首を上ぐることもできなくなりたので其儘口に注ぎ込み夫《それ》より一二分の間に全く絶命せられたる次第であります』

こんなことで伊藤の死に、蓋をしてしまうのか。

室田は、理不尽な思いに苛まれた。

第十四章 楊成春の殺害

明治四十三年一月四日。

久しぶりの寧日を過ごした倉知鉄吉は、本省雇いの俥《くるま》に乗った。

俥夫は、千駄ヶ谷村原宿の練兵場脇から出て赤坂離宮を左へ曲がった。暮れに降った雪が道の両側に凍てついている。赤坂見附へ下る長い坂道である。

倉知は、揺られながら裁判の行く末を案じた。

昨年十二月十六日、旅順高等法院は、正式に予審裁判の延期を決め、一週間後、金成玉ら四人を釈放した。残るは安重根、劉大鎬ら五名だったが、そろそろ裁判の日程を決めなければならなかった。それもどうなることやら、といった雲行きである。

政府は、昨年十二月十八日、欧州列強と合議したアメリカから、正式に満鉄の中立化案を突きつけられた。時を同じくして韓国に騒動が起き、十二月二十二日には、首相李完用が暴漢李在明に襲われた。幸い生命は取りとめたが、これにより外務省は、伊藤暗殺事件の国際問題化を恐れ、腰が引けてしまった。

また、十一月十九日に倉知が哈爾賓総領事館宛に打った電報『ミルレル検事に対して大東共報主筆兪鎮律の経歴と家宅捜索を依頼する件』について、十二月二十四日、ミルレルから大野守衛《もりえ》総領事代理に回答があった。ミルレルは、被疑者のおざなりな経歴の報告にとどめ、家宅捜索には応じなかった。白仁民政長官は、「再度、依頼せよ」と命じたが、「これ以上の要望はむり」と、大野からの返電である。

ウラジオストックに潜入した村井憲兵大尉も、京城へ帰ると言う。これまでと判断した倉知は、十二月二十七日をもって捜査打ち切りの通達をだした。

倉知の気掛かりは、李容九が桂首相に宛てた直訴状だった。

切迫した文面は、『合邦提言以来、一進会に対する中傷が激しい。ここに肝胆を披瀝したい。李完用は、自らの義兵を使って合邦に反対し、他方、李容九が政権の座を狙っていると中傷する。合邦後、政府が消滅するのに、なぜ権力を求める必要があろうか。それに曾禰統監が便乗して合邦を自らの功績にしようと企んでいる』と書きだし——。

概要を『李容九小伝』から抽出すれば、以下である。

伊藤公のいわゆる日韓一家とはまことにその通りで、既に国境はないも同然。しかも強いて両国の名を存続させる方がおかしいのである。（中略）保護とは、独立を保護することであるが、実際に独立させるのならば、日韓一家にはなれないのである。（中略）韓国の独立も、保護も、日本の本心ではあるまい。だからこのような独立とか保護とかを、そのままにしておけば韓国は自然に漸滅《ぜんめつ》してしまうというのが、自然の数というものである。（中略）

日本は既に韓国のために数十万の兵士を喪い、近頃はまた東洋唯一の元勲伊藤公を殪《たお》された。だから一進会百万の命は惜しむわけではないが、一度一進会員が死ねば後継者はなく、チャンスは永久に失なわれる。李容九に続いて誰がこの万古初有《ばんこしょゆう》の大事をはじめるであろうか。こう考えると一進会百万人の命も惜しまねばならない。日韓両国のために、東洋のために惜しまねばならない。（中略）

願わくばただ首相閣下（中略）、閣議を決定し、国論を統一していただきたい。そして東洋万歳・合邦万々歳たらしめるようお願いする。

韓国は、すでに独立とは名ばかりで国家の体をなしていない。ならば、形式にこだわることなく、一刻も早く韓国民の福利を考えるべきではないか。それをなぜ生殺しにするのかと、李容九は、「合邦」に反対する者の実名をあげ、そこに曾禰荒助も含めて糾弾直訴していた。

この直訴に政府がどのように応えるのか。倉知は、「併合」の筋書きを作成した立場からも心配だった。いや、むしろ裁判よりも急務のはずである。

そんな折り、釈放した四人のうち、旅順監獄がつけた巡査二名を振り切って、金衡在が長春駅で逃げだした。日本官憲への不信がそうさせたのだろうが、かえって疑惑を深める結果を招いてしまった。幸いにして捕らえられ、二日ほど遅れてハルビンで釈放されたが、留置場に残された被疑者たちに与える悪影響は必至である。

考えあぐねているうちに、俥は陸奥宗光の銅像を半周して外務省の玄関に着いた。

俥を降りると、敷地内の大臣官舎の隣に居を構える石井次官が歩いてきた。

「石井さん。あれは、どのような日程になりそうですか」

倉知は、再度の出張に備えて、裁判資料をくまなく読み直していた。

石井と肩をならべて階段を登る。執務室は、二階にあった。

「うん。大臣は、高等法院長に一任するつもりらしい。昨日、白仁から電報があった。一両日中に東京に戻ってくる予定だが、とりあえず開廷期日を問い合わせてきたミハイロフに、未定と返事しておいたそうだ」

「いつまでも未定では、どっちも困るでしょう」

「そうだな。様子眺めもあるが、政府部内の調整もなかなかやかましい。方針が定まるまでは、動けんのが実情だろう」

石井が言った。

倉知は、まったくその通りだと思いながら石井と別れて部屋に入った。

机の上に大鳥総領事から電報が届いていた。

――十二月二十八日に浦潮韓国居留民会の総会がひらかれ、会長崔鳳俊、副会長金秉学が同胞の結束を促した。特に金秉学は、旅順にひとを派遣して、安重根の様子を見てきてはどうかと諮《はか》った。すると金奇（基）竜は、「遠からず安の身柄は東京に護送せられる。至急、ひとを派遣して奪還すべきだ」と主張した。内偵は、本月末をもって一段落とする由につき、概要を報告すべき旨の御訓電を戴いたが、当地滞在中の村井大尉は帰るものの、われらは継続の必要あるものと考える——。

大島は、調査続行を主張し、『崔鳳俊、金秉学の徒は、比較的温和派なるをもって居留民会に於ては過激な陰謀を企てること非ざるべきも、間接に過激派の便宜を計り、又は庇護する形跡あるは免れず』と、捜査対象を列記して電報を締めくくった。

崔鳳俊と金秉学は、かねて佐藤友熊も目をつけていた人物である。だがミルレル検事の態度からして、ロシア国籍のふたりの逮捕は考えられなかった。

「局長。そろそろ大臣の年頭のご挨拶があります」

書記官田中次郎が急かせた。

倉知は、衣服をあらためて部屋を出ようとした。

「局長」と、佐分利貞男がやってきた。

「おう。君も帰ってきたのか」

「はい。昨年末に帰国しました。ところで、まだ次官には報告しておりませんが、英国と米国が清国の錦州と愛輝《あいき》をむすぶ錦愛鉄道に、借款を与えようとする動きが見られます。満鉄への挑戦かと思われますが、米国は乗り気のようです」

佐分利が小声で言った。

「なんだ、そりゃ。あとで詳しく聞かせてもらおう」

倉知は、第二満州鉄道かと考えながら、大臣室へと向かった。

清国の狙いは、米英の関心を煽って日本から援助を引き出そうという肚《はら》だ。伊藤とココフツェフの会談が成立していれば、当分は起きなかった問題である。

倉知は、小村の挨拶が終わった後、すぐさま石井の部屋を訪れた。

「石井さん。佐分利の報告によりますと、清国が錦愛鉄道に米英の借款を求めているようです。狙いは満鉄ですから、しっかりと日露が手を結ばなければいけません。わが国としましては、まずフランスを仲間に引き入れて、満鉄の中立化案拒否を表明しておかねばなりません。引き換えにわが国は、錦愛鉄道に出資してもよろしいではありませんか」

倉知は、日露の連携を強調しながら逆の施策を助言した。

アメリカは、いよいよ中立化に本腰を入れてきた。あいだにフランスを立てれば、ロシアとの関係があって、イギリスは強硬に主張できない。当然、ウラジオストックを海の玄関とするロシアは、シベリア鉄道と東清鉄道が形骸化する錦愛鉄道に反対の立場をとる。それを逆手にとって、わが国がアメリカ寄りの姿勢を見せれば、ロシアは慌てるはずである。そこで日露協約を締結すれば、満鉄の安全が確保できる。

「よし、わしから大臣に相談しておこう。で、君の旅順行だが、白仁と佐藤がうまくやっているようだから、このままやらそうとなった。で、新国君をひとまず奉天に帰して、錦愛鉄道を調べさせたらどうか。彼だったら慣れていよう」

石井が言う。

新国千代橘は、出張扱いで本省に詰めていた。倉知は、「えっ」と思ったが——。

「はい、新国にはそうさせます。ですが裁判に関しては、旅順一任ではなく、こちらで指揮をとりませんと……」

倉知は、政府主導でなければ理想主義の平石を誘導できないと危ぶんだ。

「よし、わかった。大臣に話しておこう」

石井が言った。

やれやれと、倉知は部屋に戻った。

緊急電が入っていた。ペテルブルグ駐箚の本野一郎大使からだった。

——本日、米国政府は、露国に満州問題解決のための覚書を手渡したり。その内容は、各国の共同出資により、清国政府をして満州における諸鉄道を買収せしめ、支配権を出資したる各国の共同支配にゆだね、中立の位置に於いてすべて商業鉄道たらしめ、政治的軍事的使用を許さざるべしと言うにあり。これより享受すべき利益は満州における日露両国衝突の禍根を除き、各国のために機会均等主義も確証されよう。かつ露国が憂える日本のシベリア攻撃を絶望ならしむる——。

アメリカは、清国にすべての鉄道を買い取らせて出資国の共同経営にすれば、日露の衝突が回避でき、各国の機会均等主義も保証される、とロシア政府に覚書を出した。特にロシアが憂慮する日本のシベリア攻撃を断念させることができる、と良いことずくめだ。

本野は、ロシアはこの提案に反対するだろうと結んでいた。

「なんだと」

おもわず声が出た。倉知は、電報を手にすぐさま石井の部屋へ向かった。

アメリカは、先手を打ってきたのだ。


一月七日午後四時。外務省。

倉知は、哈爾賓総領事館発の電報から目を離した。

報告は、「一件落着」と見極め、地元韓人の内通者から訊いた報告書をもって捜査を打ち切る、とある。倉知は、妥当と判断した。

石井から声がかかった。倉知は、次官室へと急いだ。

「倉知君。大臣は、中立化案拒否と錦愛鉄道への投資を急いでおられる。さっそく逓信省と協議をして具体案を作成してくれ」

「わかりました」と応えた倉知は、裁判どころではなくなった。

一月八日朝、韓国統監府総務長官石塚英蔵から電報があった。

浦潮方面密偵の齎《もたら》せる所に拠れば、初め大東共報社長露国人ミハイロフが同新聞韓人記者李剛、ユチンリッ（注・兪鎮律）等に対し、伊藤公哈爾賓来訪は、兇行を為すに千載一遇の好機会なり、誰か其任に当る者なきやと云ふや、之を聞きたる安重根は、自ら其事に当たるべきことを誓ひ、ミハイロフより旅費及拳銃三挺を受け、同志曺道先、禹徳淳を率い十月二十一日頃、哈爾賓に着し、兇行を為したるものなりと。右御参考迄。

やはり策源地は、ウラジオストックの韓人街であったか。また、別電には——。

平壌の弁護士安秉瓚《あんへいさん》なる者安重根の弁護を其母より引受、旅順へ向け出発の情報に接せり。同人は、二十八年日韓協約の際、反対の上疏《じょうそ》を為し、極端なる行動あり。常々排日思想を懐抱する者なるに付、法院が之を許可するは然るべからずと認め、其旨都督府に交渉したるに、同府より公判開始の期日未定に付、追て返電する迄安秉瓚の出発を差止められたき旨返電あり。不取敢《とりあえず》差止めたり。御参考迄。

統監府では、安の母から依頼を受けた弁護士安秉瓚が旅順へ向かう情報を得た。同弁護士は、排日の行動派である。法院がこれを許可しないよう都督府に交渉したところ、公判の予定が立っていないのを理由に、安弁護士の出発を中止させて欲しいと連絡を受け、そのように取り計らった、と言う。

旅順都督と韓国統監両府は、当然のことながら事件の真っただ中にいた。

そして一月十三日、外務省は、在外公館に通達し、裁判資料を旅順高等法院へ提出するよう取り計らい、平石を東京へ呼ぶことにした。


明治四十三年一月十八日夜。旅順関東都督府の警視総長室。

平石高等法院長と白仁民政長官の東京出張で、民政長官代理を任された佐藤友熊は、外国人弁護士の対応に苦慮していた。

佐藤は、外国人弁護士の来訪を想定して、配下の警察に尾行を命じておいた。

本一月十八日付、旅順民政署長相賀照郷の報告によれば――。


昨日、午前九時五十五分着の列車で、韓国人弁護士安秉瓚と通訳高秉殷《こうへいいん》のふたりが旅順に乗り込んできた。安秉瓚は三十歳前後、高秉殷は四十歳。ともに現住所は韓国平安道平壌である。

安重根の弟定根と恭根のふたりは、旧市街乃木町の旅館宝来館に投宿した安弁護士を、前後二回訪問し、二時間ほど会談して帰った。

そして本日、安秉瓚は、通訳同行で真鍋十蔵地方法院長を訪ね、営口警務署から派遣された吉田程治警視に面会して、挨拶かたがた弁護の依頼を受けたと報告して去った。そのあと新市街の将校集会所に境警視を訪問し、三十分ほど会話して辞去。帰路、三笠町に鎌田正治弁護士を訪ね、同業者として厚誼を願う旨の挨拶をした。さらに米国の弁護士を訪問して同様の挨拶をしたようである。

外国人弁護士は、すでに英国人ジェーン・E・ダグラスと露国人コンスタンチン・ミハイロフ、ハルビン在住のスペイン人フェルナンド・ロメロ、そして長崎で弁護士活動をしている英国人モンターギュ・ハリスらが名乗りでており、白仁が開廷日未定を理由に棚上げしてあった。

彼ら外国人弁護士は、スティーブンス事件の主犯が、七年の禁固刑に処せられたのを承知している。平石もまた、大津事件の犯人津田三蔵巡査が無期徒刑となり、判事が司法の独立を貫いた判例を念頭に置いていた。

従って平石の個人的な見解では、主犯安重根は、懲役七年から無期徒刑になる可能性が高かった。判官の多羅尾篤吉や土屋信民らも平石に同調しており、「極刑」は無理。よほどの証拠が追加されない限り、地方法院の判決を高等法院で覆すという白仁案は、成立しそうにないのである。

一月十九日、佐藤は、溝淵検察官と境警視を民政部に呼んだ。

「いいか。去る一月十三日、外務省から捜査書類をこっちへ送るようすでに通達がでておる。公判は、二カ月以内に行う。よって境君は、事件関連の安に対する訊問を打ち切ること。万が一、補足すべき点があれば、溝淵君を通してするように。溝淵君は、境君の調書も参考にして公判準備にかかることだ。ところで境君。長いあいだご苦労だった。一度、仕事を忘れて安に会うてやれ。ちっとは慰めてやらんと、おぬしも寝覚めが悪かろう」

「はい」と、境が苦笑いした。

「なお、これから面会するときは、安の手錠を外してやれ」と、佐藤は溝淵に言った。

他人の罪までかぶろうという男である。その潔《いさぎよ》さに応えてやらねばなるまい。安は、溝淵の許しを得て獄中記を書いているという。これも良いことだ。

こうして白仁が留守の間、弁護士の問題を除いてさほどの難題はなかった。

一月二十日、少しずつ事態が動きはじめた。

浦潮斯徳総領事大鳥富士太郎から小村外相宛の、『韓人情態に関する件』が佐藤のもとに転送されてきた。

崔鳳俊、金秉学の一派は、如何なる関係を有せるや明かならざるも、兇変後、大いに同情を表し、安一派を庇護するは明かなる事実にして、その関係普通のものと見るべからざる点あり。


大鳥は、「安一派を庇護する」と、崔鳳俊と金秉学に疑いを深めていた。

一月二十一日、公判準備のため、韓国統監府と浦潮斯徳、哈爾賓両総領事館から膨大な捜査資料が都督府へ送られてきた。とりわけ村井憲兵大尉は、およそ五十日間の捜査を詳細に要領よく報告書にまとめ、謄写版刷りにしてあった。

同大尉の報告書の中に、極めて重要な部分が二カ所認められた。そのひとつ——。


『安応七の身体の保障』　ミハイロフ、兪鎮律、李剛等は、一面に於て安の身体の保全を安に対し保障し居りたるものと思料せらるゝ点あり。大東共報社員にして探訪員なる鄭淳萬は、十一月二十二日他に、左の如く語れり。

安は当時露国大蔵大臣の余計なる口出しさへ無くば、決して日本官憲に引渡さるゝものにあらざりし。実に遺憾の事をしたり云々と。

其語気は、安の身体は露国官憲の手に保留せらるゝものと確に信じたりしものゝ如し。又、当時大東共報は、筆を極めて日本に引渡の違法なることを論じたり。此裏面に於てミハイロフ、兪鎮律、李剛等の間に露国官憲と何等かの内意を諒し、其の必ず露官憲の手に収容し、後ちスチーブンス事件当時の如く贈賄《ぞうわい》的保釈の運動をなし、安の身体を安全ならしむるの密策を予て講究し居り。安等をして安《やす》んじて此挙に出でしめたるものと確想せらる。

目を疑いたくなる内容である。

昨年十一月二十二日以降数回、『大東共報』の探訪員「鄭淳萬」と接触したところ、ミハイロフや兪鎮律、李剛らは、安の身柄の安全を保障していたと思われる。「鄭淳萬」は、ココフツェフの介入さえなければ、決して日本官憲に安の身柄を渡すようなことはなかった。また、ロシアの官憲に内通し、スティーブンス事件のときと同じように、賄賂を握らせて釈放させる秘策を研究していた、というものだ。その橋渡し役がミハイロフだとすれば、大いに頷ける内容であった。

余談だが、この情報を提供した「内通者」は、核心を見逃さない極めて鋭い視点の持ち主のようである。いずれその氏名と素性が判明する。

この身柄の『保障』が、後述する別の事件を引き起こすのである。

さらに村井は、雑件として、『大東共報社宛の海外からの郵便物は、ロシア官憲の検閲もなく配達される。この特権の背後にミハイロフがいる』と、報告していた。

一月二十五日、大鳥総領事から重大な機密電が入った。

鄭淳萬は、先日「ヤンチカ」より当地に帰来したるが、本月廿三日民会閉会後、元の民会長韓人Rianshan（楊成春ならんか）を其住所に於て拳銃を以て射撃し、重傷を負はしめたり。右は昨今、韓国人中、新聞社又は民会の件に関し、意見を異にする党派ありて各衝突し居り。鄭は新聞社及崔鳳俊一派のものを攻撃し、終に楊《よう》と衝突したるに基づくが如し。鄭は現場に於て逮捕せられたり。彼は自殺せんと欲し、過ちて楊を撃ちたるものなりと露国官憲に対して申立てたる由。

尚《な》ほ、金起竜は、本月廿三日、「ニコリスク」に向け出発せり。其目的は安の遺族救済金の内幾分かを貰受《もらいう》く為にあらずやと思はる。

又た弁護士ミハイロフに対しては、当地に於《お》ける民会及安の遺族の救済会等より、今日に至る迄、約一、六〇〇留《ルーブル》□（脱語）せりとのことなり。

最初は、なんの変哲もない韓人社会の抗争に見えた。

先日、ロシア領ノウォキエフスク（烟秋）の「ヤンチカ」からやってきた「鄭淳萬」は、二日前の一月二十三日、韓民会閉会後、元民会長「楊成春」をその自宅において射撃し、重傷を負わせた。昨今、新聞社や韓民会と意見を異にしていた「鄭淳萬」は、新聞社と韓民会長崔鳳俊一派を攻撃したが、それがもとで「楊成春」と衝突、発砲した。「鄭淳萬」は、その場で逮捕され、自分は自殺しようとして誤って撃った、と申し出た。

これには伏線がある。事件後『大東共報』は、平壌方面から来た韓人に好意的な記事を掲載し、その他を針小棒大に中傷した。そのために地元韓人の感情を害し、特に李剛は、サンフランシスコの新韓民報（注・伊藤暗殺の戯画を掲載したとされる）から送金された約二千円を着服したとして地元民から攻撃されていた。そのためか同紙は、一月初めから休刊していたのである。

「鄭淳萬」は、暗殺事件後に『大東共報』の運営に参加した男だ。しかも、札付きの排日派闘士でもある。不満があれば、遠慮会釈なく文句を言うであろうが、どうして韓民会にまで容喙《ようかい》するのか。たとえ人・資金・活動などで表裏一体とはいえ、新聞と民会は別組織だ。それを「鄭淳萬」が批判し、相手を撃ったのである。

これは、単なる新聞社の運営上の衝突ではありえなかった。なぜなら、運営上の問題ならば、送金を横領した李剛の名前がなければならない。それがないということは、「内通者」の意図は別にあると見てよいのだ。

さらに村井大尉の報告書によれば、「鄭淳萬」は、安の身柄を保障するとの李剛たちの約束を、確実に信じていた男でもある。

先に、後段の電文を片づけておこう。金起竜、すなわち金基竜は、鄭淳萬と同じく過激派の安につらなる人脈である。

金基竜と金基烈、金義杰が同一人物か、いまだ判然としてはいないが、いずれにせよ安重根の仲間「金基竜」が、安の遺族（注・まだ処刑されていない）から救済金の分け前をもらおうと、「ニコリスク」へ出発したのである。ウラジオストックから汽車で五時間。綏芬河を挟んで手前「ニコリスク」がロシア領、河を渡ったところが鄭大鎬が税関吏をしている清国領ポグラニチナヤである。まあ、ありえる話だろうが、後刻、これらが連関した行動だと判明する。

さて残った問題は、前段の「楊成春」の一件だ。

三日後の一月二十八日午後、この件に関して大鳥総領事から続報が入った。

楊成春を射撃せる鄭淳萬外キムヒョントウ、アンギホ、ツォイマンチウの三名、捕縛せらる。孰《いず》れも無職業者なりと。右事件発生の後、韓人民会と京城及平壌地方の在留韓人との衝突甚しく、民会側の者は、若し被害者死亡せば、伊藤公暗殺事件の真相を暴露し、全部を捕縛せしめ退去せしむべしと云ひ、反対派の者は、民会側の者も暗殺事件に関係あるにあらずやと云へる由なり。被害者は、本月廿七日死亡せり。

金起龍は本月廿六日浦潮斯徳に還へり、本月廿八日「ヤンチカ」方面に赴く模様ありと。

これらの情報を提供した「内通者」の意図が、少しずつ見えてくる。

内部抗争は、民会対京城・平壌、つまり無職というから定住者対流れ者の衝突だ。ところが、後段が物騒である。

『伊藤公暗殺事件の真相を暴露』の部分だ。

両者の抗争は、ここに帰納する。両者がともに暗殺事件に関わっていたのだ。

こうなると、再び定住者対流れ者の関係が気になる。

「鄭淳萬」は、「安の身柄を保障」したミハイロフや李剛たちとの約束を、確実に信じた。だから『露国大蔵大臣の余計なる口出しさえ無くば、決して日本官憲に引渡さるゝものにあらざりし』をと、残念がった。

「内通者」が「鄭淳萬」からこれを聞いたのは、昨年十一月二十二日以降数回にわたっている。事件発生から、ほぼ一カ月後である。それから二カ月間、何事もなかった。

『大東共報』の探訪員は、購読者拡張員であり、かつて禹徳淳がやっていた地方の排日活動を活発化する役目も兼ねている。つまり「鄭淳萬」は、安の仲間である。逮捕された全員が安同様の流れ者だ。言葉が悪ければ、ウラジオ韓人街に住宅を持たない「ヤンチカ」在住者。ここは安の仲間と一括しておこう。

これらが暗殺に加担し、民会も関与。ミハイロフが身柄の保障をした。つまり暗殺は安の仲間と民会、そしてミハイロフの三者合作である。

ミハイロフの関わり方に言及しておく必要があろう。

韓国統監府の石塚英蔵からの電報では、ミハイロフが『兇行を為すに千載一遇の好機会なり、誰か其任に当たる者なきや』と、李剛や俞鎮律を教唆したことになっている。だが実情は、誠心誠意、韓人の計画を支援するに留まっているのではないか。暗殺によって彼が得る利益を考えると、金の代価以外に理由が見当たらないのである。

さて、その三者合作の一部にほころびが生じた。何かの理由で民会と安の仲間との間に亀裂が入り、衝突が激化した。そして「楊成春」が撃たれた。

犯人「鄭淳萬」は、明らかに「楊成春」を狙って撃ったのだ。

「何か」の理由が問題だ。

まず、状況を確認する。

一月二十三日、韓人街の韓民会館、または啓東学校で総会が開催された。そこには崔鳳俊、金秉学ら幹部と会員が打ちそろっていた。一方、「鄭淳萬」、金基竜たち安の仲間は、数日前、わざわざ何日もかかる「ヤンチカ」からやってきたのである。

会場に「楊成春」がいたかどうかは、不明である。おそらく出席していない。

総会の議題もわからない。が、遠方から「鄭淳萬」たちが駆けつけた事実からすると、議題は暗殺事件に関係があった、と見るのが妥当であろう。

崔鳳俊、金秉学らは、『安一派を庇護する』立場をとってきた。『関係普通のものと見るべからざる』、つまり「鄭淳萬」らとは特別な関係があった。なのに両者は、衝突した。

ともに譲れない「何か」のために、事件は「楊成春」の自宅で起きた。

話の流れからして、崔鳳俊らと「鄭淳萬」らとの話し合いは、総会が閉会してから、個別に行われた可能性もある。コトは暗殺である。秘密も秘密、〈極秘〉であるべきだ。それを軽々しく売り言葉に買い言葉、『真相を暴露し、全部を捕縛せしめ退去せしむ』『民会側の者も暗殺事件に関係あるにあらずや』とは、言わないはずである。

だが、大鳥の電報から判断するに、次の応酬が想像できる——。

鄭淳萬「お前ら。安同志の身柄を保障すると約束したではないか。どうした」
崔鳳俊「状況が変わったのは、君たちも承知しているではないか」
金基竜「では、伊藤を殺った後の報奨金の約束は、どうなってるんだ」
崔鳳俊「そんなもの知るか。第一、君たちは殺っておらんじゃないか」
金基竜「おれたちは、みんなで手分けしたんだ。安同志の身柄さえ保障していたら、ここで山分けできたはずだ」
崔鳳俊「状況が変わったといっただろう」
鄭淳萬「だったら、なぜ楊成春だけが、のうのうと生きてやがるんだっ」
安の仲間「そうだ」「そうだ」「やっちまえっ」
ここで「鄭淳萬」らは、「楊成春」の自宅に乗り込んで、撃つ。

一瞬の沈黙。民会幹部が駆けつけて「楊成春」を介抱する。そして——。

崔鳳俊「おい、君たち。もし楊が死んだら、ただじゃ済まんぞ。伊藤を殺した罪で国外退去させてやるからな」

安の仲間「何をいってやがる。お前たちだって関係していたじゃないか」

金秉学「会長。ここは穏便にやりませんと、大変なことになりますよ」

崔鳳俊「そうだな。とにかく警察に届ける。君たち、言い訳ぐらい考えておけよ」

金基竜「てやんでえ。お前たちがそういやぁがるんだったら、安の嬶《かかあ》から金を貰ってきたっていいんだぜ」

と、金基竜は、安の家族がいる「ニコリスク」へ向かい、そして残った「鄭淳萬」らは、ロシア警察によって逮捕され、「自殺しようとしたが」と、言い逃れる。

ところが「ニコリスク」へ向った金基竜は、ウラジオストックに引き返し、結局、「ヤンチカ」へ戻って行ったのである。

ちょっと、穿《うが》ち過ぎだろうか。

つまり「何か」とは、「楊成春」自身だった。だから崔鳳俊も譲れなかったのである。

では、「楊成春」なる人物は、何者か。

彼の名前が登場するのは、佐藤が記憶する限り今回が初めてである。

元民会長ならば、資料のどこかにあるはずだ。

佐藤は、昨年十一月三日、事件の直後に関東都督府が作成した在外排日党の名簿を取り出した。リストに載せられた百数十名は、排日派の集会に複数回出席した者である。

「楊成春」の名は、ない。また村井大尉と上原少佐の調査報告書にも載っていない。

集会には出ない、目立ったこともしない元民会長。だからノー・マークだったのか。現会長崔鳳俊などは、ちゃんと載っており、要注意マークまで付せられている。

倉知の資料に、韓国統監府警務局が作成したリストがあった。昨年十一月七日、曾禰が『真の兇行担任者は、云々』と桂首相に報告した、あのときのリストだ。

二十五名ばかりが挙げられている。「あった」。さほどの重要人物ではなかったのか、扱いも最後のほうになっている。仮にも「元民会長」だった男が、こんなにも軽んぜられる存在とは。何か理由でもあるのだろうか。

佐藤は、さらに資料をめくった。

昨年十一月二十五日付、大鳥総領事が発した電報に、『楊成春は、過激なる排日派なり。教育、資産あり』とある。これも大勢の中のひとりとして、せいぜい名前ぐらいは挙げておこうか、といった程度の扱いなのである。しかし、『過激』の部分が気にはなる。

総じて地味な男が、なぜ「安の仲間」に襲われたのか。理由は、後刻にゆずる。

ここで重要なのは、室田義文の最初の証言である。

室田は、弾痕の数からして六発の銃弾では足りない。『尤《もつと》も狙撃者が公爵を撃ちたるときは、更に銃を換へて撃ちたるものとせば別格なり』と、証言している。

安が別の拳銃を持っているわけがないから、室田の皮肉か、暗示である。

そこで銃声の数の「印象」が重要になる。

当日、駅舎の出入口にいた証人の酌婦阿部タカは、「ポンポンと二つ三つの音」を聞いている。また、隣の稲田ハルは、「パンパンと三つばかりの音」がしました、と証言。彼女たちの示す数は、強く受けた「印象」を表している。つまり二、三発だ。

安が拳銃を発射した高さや状態によっても強弱の違いが生じるだろうが、証言者の「印象」は、射撃の場所を示している。もし室田の証言にあるように、駅舎の「二階」から撃ったとすれば、彼女たちには、頭上から聞こえたはずである。

その音の「印象」が強かった彼女たちは、二、三発または三発と感じたのである。

では、「楊成春」は、室田のいう「別の狙撃者」か？

この断定は極めて難しいが、はて――。

暗殺計画は、伊藤の訪満が事前に漏洩したことから始まる。どこから漏れたかは見当もつかないが、とにかく漏れたのだ。これが出発点である。

佐藤は、戯画が米国の朝鮮語新聞に掲載された「九月二十六、七日」に惑わされた。倉知も同様だ。あの戯画に触発された、と錯覚したのだ。たとえ彼らが入手できたとしても、これは無関係だ。

現に「九月二十八日」、清国領北間島富寧において、「金基烈」なる男が「元統監を殺す」と噂していた。富寧を管轄する清津警察署は、これを確認している。

ここでも「金基烈」が「金基竜」と同一人物か否かの隘路《あいろ》に阻《はば》まれるが、どうやら別人のようである。だが、「安の仲間」ではある。

ほぼ同時期、米国とロシア、清国に情報が届いていた。地理と人脈から判断して、発信源は、ウラジオでなければならない。アメリカから富寧の田舎まで連絡する必然性がないからだ。時期は、「九月二十六、七日」から遡ること「二、三日前」であろう。遅くとも「九月二十五日」である。

そこに「鄭在寛」なる人物が登場する。彼は、サンフランシスコにおける排日組織連合体、在米共立協会総会の書記だった。二年前のスティーブンス事件で重要な役目を果たした後、ウラジオの韓人街に現れた。統監府の排日党の名簿にも名を連ねているが、海外との情報交換に「鄭在寛」ほどの適任者はいない。

彼は、何をどうしたのか。

ウラジオの情報を、逆にサンフランシスコに電報で送ったのである。何のためにかといえば、策源地の攪乱である。ついでに情報入手の日付も曖昧になり、世界的に訴えることができる。

この策源地の攪乱は、最後に最大の謎を解きあかすキーワードになる。

韓国の現代作家韓碩青氏は、著書『安重根』の中で、安が示した『罪状十五項目』を手渡したひとりに「鄭在寛」を加えている。佐藤友熊は知りえないが、「鄭在寛」の人物像を補強する上で付言しておく。

さて、計画実行までに一ト月ほどある。準備には、充分過ぎる時間だ。

ここでミハイロフが相談相手として登場する。

そこで「狙撃者」を募った。おそらく崔鳳俊が中心ではなかったか。

安重根や「鄭淳萬」らの行動から見て、複数のヒットマンが加わっている。狙撃には、報奨金が提示されたに違いない。その上身柄の安全を保障し、それでも駄目だった場合に備えて、『罪状十五項目』をと、二重の安全策が用意された。

ひとまず「楊成春」が名乗りでた、としておこう。

ここで「楊成春」の動機に触れるべきだろうが、「狙撃者」の人選を優先したい。

そのころ安は、烟秋（注・烔秋と同じ）で鬱々とした日々を送っていた。「安の仲間」は、すぐさま電報で千載一遇の計画を打ち明け、安をウラジオへ呼び戻す。富寧の仲間李明南、洪致凡、金基烈、尹致宋ら四人の噂が、これを裏付ける。ということは、安重根が『伝記』に『初秋九月（すなわち一九〇九年九月）になって、たまたま炯秋方面に滞在していた折、ある日突如として、わけもなく心神憤鬱の状態と……』なったのを、当時、韓国人が常用していた旧暦と解釈し、旧暦「九月一日」が、西暦の「十月十四日」だったことから誤解が生じたに違いない。ここはストレートに「九月」の某日で良かった。そして『また還ってくる気はない』と言い残して、安は炯秋を発ったのである。

安は、途中、税関吏鄭大鎬に家族を迎えに行ってほしい、と依頼。そして鄭大鎬が出発するのは、溝淵の訊問調書では十月九日。十月十三日には、長春『大和屋ホテル』の投宿が確認されている。曺道先がハルビンに現れるのが、一説には十月十六日ともいう。

「楊成春」については、もう少し待ってもらいたい。安を先に進める。

安は、密かに「オレがやる」と、決意するのである。さらに「安の仲間」は、討ち漏らした場合を考えて、第二陣を待機させる。これは後に登場する別動隊とは違う。

ここで大きな疑問に突き当たる。

安は、なぜ蔡家溝駅へ移動する必要があったか、である。

当初、安は、寛城子を選んだ。極めて妥当な選択といえる。ところが汽車賃が不足して三挟河駅に変更。そして蔡家溝駅へと変えた。理由の説明は、長くなるので後述のエピローグにゆずることにして、韓民会内のトラブルを解決しておこう。

首尾よく安は、当初の計画通りにハルビン駅頭で狙撃できた。

安は捕縛され、「楊成春」は戻ってきた。

ここで民会と「安の仲間」が、齟齬をきたしはじめる。

筋書き通りにことが運べば良かったが、そうはならなかった。大きな誤算である。幾度か奪還計画を立てるが、実行できないでいた。事件後しばらくして崔鳳俊らは、韓民会の団結を訴えている。ひょっとしたら「安の仲間」が騒ぎだしたからかもしれない。密かに「楊成春」が報奨金を受け取っていたら、さらに羨望と嫉妬が渦巻くだろう。そうでなくとも身柄の保障が果たされなかった。「安の仲間」は、民会幹部を突き上げた。

崔鳳俊らに残された手段は、裁判闘争である。ミハイロフを弁護士に立て、「無罪」とならないまでも、せめて禁固刑を勝ち取ろう、と。「安の仲間」をなだめるためにも、万全を尽くす必要があったはずである。

英国人弁護士ダグラスの登場がこれである。大鳥の情報によれば、『約一千六百ルーブル（注・邦貨で約一千円余）』という高額な弁護士料を用意して。

だが、なかなか実現しない。「安の仲間」は、ひとまず「ヤンチカ」に身を潜める。彼らの不満解消のために、民会幹部が奔走する。だが、万事休す。

そして一月二十三日の民会総会の開催を迎えたのである。

「楊成春」は、いまや「安の仲間」にとって怨嗟と嫉妬の疫病神になった。ところが崔鳳俊、金秉学らは、「楊成春」を守ろうとした。「安の仲間」は、満足しない。そこで「鄭淳萬」らは、殺す目的で「楊成春」の自宅へ乗り込んだのである。

この情報をもたらした大鳥総領事の「内通者」は、最初から「楊成春」事件が「暗殺」がらみと知っていたのだ。おそらく口頭では、もっと具体的に述べているはずだ。

では、「楊成春」は、いったい何者か。

名望があり、財産もある元韓民会長が、なぜ危険が伴うヒットマンを、自ら買って出なければならなかったのか。これにも伏線があるから、もう少し我慢願いたい。

佐藤は、「スティーブンス事件」の関連資料を取り出した。

明治四十一年四月七日、当時の桑港総領事小池清造が外務大臣林董《ただす》に提出した報告書である。参考資料として、在ウラジオ排日派のリストがあった。

時系列を把握するために挙げたが、このリストに「楊成春」は、登場しない。

少し遡って明治四十一年二月二十八日、浦潮斯徳領事野村基信は、『韓人韓吉命《かんきちめい》自殺の件』を報告している。なぜ、わざわざ野村領事は、韓人街で起きた自殺事件を報告したのか。まず、自殺の経緯はこうだ。

報告書をわかりやすく要約すれば——。

日本語と英語、ロシア語に巧みであった自殺者「韓吉命」は、日露戦争前からロシア東洋学院、日本でいえば高等専門学校で朝鮮語の教授をしていた。その彼が日本人と交際があるのを理由に、同胞から「売国奴」と罵られて侮辱を受けた。ピストル自殺を遂げる前日まで教壇に立ち、誰も悩みに気づかなかった。そんな高等教育を受けた男が、『身の潔白を死でもって雪《そそ》ぐ』と遺書に認め、自宅のベッドで死んでいたのである。

これにも、伏線がある。

野村領事は、かつて浦潮貿易事務官をしていた。「韓吉命」と知り合ったのは、その事務官時代のことだ。その事務官在任中の明治四十年四、五月ごろ、本拠地「ノウォキエフスク」(烟秋)に私兵五百人を持つと豪語する元間島管理使李範允は、徒党を率いて韓人街を個別に訪問し、国債一千三百万円を日本に返還すると称して集金して回った。

その部下厳仁燮《けんじんしょう》は、二、三人の同胞を殺したという噂のある男だ。このとき、「韓吉命」は、どうやら醵金を断ったものとみえる。どうせ李範允が自分の懐に入れるお金と知っていたのであろう。安重根が韓人街にも立派な別宅を構える李範允を訪ねるのが、どうやらこのあとである。ただし、安が同韓人街で返還運動に従事した報告はない。

さて、それから十カ月後の明治四十一年二月二十七日、李範允は、厳仁燮らを引き連れて再び「韓吉命」の前に現れた。こんどは義兵と資金集めである。協力しないものを「売国奴」と決めつけ、暴力をふるった。

堪《たま》りかねた「韓吉命」は、日本総領事館の領事に出世した野村を頼って、「李範允らの暴行を制止してほしい」と泣きついたが、「日韓協約に保護が明示してあっても、露領の場合はロシア官憲に願い出るのが筋だ」と、冷たく責任を回避したのである。

「韓吉命」の自殺は、その翌日である。領事野村基信が殺したようなものだ。

余談だが、その五カ月後、崔才亨と李範允の結束によって豆満江沿岸洪儀洞《こうぎどう》で義兵が立ち上がった。その義兵司令官鄭警務大将の「左令将」、つまり参謀中将に就任したのが厳仁燮であり、同時に「右令将」を安重根が務めて「左右令将」は、義兄弟の契りを結ぶ仲となった。その後、安と厳は、ある事件があって決別している。

本題に戻ろう。残る伏線を片づける。

野村領事は、「韓吉命」の死を契機に韓人街を調査し、『日本に対し敵愾心を有すると雖《いえど》も其程度過激ならざる者』と題したリストを作成した。

過激ではないが敵愾心を持つ人物として、崔鳳俊を筆頭に金秉学ら四十八名を挙げ、これに「楊成春」の名は、十一番目に登場する。

人柄は、『青年者間に有力にして、韓人間の紛綸《ふんりん》（注・もつれること）事件裁判者として、又総代なり。学識あり、年凡《およそ》三十五、六』とある。

このような学識者「楊成春」が、なぜヒットマンに名乗りでたのか。

さらに資料を読み進むと、明治四十一年十月六日、同領事報告『韓人に関する金同大《きんどうだい》の談話の件』に、ふたたび「楊成春」の名前が登場する。

　金同大の談話に関しては、数次の機密電を以て述べたるところなるも、其後同人のもたらせる情報に依れば、金春成を殺害せるは事実にして、韓人車錫甫は、初め煉瓦を以て金の胸部を撲《う》ち、楊成春其他の者、之れを乱打し、遂に死に至らしめたるものなりと。

　金同大は、平壌生まれの二十六歳。三年ほど東京の神田正則英語学会に通学し、韓吉命事件の二年前にウラジオにやってきた親日派である。金秉学の家に寄食し、ロシア人に朝鮮語を教えて報酬を得ていた。今回の伊藤暗殺事件でも、大鳥総領事は特別予算一千円を計上して、金同大の情報を頼みにしていた。村井大尉が韓国に戻っても調査を続けたのは、この男の情報が詳細を極めていたからであろう。そして前述した大鳥の「内通者」こそ、この金同大だったのだ。詳細を知りえたのは、民会副会長金秉学の家に寄食していたからである。

　その報告によれば、「楊成春」は、伊藤が暗殺される一年前、別の殺人事件に加害者として連座していたのだ！

　被害者金春成の素性は不明だが、事件数日前に仲間のひとりと韓人街にふらりとやってきた。そして付近の海岸から小舟でノウォキエフスク（烟秋）へ出発しようとしているのを、韓人街住民に発見された。

すぐさま発見者は、「楊成春」に報せた。

一緒に駆けつけた車錫甫が詰問したところ、「ノウォキエフスクから会寧地方へ赴くものだ」と釈明。持ち物を調べた結果、理事庁（注・韓国内の元日本領事館）発行の旅券、その他日本人が書いた書簡のようなものと、名刺類を所持していた。

「楊成春」と車錫甫は、「これは日探（注・日本の密偵）に違いない」と判断し、金春成らふたりを煉瓦で滅多打ちにして殺した、という事件である。

そして事件は、韓人街で闇に葬られた。

車錫甫は、『大東共報』に関係する人物。港湾の人夫請負業をしながら財産を蓄え、韓人社会では上流の部類に属する四十六、七歳の信用ある人物だが、過激排日派のリストに載ったれっきとした闘士である。

「なるほど」と、佐藤は頷いた。

「楊成春」が会長を辞任したのは、この事件のせいだ。その後も表面に出ず、ひたすら隠忍自重していたのである。

こうして「楊成春」は、ヒットマンを買って出た。身柄の安全を保障されているとはいえ、生きて帰れるとは限らない。それをあえて名乗りでるには、おそらく汚名挽回もあったのだろうが、さらにはふつふつと沸き上がる祖国愛のゆえではなかろうか。

そして安重根と「楊成春」の連携が、確実に伊藤博文を射止めたのである。

佐藤は、在外韓人の苦しい生活を思った。

翌一月二十九日、大鳥総領事は、さらに続報を小村外相に送っている。佐藤のもとに転送された文面には――。

楊成春死亡せるに付、協議の為崔鳳俊以下民会員は、昨二十八日集会せるに、二十七日、京城より哈爾賓を経て当地に着したるソンソンジュン、年齢三十七、八、痘痕あるもの、及チョウベンハン三十五、六の両名は、同会に出席し、今回、太皇帝陛下の勅を奉じ在旅順安を獄中より救ひ出さん為、遊説に来りたるに付、助力すべしとて太皇帝陛下璽《じ》を鈐せる親書を示したり。（以下略）

ここに前帝高宗の勅使が登場する。御璽（注・皇帝の印鑑）を戴いたハーグ密使事件とまったく同じやり方である。そして旅順の「安、救出」のために「助力すべし」、つまり金を出せと、高宗の親書を持ってやってきたというのである。

この手を使う怪しげな連中に、韓人街の住人はいくたび金をせびり取られたことか。さすがに崔鳳俊らは金をわたさなかった。が、もし本物だったらと心が揺れる。崔鳳俊らは、いったんは集めた募金を、民会の会計に預託したのである。

さて、「楊成春」は死んだ。そして、安救出の裁判闘争だけが残った。

「それにしても」と、佐藤は安が挙げた罪状に、『明治天皇陛下父親太皇帝陛下紙殺大逆不道事』が、不自然に登場したのを思い出すのであった。

「おやっ」と、佐藤は資料に目をとめた。

『現今浦潮付近に在留する排日派姓名』と題したリストである。


『金秉学』上流。帰化。財産あり。四十五、六。浦潮にては崔鳳俊に次ぐ資産家にして十八銀行支店及び大阪商船会社は、同人の家を借り居れり。請負業にして数万の資産あり。長男を日本慶応義塾に留学せしめ居れり。韓国民会の副会頭たり。


佐藤は、崔鳳俊が事件の前に長崎を訪れ、いったんウラジオストックに戻ってから、また城津《じょうしん》に出張したのを思い合わせた。崔が日本人吉田某と組んで事業に成功したように、副会長金秉学もまた、子弟を留学させるだけの相当な人脈を日本に持っていたのだ。

これらの人脈に伊藤訪満を漏らす人物がいたと考えれば、すべてが納得できる。

「伊藤は、日本にとっても悩みの種だ。かつて伊藤は……」と、天皇暗殺の一件を囁いたとすれば、暗殺を唆《そそのか》すようなものだ。国家機密を握る大物が背後にいると窺わせるだけに、「免罪符」になる可能性もある。刺客は、無期徒刑ぐらいに判決され、日韓併合の恩赦で放免されるかもしれない。

では、この黒幕となる大物は、いったい、誰か。

そう考えながら、「そんなバカな」と、鼻で笑う倉知の顔を、佐藤は思い浮かべた。

一月三十一日、午前十時。いよいよ裁判の日程が決められるのだが――。

四日前に東京から戻った平石が裁判関係者に招集をかけた。

佐藤は、すぐさま高等法院へ向かった。すでに平石の部屋には、真鍋地方法院長、溝淵検察官、多羅尾首席判官、土屋判官らが顔をそろえていた。

平石は、関東州弁護士会の水野吉太郎と鎌田正治を担当弁護士に任命すると発表。

「長崎在住のハリス弁護士は、外務省に働きかけたものだから、外務省の責任において断ってもらう。これは、白仁民政長官よりお伝え願いたい……」

平石が言った。

白仁の代理を務めていた佐藤は、外国人を受け入れない方針だと直感した。

「次に」と、平石が箇条書の紙片に視線を落とした。

「鄭大鎬は、明日午後五時、釈放する。真鍋君、良いな」と、真鍋の顔を見る。

「承知しました」と、真鍋が応えた。

「安、禹、曺、劉ら四名は、予審をへずして地方法院において公判に付すものとする。公判の期日は、二月七日、八日、九日、十日。十二日にて結審し、十四日を判決日とする。担当弁護士は、水野、鎌田両人のほかすべて許可せずとする。これは外務省により正式発表を行うから、白仁民政長官より外務省へ連絡方をお願いする。当件は、いままで新聞報道を地裁にて差し止めておいたが、明日より法院長の名において差し支えなしと認める。ただし、法院長の認める内容に限定する……」

平石は、どことなくぎこちなかった。

安秉瓚弁護士を採用するかどうかが問題となった。被裁判権が日本人と同等に韓人におよぶのであれば、弁護権も同等でなければならないからだ。これを平石は、関東州弁護士会に所属していないことを理由に、資格なしとした。

誰もが、唖然とさせられた。

平石のことだから、おそらく首相や外相、司法相らを相手に侃々諤々《かんかんがくがく》と、やり合ってきただろう。ならば予審など必要ないではないか、と啖呵を切ったに違いない。法院長がそういうのであれば、予審を省けと――。

「次にダグラスである。住所を大連に移したことで半ば有資格者と見做すこともできるが、外国籍の理由をもって資格なしとし、ミハイロフやロメロも同等の扱いにする」

平石は、まさに豹変したのである。

「……………」

佐藤は、あえて抗弁しなかった。

「なお、鎌田弁護士の承諾、その他の理由によって、発表は明二月一日とする。佐藤君も、白仁君に連絡するのは、明日にして欲しい。変更があれば連絡する……」

平石が慙愧《ざんき》の思いを込めて締めくくった。

いよいよ裁判である。

終章　安重根の死刑

明治四十三年二月一日。旅順。

溝淵検察官が地方法院へ安重根の公判請求書を提出した。

罪状は、伊藤に対する殺人と随行員への傷害。他の三名は殺人予備と同幇助である。

『事実の表示』に、溝淵は次のように書いている（注・句読点を入れた）。

被告安重根は、枢密院議員公爵伊藤博文及其随行員を殺害せんと決意し、明治四十二年十月二十六日午前九時過、露国東清鉄道哈爾賓駅に於て、予め用意したる拳銃を発射し、公爵を死に致《いた》し、且つ公爵の随行員たる総領事川上俊彦、宮内大臣秘書官森泰二郎、南満洲鉄道株式会社理事田中清次郎の各手足胸部等に銃創を負はしめたるも、右三名は死に到らざりしものとす。（以下略）

同日、鎌田正治が安の弁護を引き受けて、裁判の日程が正式に発表された。

佐藤友熊は、東京出張中の白仁民政長官に電報すると、すぐさま旅順および大連の各警察署に厳重な警備を通達し、弁護士水野吉太郎と鎌田正治の事務所に巡査を二名、また安定根、恭根兄弟の投宿先にも一名宛を派遣して万一にそなえた。

二月五日、大鳥総領事から小村外相宛の機密電が転送された。

京城外麻浦、韓基東二十八歳なるもの、去月末、旧知なる館員渡辺書記生を来訪し、種々談話の末、右韓基東は、目下当地露国憲兵隊に傭用《ようよう》せられ通弁業に従事するも、薄給の為め他に何等か職業を求め度しとて、暗に露国側の内情及韓人の内情を密偵報告すべきに付、相当の帮助を仰ぎ度き旨、諷示《ふうし》致《いたし》候《そうろう》処《ところ》、本人の素行不明なるのみならず、其挙動却《かえっ》て不審の点有之候《これありそうろう》に付、書記生は当館に於て韓人内情を捜査するの必要無之《これなし》の旨を述べ、其となく拒絶致置候処、二月三日、前記韓より同書記生に宛て、今回、安事件に関する弁護士ミハイロフの通弁として同道し、同晩深更《しんこう》、旅順へ赴くに付、若し右地に於て自分の身に関し、何等か行違ひ生じたる際は、保護方可然《しかるべく》……（以下略）

ミハイロフが旅順に乗り込んでくる。通訳として同行する韓基東は、戦々兢々だ。

去年末まで在長崎ロシア領事館の通訳だった韓基東は、薄給に音をあげてウラジオストックにやってきたが、やはり同じ仕事しかなかった。韓国、ロシア、日本。哀れにも三つの国を行き来しながら、どこに安寧の地を求めて良いのか迷うのであろう。

「おい、太田。法院を見ておこうか」

佐藤は、複雑な思いで電報を置くと、秘書官の警視太田為吉に声をかけた。高文と外交官試験に合格した東大の後輩である。

二日後の開廷にむけて、高等法院長平石氏人は、第一号法廷に暖炉を増設させていた。出費が嵩《かさ》むところから財務課長の蝋山長治郎が難色を示したが、外国通信社の記者が大勢つめかけるからと、平石に頼まれた。

いかに暖房が足りないといっても、たった一週間のためである。渋るのは、当然であった。

ふたりは、馬車に乗った。

警備は、万全であった。ダグラス弁護士は、旅順ヤマトホテルに陣取って傍聴に来るつもりだという。吐血までした安秉瓚は、帰り支度をしているはずだ。安重根の弟たちは、ずっと旅館に居つづけており、旅費の心配をしていた。先日、面会に行った境警視が、哀れをもよおすなどと、もっともらしく本音を漏らした。

安の妻子は来るのだろうかと、佐藤は思いやった。

鄭大鎬の妻は、十一月二十二日に安の妻金亜麗《あれい》とふたりの子供をポグラニチナヤへ連れて行ったが、その後、ニコリスクに定住した。ウラジオ韓民会は、崔鳳俊三十ルーブル、金秉学十八、金学萬二十、兪鎮律十と、穏健派と過激派が協力して五百ルーブルを醵金《きょきん》。三百ルーブルを安の家族の家屋建築資金に、二百を安自身に贈与するという。ミハイロフに支払う弁護料一千二百ルーブルを合算すれば、韓民会も大変な物入りである。彼我ともに、生産に結びつかない出費を余儀なくされていた。

馬車は、旧市街を抜けて山側に向かった。要所に設けた検問小屋には、耐寒外套をまとい、毛皮の耳あてがついた帽子をかぶった憲兵が夜を徹して張りついていた。

検問の下士官が手を挙げると、うしろの兵隊が指を小銃の引き金にかける。

佐藤と太田に、彼らはきびきびと敬礼した。

いつもなら、月に一度ぐらいの裁判しかない建物が、にわかに活況を呈している光景を喜ぶべきではあるまい。それが憲兵は、どこか生きいきとしているかに見える。

傍聴席が二百ある第一号法廷は、佐藤が赴任して三年間、一度も使われなかった。

正面中央に判官席、その前に書記席がふたつ。手前両側に検察官と弁護士。部屋の中央が被告席である。それぞれの机や椅子にうっすらと埃が積もっていた。

作業は、天窓をふさいで煙突を取りつけているところだった。

いよいよ裁判は、明後日に開廷される。


二月七日、午前九時半。第一回公判、開廷。

通訳園木末喜と書記渡辺良一が判官席の前に向かい合って着席した。

佐藤は、判官と検察官のあいだに椅子をおいて腰掛けた。ちょうど角から全体を見渡せる位置である。太田も脇でメモをとる予定であった。

傍聴席は、満員だった。ダグラスとミハイロフが見当たらない。代わりに、韓国に戻ったはずの安秉瓚の姿があった。

溝淵検察官と水野、鎌田両弁護士が同時に入廷した。安重根ら四名の被告人は、栗原典獄の後ろから看守につきそわれて入ってきた。逮捕されたときの恰好をしている。傍聴席を背にして、判官と向かい合った長椅子の前で止まった。

正面の扉が開いて、真鍋判官が現れた。法廷係員が総員起立を告げる。

礼をして着席すると、真鍋による四被告の人定質問からはじまった。そして真鍋は、安に対して直接、質問を行った。

佐藤は、この日の公判を東京の白仁民政長官に次のように電報した。

安応七外三名の被告事件に付き、本日午前九時三十分、公判開廷。昼食後一時間休憩の後、引続き訊問をなし、午後四時閉廷す。係官は、真鍋判官、溝淵検察官、園木通訳生、渡辺書記にして、傍聴人は、文武官及市民を合はせ二百名あり、中に韓国弁護士安平山（注・秉瓚の誤り）及通訳、露国領事夫婦、露国弁護士ヤウヂンスキー、外露国婦人一名、英国商人レニソンを見受けたり。本日は、安応七一人に対し、事実の訊問をなせしが、伊藤公施政の方針は、日露戦争の詔勅にある韓国独立の聖旨を無視し、韓国上下の人民を欺き、韓国の独立を危ふくするものなるを以て、韓国々権を確定するには、伊藤公を殺害する外途なきものと信じ、今回の兇行を企てたる趣旨を簡単に陳述し、大体に於て従来の陳述と異なることなし。

本日は、安応七ひとりに対して罪状認否を行ったが、同人は、伊藤公の施政は日露戦争の詔勅に背いて韓国人を欺き、韓国の独立を危うくするために殺害する他に道はないと信じたと陳述。佐藤は、従来の主張と変わりなかった、との印象を述べるに留まった。

二月八日、午前九時三十分。第二回公判、開廷。

傍聴席に、安弁護士とダグラスがいた。

安ら四名が入廷したが、今日は禹徳淳と曺道先の審理が中心である。

陳述内容は、従来と変わりなかった。ただ、禹が起訴事実を認めて自らの意思で殺害に加わったと応えたのに反し、曺は犯意がなかった、あくまでも真実を告げられないまま蔡家溝駅まで同道したにすぎない、と主張したのが印象的だった。

午後四時三十分、閉廷。

廊下を歩いていると、「佐藤さん」と呼ばれた。

「うん？」と、佐藤はふりかえる。

境喜明だった。傍聴席でちらっと顔を見た。

「わたしは、明朝の船で戻ります。いろいろとお世話をかけました」

境が深々と頭をさげた。

「いや、こっちこそ。明石少将や松井、中川氏らによろしく伝えてくれますか」

佐藤は、旅順と韓国との軋轢の中で、境もやりにくかったであろうと思いやった。

「ひとつお願いがあります。安は手記を書いているようでありますが、もし、写しを作れるようであれば、統監府にも一通、送っていただきたいのでありますが」

途中まで書いたそれは、栗原典獄に提出するはずである。

「うん、承知した」

佐藤が承諾すると、境は、安に心を残したように軽く礼をして去った。


二月九日、午前十時。第三回公判、開廷。

満員の傍聴席に、安弁護士とダグラス、安定根と恭根らが並んで坐っていた。

さて、最後となった劉東夏の番である。

人定質問のあと、真鍋が劉に、ポグラニチナヤからハルビンに来てからの電報のやりとり、安の犯行を事前に知っていたかどうか、そして犯行当日にいたるまでを訊ねたが、劉は、不都合な部分は全面否定して、午前中の公判が終わった。

午後一時、再開。

真鍋は、膨大な量のココフツェフ、ミルレル、小山善など日露の証言を読み聞かせた。

そして、安重根から質問に入り、禹徳淳、曺道先、劉東夏と、それぞれの疑問に対して交互に質問を行った。

午後四時二十分。真鍋が口を開いた。

「被告の四人は、反論できる新たな証拠があれば、いまからでも提出できます」

それぞれが「ない」と、応える。

「では、何か意見があれば、これを許します」と、真鍋判官。

禹と曺、劉は、「ない」と言う。安が「ある」と応えた。

「はい。公の安寧秩序に反する意見でなければ、これを許します。安被告」

真鍋が言った。

安重根は、立ちあがった。

「今回の凶行については、これまで大要を申し上げましたが、わたしは、徒《いたずら》にことを好んで伊藤公爵を殺したのではありません。ただ、わたしの大いなる目的を発表するひとつの手段としていたしましたから、社会の誤解を招かぬよう申し述べたいことがあります」

と前置きし、従来述べてきた義兵の参謀中将だったことから罪状十五項目にわたって語りはじめた。

『伊藤博文と安重根』（佐木隆三著）では、『大韓毎日申報』の記事を引用して、次のように描いている。

安重根氏は、すでに獄中で写した「伊藤殺害理由書十五箇条」を骨子として説いた。

「私がハルビンで伊藤を殺害したのは、伊藤が韓国の独立を妨害したためであるから、ハルビンの暗殺は『韓国独立戦争』の一部である。また、こうして我々が日本の裁判を受けるのは、戦争で敗北して捕虜になったということだ。したがって、内地の義兵が日本軍と衝突することも、独立戦争とみなすことができる。私は今回のことを、個人の資格でおこなったのではない。韓国義軍の参謀中将として、国家のため、東洋平和のためにおこなったのである。伊藤は露日戦争における日本の開戦の宣言に背き、七箇条を強制的に締結させて、日本をして東洋の平和を攪乱させた。また伊藤は、閔妃暗殺の首謀者であり、韓国の外臣となって、我が皇帝陛下を欺いて皇位を廃したので、韓国の逆臣であるばかりか、日本でも大逆臣である。すなわち伊藤は、日本先帝の孝明天皇を……」

この言葉が終わらないうちに裁判官は、

「公安妨害だ！」

と、発言を禁止した。

この記述には、重要な誤解が一カ所ある。それは後述するとして、『安重根と日韓関係史』に記載された公判記録は、どうなっているのか。

安は、閔妃殺害を述べたあと――、

　我らは予て公爵は、日本のために功労あるということも聞いておりますが、また一方、日本天皇陛下に対しても、逆賊であるとのことを聞きました。これからその事実を申し上げようと思います。（注・ここで真鍋が小槌を叩いて中断）
　ここに於いて判官は、以後本件の審問を公開するは安寧秩序を害する虞れありと認むるを以て、公開を停むる旨決定を言渡し公衆を退廷せしめたり。（以下略）

　さて、一部誤りがあると指摘したが、理由はこうだ。

　この公判において『日本天皇陛下に対しても、逆賊云々』とあるように、安がこの十五項目の罪状を述べるのは、自ら書いたものを含めて三度目である。ただし、境警視にも簡単に述べてはいる。安は最初、『現日本皇帝の御父君』と供述し、旅順監獄に着いて『明治天皇陛下父親』と手ずから書いた。いずれも直《じか》に「孝明天皇」と、呼んではいないのである。安が言うように、韓国の誰もが知っているのであれば、一度は「孝明」と口から出ても良い。が、言わなかった。

　真鍋は、「安寧秩序を害する」として公開を停止し、法廷係員が全員退去を命じる。予期した顚末だったが、あざやかな対応である。

傍聴人がいなくなると、ふたたび真鍋は小槌を打ち鳴らした。

「どうぞ。被告人は、続きを述べなさい……」

真鍋が言うと、鼻白んだ安が、裁判の不公正を述べたてた。

佐藤は、この光景を『後四時二十分、証拠調を終り、安応七に、尚、陳述に命《おお》せしに、其申立、公けの安寧秩序を害するものと認め、公開を停止して取調べを継続し、後五時三十分に至り閉廷せり』と、石井外務次官に短く報告した。

真鍋は、最後まで安重根に発言を許し、記録に残したのだ。

騒動のひと幕を乗り切って、佐藤は廊下に出た。

「ミハイロフが、例の韓人通弁をつれて大連にやってきたそうです。おそらく今夜十時すぎには、旅順に到着するだろうと……」

太田が耳打ちした。

「そうか。法院長にも伝えておいたほうがいいな。君は、先に帰りたまえ。馬車は、こっちに戻しておいてくれ」

佐藤は、そのまま二階の高等法院長室へとあがった。

その日の夕刻――。

旅順ヤマトホテルに宿泊中の弁護士ダグラスは、水野、鎌田両弁護士とロシア人ヤウヂンスキー、西川玉之助、鬼頭玉汝《ぎょくじょ》ら法律家を晩餐に招いた。

旅順民政署長相賀照郷の報告によれば、次のやりとりがなされた。報告文を会話風にすれば――。

「関東州は、ロシアの条約を継承した日本の租借地ですが、主権は清国にありませんか」

ダグラスが口火を切った。

「当州の裁判所は、清国の代わりに裁判権を行うものでして、清国の裁判所と見做すことができます」

西川が応えた。二十六歳の俊英である。

「ならば、清国に治外法権を持つ韓国臣民に対して、なお清国の裁判を行うのは、おかしいのではありませんか。ドイツの膠州湾《こうしゅうわん》租借のように、条約に明文化して自国の裁判を行うと規定してあればともかく、明文のない関東州においては、韓国人の犯罪をあつかうのは、不当と思われますが？」

ヤウヂンスキーが訊く。大連在住の法学博士だ。

「管轄違いにつき、裁判権なしと抗弁したらどうですか。本件で採用されなくとも、ひとつの判例をつくることにもなります。冒頭でやれば効果はあろうと思いますよ」

ダグラスが提案した。

「ところが厄介なことに、韓国人に関する刑事事件は領事が裁判する、と条約に明記されています。ですから、犯罪発生地の領事がこれをなす、となるわけです」

水野吉太郎が応えた。

「説明を補足しますと、裁判手続上は、明治四十一年法律第五十二号第二条『満州における領事官の予審をなしたる重罪の公判は、関東都督地方院これを管轄す』、ならびに第三条『満州に駐在する領事官の管轄に属する刑事に関し国交上必要ある時は外務大臣は関東都督府地方法院をして其の裁判をなさしむる事を得』と明記されています。去年十月二十七日、本条文をもって外務大臣が命令を下しまして、当地方法院へ回されてまいりました。管轄違いをもって抗弁するのは、むずかしいのではないでしょうか」

鎌田弁護士が言った。三十半ばのベテランである。

「となると、個人的な理由をもって減刑を主張するほかないのか……」

ヤウヂンスキーが難しい顔をした。

「いや。ダグラスさんがいわれた内容でただひとつ、韓清条約で清国が韓国に与えた外交権は、まだ消滅していないと判断できます。つまり、韓国刑法をもって裁判すべき問題が残っております。これを突破口にすれば、さきほどの管轄違いが主張できます」

鎌田が言った。

「うん。そんなところでしょう」

水野が頷いた。

旅順民政署長相賀照郷は、『安重根裁判事件に関して意見を交換したり。内偵の要領以上なり』と、報告を結んでいる。

弁護側も、いよいよ検察官の求刑に向けて対策を練っているようである。

二月十日、午前九時三十分。第四回公判は、傍聴禁止を解いて開廷した。

溝淵検察官がただちに弁論に入った。

「本件については、まず訴訟法上、当法院において正当の管轄権があるか否かを決めなければならないが、本件の犯罪地は清国の領土内において被告らは露国の官憲に逮捕され、かつ訊問を受けたものの、被告らは韓国に国籍を有し、露国において裁判すべきものではない。然るに……」

溝淵は、経緯を説明し、劉東夏はいまだ政治思想を持つに至らず、曺道先もまた、国家独立の思想を持つほど学力があるわけではない。禹徳淳も放浪生活をし、独立の見識があったとしても、新聞で知るような浅いものだ。安重根こそが首謀者である、と条文をあげて量刑の根拠を示した。

このとき弁護人は、弁論準備のため、延期を申請した。

十二時にいったん休憩。午後一時半に再開して、二時四十分まで続いた。

求刑は、次の通りだ。
安重根、死刑。
禹徳淳と曺道先、懲役二年。
劉東夏、懲役一年六月。
園木が通訳して、三時四十分に閉廷。弁護人の最終弁論は、十二日となった。
佐藤から石井次官への報告電。求刑の法的根拠を加えたあと——。

傍聴人の在廷は、昨日に異ならず。安秉瓚、ヤウヂンスキー傍聴す。ミハイロフは、昨夜当地に着したれ共、法院に対しては未だ何等の申出を為さず。又傍聴も為さゞりし。尤も水野、鎌田の両弁護人は、昨夜ダグラスと会合の際、ダグラスより管轄の問題を出したるに付、詳細説明し聞せたるに了解したる様子なり。又安秉瓚にも、同様説明し置きたりとのことなり。

ミハイロフは、当地に着いているが、いまだ法院に何らの申出もしていないし、傍聴にも来ない。水野、鎌田の両弁護士は、昨夜、ダグラスから管轄の問題を指摘されたが、説明をして了解を得たようである。また、安弁護士にも同様の説明をしておいたとのことである。

旅順民政署長相賀照郷から佐藤への報告。

『大和ホテル滞在中のダグラスは、安重根事件に付、本月十日午後七時五十分、上海タイムスに宛、左記意味の電報を発したる旨、内偵せり。「本日は検事の論告（穏やかなる語調にて）にて終日を占め、安に対しては死刑を要求し、共犯三名に対してもそれぞれ尽《ことごと》く処置せり」右報告候也』

ダグラスは、そのほか『ロンドン・タイムス』宛に公判進行と、訊問に対する安重根の陳述が明朗快活であり、政治的な発言をした、と簡単に通信していた。

二月十一日は、休廷日である。

旅順民政署長相賀の報告によれば——。

——ミハイロフは、韓民会から送金される裁判費用を受け取るために、裁判を放って大連ヤマトホテルに居残っていた。通訳韓基東は、昨日の裁判結果をミハイロフに報告するために、午前十一時発の大連行の汽車を予定していたが、乗り遅れた。そして午後五時発を待って出発した——。

佐藤は、あらかじめ大鳥総領事から、『浦潮韓人は、日本官憲が開廷七日前に通知すとの約束に背きたりとて不平の色あり、ミハイロフは民会の決議に基づき、前電の一千二百ルーブルを受け取り、弁護の許可を得るに努められるべし』との電報を受け取っていた。

そして、もしミハイロフが許可申請を出したら、ひと悶着起きるだろうと予測していた。ところが、怠慢にもミハイロフは、申請を試みもしなかったのである。

相賀署長は、さらに――。

――実情を知らない安兄弟は、ミハイロフに感謝し、また喀血をした安秉瓚弁護士は、民政部が手配した日本人医師の治療を受けて小康を保っている。韓国の新聞社から頼まれた報告記事を長々と書き、電報局まで歩いて送っている。

他に、港湾荷役をしている韓人数名が殴りあう事件が起きて逮捕者を出したが、裁判には無関係のようだった――。

まさに平穏無事の警備に、佐藤は満足できた。

二月十二日、午前九時。第五回公判、開廷。

ふたりの日本人弁護人は、安の伊藤への誤解、政策への知識不足などを挙げ、伊藤も若いころ英国公使館を襲撃するなどの過激な行為があったと弁護。安に対しては、『軽キ懲役ニ処セラル、ヲ相当ト思料スル』として、量刑三年、その他三名には、無罪を求む、と最終弁論を閉じた。

安が最後の申立を求めた。

そして、公判は、結審された。

佐藤から石井次官への報告電によれば――。

　食後の一時間の休憩を除き、午後三時迄弁護士両名の弁論あり。之に引続き安応七の一時間に亘る最後の申立ありて、午後四時二十分、審理終了。閉廷。明後十四日午前十時、判決を言渡の筈なり。傍聴席の模様、ダグラス、安秉瓚の傍聴も亦例の如し。

佐藤は、詳しく報告しなかった。

明治四十三年二月十四日、午前十時。第六回公判、開廷。

地方法院判官真鍋十蔵は、ふたつ折り罫紙三十六ページにおよぶ判決文を朗読した。

　　判決

韓国平安道鎮南浦　無職安応七事《こと》　安重根　三十二年

韓国京城東署東大門内養士洞　煙草商禹連俊事　禹徳淳　三十四年

韓国咸鏡南道洪原郡景浦面　洗濯業　曹《ママ》道先　三十八年

韓国咸鏡南道元山　無職柳江露事　劉東夏　十九年

　右四名に対する殺人被告事件に付き、本院は審理を遂げ、判決すること左の如し。

主文

被告安重根を死刑に処す。

被告禹徳淳を懲役参年に処す。

被告曹道先 劉東夏を各懲役壹年六月に処す。

理由

被告安重根は、明治四十二年十月二十六日午前九時過、露国東清鉄道哈爾賓停車場内に於て枢密院議長公爵伊藤博文、並に其随行員を殺害するの意思を以て之に目蒐《めが》け、其所有に係る拳銃を連射し、其三弾は公爵に中《あた》りて、之を死に致《いたら》し、又随行員たる哈爾賓総領事川上俊彦、宮内大臣秘書官森泰二郎、南満洲鉄道株式会社理事田中清次郎には、各一弾命中し、其手足又は胸部に銃創を負はしめたるも、三名に対しては被告の目的を遂げざりしものなり。

被告禹徳淳は、被告安重根が前項伊藤公爵を殺害するの目的なることを知り、其犯行を幇助《ほうじょ》するの意思を以て明治四十二年十月二十一日、其所有に係る拳銃（検領特第一号の十七）及び弾丸数個を犯罪供用の目的にて携帯し、被告安重根と共に露国浦塩斯徳を発して哈爾賓に到り、又同月二十四日、共に南行して蔡家溝駅に赴き、同駅は公爵の通過を待ち、犯罪を決行するに適当なるや否やを知る為め、翌二十五日に至るまで同駅の形勢を共に視察し、以て安重根の犯罪予備に加功したるものなり。

被告曹道先及劉東夏は、前掲被告禹徳淳と同一の意思を以て、曹道先は前記安重根、禹徳淳が蔡家溝駅の形勢を視察するに当り、哈爾賓より同行し、其途上並に蔡家溝駅に於て同人等の為めに露語の通訳を為し、劉東夏は安重根が同月二十四日、蔡家溝駅より公爵の着否を問合せたる電報に対し、哈爾賓より「明日朝来る」との返電を発して同人を翌二十五日、哈爾賓に招致し、以て何れも安重根の犯罪予備に加功したるものなり。

（事犯の詳細を省略）

被告弁護人は、日本政府が前項日韓協約第一条に依り、外国にある韓国臣民を保護するは固《もとよ》り、韓国政府の委任に因《よ》るものなるを以て、領事官は、韓国臣民の犯したる犯罪を処罰するに当りても、宜しく之に韓国政府の発布したる刑法を適用す可く、帝国刑法を適用すべきものにあらずと論ずるも、日韓協約第一条の趣旨は、日本政府が其臣民に対して有する公権作用の下《もと》に、均《ひと》しく韓国臣民をも保護するに在るものと解釈すべきに依り、公権作用の一部に属する刑事法の適用に当り、韓国臣民を以て帝国臣民と同等の地位に置き、其犯罪に帝国刑法を適用処断するは、最も協約の本旨に協《かな》ひたるものと謂はざる可らず。故に本院は、本件の犯罪には、帝国刑法の規定を適用すべきものにして、韓国法を適用すべからざるものと判定す。（略）

以上の理由により主文の如く判決す。

「なお、この判決に不服があれば、言い渡しの翌日から五日以内に、高等法院に控訴することができます。これにて閉廷します」

真鍋判官が宣した。

閉廷後、廊下で待ち構えた新聞記者は、安弁護士やダグラス弁護士、ヤウヂンスキー、そして安の兄弟を取り囲んだ。

佐藤は、石井次官への報告を次のように認《したた》めた。

記者其他内外人の批評を聞くに、公判廷の取調周密《しゅうみつ》にして、被告人等にも十分の陳述を為さしめたるのみならず、検察官及弁護人の法律上及事実上の弁論も緻密にして、且公平を保ち、又公判廷及監獄に於ける被告等の取扱も公平親切にして、都督府法院及監獄の公平なることを認め、満足し居れるものゝ如し。殊に安秉瓚は、禹徳淳、曹道先、柳江露は、韓国法に拠り処罰せらるゝときは、厳刑に処せらるべきものなるに、日本刑法を適用して、三年以下の懲役に処せられたるは、全く恩典なりと友人に話したりと云ふ。

○公判廷においては新事実及参考となるべき事実を発見せず。

○安重根の従兄安明根は、昨日、帰韓す。

記者や内外の人びとの感想は、概ね好評であった。ことに安秉瓚弁護士は、禹、曺、劉の三人は韓国法であれば死刑のところ、日本の刑法を適用されたがために三年以下の懲役となったのは、恩典というほかない、と友人に話したと言う。

佐藤は、ひとまず肩の荷をおろした。『新事実及参考となるべき事実を発見せず』としたのは、爆弾証言が出なくて良かった、という意味である。

相賀署長の報告によれば、この日夕刻、ミハイロフとダグラスは、営口に向けて出発した。ハルビンには直接帰らないつもりであろうか。


二月十七日、午前九時。

控訴期限を二日後に控えたこの日、佐藤友熊は、「これから法院において安重根と面談する」と、平石から連絡を受けた。

死刑の判決以来、安への同情と奪還者の襲撃に神経を尖らせてきた佐藤は、何ごとかと赴いた。面談室には、会議室があてられた。

通訳に園木末喜、書記生竹内静衛、そして多羅尾篤吉ら判官も同席している。

「聞くべきは、聞いてやらんとな」と、平石が安の求めに応じたらしい物言いをした。

佐藤は、この面談を安の『聴取書』にするつもりでいると察した。

安重根が栗原典獄に伴われて現れた。全員が起立して礼をする。

「では、これを聴取り扱いにて面談をおこないます」

栗原が言った。

「なんでも申し立てるがよい」と、平石が言った。

「では、申します。わたしは、殺人被告事件について、地方法院の判決に対して不服の点があります。まず、これより陳述いたします。わたしは、元来、伊藤公には面会したこともありません。然るに今回、伊藤公を殺害するに至ったのは、国家のためにであって、決して一個人の資格ではありません。従って本件は、普通の殺人犯として審理されるべきものではありません。ですから裁判は、当を得ていないので不服であります」

「うん」と平石。公判でも述べた主旨である。

「日韓協約の五箇条、および七箇条の協約は、日本が武力に訴えて締結したものであって韓国皇帝はじめ韓国人民のすべてが、快く締結したものではありません。それがためにわたしは、義兵を起こして反対し、また伊藤公を殺すに至ったのです。もし、今回の裁判に服すとすれば、右協約に同意したことになり、これによりましても不服です」

「とはいえ、協約は無効とはならんが、どうか？」

平石が訊いた。

「いいえ。わたしが韓国のために義兵中将として働いたことは、日本人もこれを認めております。今回の行為は、その資格においてやったのですから、捕虜として取り扱われるべきはずで、国際公法、万国公法を適用すべきものです。普通裁判所というべき地方法院で審理判決されましたことは、はなはだ不当であって、日韓協約にも反するものです。たとえ判決を甘んじて受けるとしても、世界各国は、日本を野蛮国として嘲笑することになるのです。以上をもって、わたしは、判決に不服であります」

安重根は、興奮するでもなく理路整然といった。

「……………」

平石が黙って頷いた。

立派な男だと佐藤は思う。平石をはじめ溝淵や栗原も、内心では安を贔屓していた。

「伊藤公が統監として韓国に臨まれた際、韓国のために計ると声明されました。これは単に各国に対する辞柄《じへい》に過ぎず、真意はまったくこれに反しています。一例を挙げれば、日韓協約を締盟した李完用などのごときは、韓国人のすべてが犬にも劣ると、そう呼ぶにも足らないと申しておりますが、その李さえも伊藤公を仇敵《きゅうてき》視しているのです。このような伊藤公を生存させることは、東洋の平和を害するのみであります。そのような悪漢を取り除くのは、東洋人の義務と信じて殺害したのですが、わたしを普通の殺人者として処分するのは非常な誤りで、凶漢と呼ぶ者がいるのにも憤慨に耐えません。この点からしても、今回の裁判には不服であります」

「…………」

平石は、目を閉じて腕組みをして聞いている。

「伊藤公は、自己を肥やすために致していた悪者です。日本天皇陛下のご威徳を蔽《おお》い、これを害《そこな》う悪人です。過般《かはん》、公判廷において検察官は、伊藤公は現今統監ではないのに、これを殺すのは私怨《しえん》だと論ぜられましたが、それは誤りです。統監を辞任されたあとも、種々の干渉をして合邦問題まで生じているではありませんか。これは決して私怨ではなく、まして個人的な殺人でもないのです」

「…………」

「日本の東洋における地位を人体に譬えれば、頭部です。ゆえに考えを慮り、これを謀《はか》らねばなりません。しかるに伊藤公の政策は陋劣《ろうれつ》で、韓国人はもちろん、露、清、米の各国は、日本を成敗しようと機会を狙っております。今日にも改めなければ、禍《わざわい》は忽ちにきて、日本は各国に対して東洋平和を攪乱する責任を負わねばなりません。日本は、東洋平和については、いずれにしても責任を負うのです。『過《あやま》ちを改むるに憚《はばか》る勿《なか》れ』と金言にありますが、日本が責任ある行動をとるのであれば、わたしには秘策があります。差し支えがありますから、いまここでは述べません」

安が園木の通訳に託した語調は、毅然としている。

「いや、ここで拝聴させて戴きたい」と、平石が求めた。

「ならば申します。この政策を実行すれば、日本は非常な名誉を得ることになります。覇権を掌握しようとすれば、必然的に手づくりの政治を施さなければなりません。日本がいままで採ってきた方法は、二十世紀のものとしては飽き足らないのです。すなわち従来、外国がやってきた政策の真似ですから、弱国を脅して併呑《へいどん》する政策です。このようなやりかたでは、到底覇権を握ることはできません。いまや日本は、一等国として列強に伍《ご》して行きつつありますが、その性質は速成速改でありまして、日本のために惜しむのです」

「で、その秘訣とは？」と、平石が訊いた。

「日本の第一になすべき急務は、財政整理です。財政は、人間を元気にさせます。第二には、列強の信用を得ることであります。第三は、日本は、各国より隙を窺われておりますので、それに対する方法を案じなければなりません」

「その方法を実行するためには？」と、平石。

「容易であります。戦争も何も要しません。ただひとつに心を改めるのです。その一番手として、伊藤公の政策を改めるのです。その政策は、全世界の信用を失うもので、日韓協約のごときは、心服するどころか反抗心を必然としたに過ぎません。日韓清は兄弟の国でありますから、極めて密接にせねばなりません。しかるに今日は、兄弟仲が悪く、そのひとりが他人の援助を求める状態では、世界に不和を発表していると同じです。日本が従来の方策を改めるには、多少の屈辱もありましょうが、それは止むをえないのです。そして旅順を開放して日韓清の軍港とし、三国より有為な者を会同させて平和会を組織して、公表するのです。日本に野心がないことを訴えれば、世界各国は、驚嘆して日本を賞賛尊敬して、日韓清は永久に平和幸福を得ることになります」

「では、その財政に関しては、どうするのかね」と、平石。

「日韓清三国の人民数億から各一円ずつを拠出させ、銀行に託して兌換券《だかんけん》を発行すれば、金融も信用されて円満になります。警備としては、旅順港に日本の軍艦を五、六隻繫留《けいりゅう》しておきます。そうすれば旅順を返還しても、日本の領有と少しも異なりません」

「だが、すでに東洋に租借地をもつ列強は許すまい」

「列強から東洋平和を護るには、武装が必要です。それは日韓清から各代表を派遣して強壮な青年で軍隊を編成します。青年たちに各二カ国の言葉を学ばせれば、漢字の進歩にともなって、兄弟国の観念が生まれて団結させます。このような偉大なる日本の態度を世界に示せば、世界はこれに感服して日本を崇拝し、敬意を表することになります」

佐藤は、これが死刑囚かと不思議に思い、改めて安重根を見た。

「なるほど、そうかも知らん。明治のはじめに被告のような意識ある者が日韓両国におったならば、あるいは多くの犠牲を払わずともすんだかも知らん。一々もっともと拝聴したが、ここにおいて高等法院は、一個の殺人犯として取り扱うほかにない。申立は聴取しておくとしても、この申立に副《そ》う特別の手続きをとってやれないのが実情だ。法院としては、最善を尽くした。その判決を遵守《じゅんしゅ》するのも法院の責任である。わかってくれるか」

平石が慨然《がいぜん》と言った。同情を押し殺しているのがわかる。

「はい。わたしは、当初より一死をもって国家に尽くす意思でしたから、いまさら死を恐れて控訴を申し立てるようなことはいたしません。ただ、わたしは今、獄内において東洋政策と自らの伝記を認《したた》めております。これを完成させましたならば、洪《こう》神父が韓国より来てくれるとのことです。わたしが信じる天主教においては、記念すべき日がありますので、来る三月二十五日までは、刑の執行を猶予して戴くようお願いします」

「うん。承知した」

平石が目頭に指をあてた。

この三時間にわたる長大な『聴取書』は正式な裁判記録とされ、文末に以下が記された。

『明治四十三年二月十七日
於　関東都督府高等法院　書記竹内静衛』

二月十九日、昼過ぎ。

佐藤友熊は、控訴放棄の連絡を平石から受けた。

『安重根は、控訴を放棄せり』

佐藤は、従容《しょうよう》として平石と面談する安の表情を思い浮かべながら電文を認めた。

午後二時四十分、同文の電報を桂、白仁、そして石井外務次官宛に三通発信した。

通訳生園木末喜は、こと細かに安重根の最期を記している。

次に掲げるのは、その抄録である。

三月八日。韓国天主教神父洪錫九《しやくきゆう》は、安重根とふたりの弟と一緒に監獄で接見。

三月九日。同神父は、告白秘蹟《ひせき》の儀式を執行。

三月十日。同神父は、領聖体式《りようせいたい》を執行。栗原は、この日に限り安の手錠を外した。

三月十一日。同神父は、最終告別の接見。

韓国統監府から派遣された通訳園木末喜は、死出の旅路につく安重根に涙を堪《こら》えていた。

この日の会話も、栗原典獄に伝えるために通訳した——。

「ひとは、生きているかぎり死を免れないが、わたしは、その一日を先んじて聖壇にのぼり、教友の力によって韓国独立の吉報をもたらされんことを待つだけだ。定根、すまないが死刑のまえに純白の朝鮮服一着を差し入れてくれないか」

安重根が次弟に言った。

「はい」と定根が応えると、ふたりの弟はひざまずいて兄のために祈った。

三月二十六日、午前十時。

溝淵検察官、栗原典獄、そして園木通訳生は、旅順監獄の刑場監視室に着席した。

昨夜、到着したばかりの純白の上着に黒いズボンの朝鮮服に身をつつんだ安重根は、ふたりの看守によって連れてこられた。冷たく沈んだ部屋の空気は、微動もしなかった。

「死刑を執行する。なにか遺言でもあるか」

栗原典獄が事務的に言った。

「わたくしごとでは、何もありません。素よりわたくしの行為は、もっぱら東洋の平和を図ろうとした誠意からでたものです。希《ねが》わくば、本日、臨検の日本官憲各位においても幸いにわたくしの微衷《びちゅう》を諒《りょう》せられ、彼我の別なく合心協力して東洋の平和を企図せられますことを切望するだけです。もしここで、東洋平和万歳を三唱してよろしければ、特にお聞き届け願いたいと思います」

安が静かに言った。

「それは許されない」と、栗原典獄が応えた。

死刑係員が白紙と白布で両目を覆った。

「最期の祈りを捧げたければ、許す」と、再び典獄。

安は、二分間ほど黙禱した。

顔をあげると、ふたりの看守に両腕をとられて階段を登った。従容とした安の首に縄の輪がかけられた。そして看守がおりると、乾いた音をたてて板が落ちた。

十時を過ぎること四分であった。十五分後、監獄医は安の身体を検分した。

「絶命しました」

監獄医の声が遠くから聞こえた。

「執行、完了」

栗原が宣した。午前十時二十分、遺体は、監獄奥に納められた特製の寝棺に入れられ、白布で覆われて教誨堂《きょうかいどう》に運ばれた。共犯者禹徳淳、曺道先、そして劉東夏の三人は、特に礼拝を許されて午後一時、遺体は監獄墓地に埋葬された。

園木末喜は、外務省政務局長倉知鉄吉宛の報告書をこう締めくくっている。

此日安の服装は、昨夜故郷より到来したる紬《つむぎ》の朝鮮服（上着は白無地にして、ズボン黒色のもの）を着つけ、懐中に聖画を納め居たりしが、其の態度は頗《すこぶ》る沈着にして顔色言語に至る迄、居常《きょ》と些《いささか》の差異なく、従容自若《しょうようじじゃく》として潔《いさぎよ》く其の死に就《つ》きたり。

尚、安在監中に於て起稿したる遺稿の内、伝記のみは既に脱稿したるも、東洋平和論は、総論及各論の一節に止《とど》まり、全部の脱稿を見るに至らざりき。

右御報告　候也。

通訳嘱託

統監府通訳生　園木末喜

エピローグ

安重根は、全責任を一身に背負い、従容として刑場の露と消えた。

事件発生から三十年を経て『室田義文翁譚』の一冊を遺し、安単独犯説に異を唱えた元貴族院議員室田義文。彼こそ、蔭に潜む何かを察知した人物だ。昭和十三年十二月発行の同書は、筆記者田中直樹に講談風に語った自叙伝だが、伊藤暗殺で閉じている。そして、同書の発刊を見ずに昭和十三年九月、この世を去った。まさに遺言である。これを詳細に読み込んで、総括・検証してみる必要があろう。

伊藤遭難のくだりを室田は、次のように語っている。

駅の二階の食堂から、斜下へ向けて仏蘭西《フランス》の騎馬銃で撃つたものがある。（中略）右肩から斜下に撃つには、如何なる方法によるも二階を除いて不可能である。そこは格子になつてゐて、斜下に狙ふには絶好であつた。（中略）

義文は、ともすればこみ上げて来さうな嗚咽《おえつ》をじつとおさへながら、ココーフツオ

フに、

『犯人はどうなりましたか。』

とたづねた。ココーフツオフは、

『犯人は、安重根といふ朝鮮人です、すぐ事件発生と同時に捕らへて護送いたしました。昨夜も、騎馬銃を持つた怪しげな朝鮮人が三人隣のステーションの附近を徘徊して居りましたので、捕へるやうすぐ返電いたしましたが逃してしまつたと言ふので、殊更厳重に警戒を加へたのですが、たぶん、その一味であらうと思ひます。』

この時義文の脳裡をさツとかすめたものがあつた。


まず、『二階の食堂』から撃った、と室田は言う。

プロローグで紹介したI・R氏と小日向氏の証言には、中国人から聞いた話として『二階の食堂』の部分に、『従業員の更衣室』が加わっている。大同小異であろう。

そこで、駅舎の構造である。

作家斎藤充功氏は、一九九四年に『伊藤博文を撃った男』（時事通信社刊）の取材で、ハルビンを訪れた。彼によれば当時の駅舎は、一九五八年に取り壊されたとのこと。現物の確認は不可能である。

わたしは、国立国会図書館で複写した『東京日日新聞』と『東京朝日新聞』のバック・イッシューを丹念に当たった。

そして、『停車場』と、大文字で書きだした記事に目を止めた。明治四十二年十月二十八日付の『東京朝日新聞』である。『露国新聞記者ト氏の談』の見出し。たまたま来日中の『浦潮ダリヨカヤ・オグライナ新聞』主筆トロイツキ氏が、談話を寄せたものだ。トロイツキ記者は、街の様子を語り、住民たちの生活環境を説明した後――。

停車場は、広大なる建物にてプラットフヲームは、其南側に唯一箇所あるのみ、長春より来る車も浦潮又はイルクーツクより来る車も皆此処に横付けにせらるゝが故に藤公の狙撃せられたるも亦此処なり、ホームは幅六七間にして屋根なく、唯停車場の建物に近く庇《ひさし》屋根を仕つらへたり、停車場の建築は二階にて室数頗る多く且孰《いず》れの室にも大形の窓を穿《うが》ちたれば兇徒なんぞが紛れ入りて潜み居るにも屈竟《くっきょう》なれば又潜伏所よりホームの方も案内の方も自由に見透し得べく誠に兇行者の都合のよきやうに出来たり。

ここに『建築は二階にて室数頗る多く』とある。同記者は、さらに警察や治安に触れ、また無頼の徒が外部から流入するハルビンの状況を説明している。

これは、事件発生の翌日、凶行の詳細を知らずに応えたもので、まさか一ト月足らずのうちに室田の証言が飛びだしてこようとは、想像もしていなかった時期である。

モスクワ駅やヘルシンキ駅の構造と異なっているのは、ハルビン駅が終着駅ではなく、南北にぬける『横付け』構造のためだろう、とわたしは想像した。

とにかく『二階』は、存在した。


次に、『室田義文翁譚』は、『昨夜も、騎馬銃を持つた怪しげな朝鮮人が三人隣のステーション……』と、ココフツェフの説明として記している。

『昨夜』とは、事件前日。『三人』とは、拳銃を持った安・禹・曺とは「別人」の趣きが感じられる。ハルビン駅の『隣』である。仮に東京駅で凶行があったとしたら、前日、品川駅あたりを騎馬銃をもった怪しい男がうろついていた、といった印象である。

蔡家溝駅を『隣』というかどうか。事件の前々日から前日昼頃までは、「三人」だったが、『捕へるやうすぐ返電いたしましたが逃してしまつた』と。やがて『その一味であらう』となる。あやふやな内容を、ことさらに辻褄を合わせようとすると、こうした矛盾が生じる。ともかく――。

『東清鉄道警察官憲が本件に関し執れる処置、次の如し。□□ドカシ駅付近に居住する韓国人に対し家宅捜査及逮捕を行ふべきこと』と、報告した電報がある。

ミルレル検事が川上総領事に提出した報告書を、事件の翌日午後六時、小村外相宛に発したものだ。□□ドカシ駅の「□」印は、判読不明の箇所だ。ロシア語を日本語に翻訳する際に生じる発音の聴き取りミスだ。氏名でも、カタカナしか充てられない場合がある。ただ、外務省の誰が書き入れたか、「横道河子《オウドガシ》」と、不明瞭ながら漢字の添書きがある。

仮に「横道河子」とすれば、哈爾賓と綏芬河をむすぶ「賓綏線」の駅名であり、朝鮮族が多く住む地域で、貨物取扱もできる駅である。ただし、移動に十時間以上はかかる距離だ。

類似の駅を清国全土の駅名簿で調べたが、皆無だった。ちなみにハルビン市には、「哈爾賓駅」と「濱江駅」しかない。「□□ドカシ」の発音には、程遠い。してみると『捜索及び逮捕』された蔡家溝駅か？　日本語で「さいかこう」、支那語で「ツァイチャゴウ」と、いずれも似ても似つかない発音である。この部分は、お手上げと思われたが、次の文章があった。

『又「ポグランスチナヤ」駅清国税関の使用韓国人「チヤンデン（注・鄭大鎬）」が同国人「チユウドセン（注・曺道先）」の告訴に依りて同事件に関係あるものと認めらるゝに付逮捕の上共に日本総領事に引渡すべきこと……（以下略）』と、鄭大鎬の逮捕を命じる内容だ。

室田の記述に該当しないとわかる。

次に、『騎馬銃』である。

田村光栄の訊問に応じたときの室田の陳述を思い出してみよう。

室田は、銃声を聞いても、すぐに狙撃とは気づかなかった。少し進んで洋服を着た男が『露国軍隊のあいだより身を乗り出して拳銃を構えて、わしのほうに向けて発射』して、初めて知った。狙撃者は、『右足を前に出し、身体を前屈み』にしていた。

ロシアの官憲は、この瞬間の人間配置図を複数の目撃者に描かせた。そして蓋然性の高い決定図を日本の総領事館に提出している。本文に描写した配列がそれだが、室田もまた同じように書き、一発の弾丸が数名に当たった可能性を指摘している。そして室田は、弾丸の数を挙げて、別の狙撃者の存在を匂わせた。『室田義文翁譚』にこう記す。

安重根と言ふ犯人に擬された男は、あの儀仗兵の間からピストルを突き出してゐた小さな朝鮮人のことだらうか、と言ふことであつた。若しさうだとすると、重大なる疑点が生じてくる。と言ふのは、伊藤がうけた右肩から斜下への傷である。

義文は、咄嗟にさう思つた。

『犯人は安重根ではない。』

しかし、犯人が安重根でないとすると、一たい誰か。（中略）

それを裏づけるものは、伊藤がうけた弾痕である。それは決して安重根の持つてゐたピストルの弾丸ではなく、仏蘭西の騎馬銃の弾丸であつた。

室田は、『仏蘭西の騎馬銃』を強調する。騎馬銃は、騎兵銃ともいう。ところが、ロシア官憲が提出した調書のどこにも『騎馬銃』は見当たらない。赤間関区裁判所検事田村光栄に述べた室田の陳述書にもないのである。

では、『騎馬銃』が室田の記憶に鮮烈に残った事実は、何を物語るか。

実は、興味ある新事実に突き当たるのだが、それを詮議する前に、遭難の顚末を済ませておこう。室田は、こう語る——。

とに角遭難の際伊藤は、汽車から降り、軍隊の前を過ぎて外国領事団の前に到り、二三人の人と握手して、軍隊を検閲しようとして引返さうとした、そして二三歩進んだと見る瞬間、撃たれたのであつた。それで右肩を撃たれてゐるのである。ともあれ安重根は、法官の、

『お前は伊藤博文公の顔を知つてゐるか。』

と言ふ問に対して、

『知りません。たゞ背の高い、口髭を生やした人だと聞いて居ります。』

と答へてゐる。つまり、安重根は、義文を、伊藤と間違へてゐたのである。

しかし、安重根が真犯人でないとすると、他の真犯人の逮捕を見るまでは、事件は永遠に片づかぬ。引いてはこのことが日露国交上に支障を来すやうなことにもならうやらも知れぬ。そんなことから、山本権兵衛が、それを明かにすることに反対した。そして結局、此の問題は義文の抗議にも拘らず、我が官憲で口を閉じせしめた。由来三十年依然として謎の儘残されてゐる。

次に東京地裁検事古賀行倫に述べた証言では、いっさい狙撃者の疑惑、その他銃弾にも触れていない。思うに山本権兵衛の忠告に従い、疑惑の部分を遠慮したのであろう。では、室田が凶器に「騎馬銃」を挙げた経緯を推測してみる。

室田は、はっきりと『伊藤のうけた弾丸は、いづれも仏蘭西の騎馬銃の弾丸で、三発であつた』と語っている。そのあと、『第一弾は肩から胸部乳下にとゞまり、第二弾は右腕関節を突きぬけ臍の側を縫ふて臍下へ止まつてゐる。そして第三弾は、右手臍の側を縫ひ、腹部の皮をすうつと切つて外部へそれてしまつてゐる。』と言う。微妙に、医師小山善の検視書と異っていることがわかる。この違いは、室田が実検分した印象を感じさせる。

室田が伊藤の創口を確認したのは、事件直後の特別列車内と長春ヤマトホテルの二度の可能性がある。だから、伊藤の身体に入った弾は、『斜下に撃つた』ものだと。

安と伊藤は、ほぼ同じ身長一六三センチぐらい。室田は、一七五センチと、当時の日本人としては大柄である。従って安を「小男」と呼んだ。前屈みになって拳銃を撃てば、弾丸はほぼ水平に入らなければならない。だが、創口がちがう。そして『安重根の持つてゐたピストルの弾丸ではなく、仏蘭西の騎馬銃であつた』となるのである。そして、裁判記録に目を通していたことも、『室田義文翁譚』の文面で判る。

これは、室田の「確信」と断言しても良かろう。

帝塚山学院大学教授上垣外《かみがいと》憲一氏著『暗殺・伊藤博文』を、もう一度振り返ってみよう。ちなみに本著は、室田説を正面から取り上げ、詳しく検証した初めての一般書である。次のように書いている。

裁判記録は銃弾の問題に一切触れない。遺体の処置をした小山医師は、遺体を傷つけないために銃弾は体内に残したと新聞で語っている。これは奇妙ではないか？　室田は、小山によって行われた長春での遺体の処置に立ち会ったのであり、そこで銃弾の問題を知ったと、筆者は考える。

『銃弾の問題に一切触れない』。確かにそうだ。

『安重根と日韓関係史』には、二度にわたる室田の陳述が採録されている。ところが「奇妙」なことに、外務省外交史料館に残された『裁判資料』の目次に『室田義文の証言』と入れながら、肝心の本文が抜け落ちている。

わたしは、研究者が戻し忘れたかと思ったが、上垣外氏のこの「奇妙」の言葉に触発されて、故意に抜いたものではないかと疑うのである。つまり、触れないどころか、『裁判資料』として採用されなかった可能性もある。もちろん、関東都督府に集められた膨大な機密電報や報告書、陳述書などが幸いにも残り、室田の陳述書の原文を見ることができる。現在、同史料館に『伊藤公爵満州視察一件』としてファイルに収録されている。

また、唐突だが、伊藤博文・ココフツェフ会談は、本野大使によって着々と進められ、外務省とのやりとりもあったはずだが、どこにも書簡や電報が見当たらない。同館外務事務官内藤和壽氏の協力を得て、さんざん捜してもらったにもかかわらず、この歴史的に重要な交渉経過を示す資料がみつからないのである。

それはともかく、わたしは、この上垣外説におおむね賛成である。帰路の車中で非公式にでも「騎馬銃」をもった不審な男が噂に出たとすれば、伊藤が受けた『右肩から斜下への射入角度を気にした室田は、一も二もなく信じただろう。

というのも、十月二十八日付ロシア語新聞『ノーヴァヤ・ジーズニ』は、『地元の日本人会は、川上総領事に責任があると見ていた。駅の出入口には、日本の警察を配置しなければならなかった。特に怪しい朝鮮人が潜入しているという情報が入っていたのであれば、適当な対策をとるべきであった。』と、報じている。

情報源はどうあれ、事件直後、ハルビン市内に『怪しい朝鮮人が潜入』の噂があった事実を窺わせる。それを寛城子へ向かうロシア人同乗者から聞いたとすれば、どうか。彼らが、帰路六時間弱のあいだ、まったく事件に触れないのは不自然でさえある。

そして伊藤の銃創を検分した室田は、あれこれ推理を加えたのであろう。

凶器の検証は、さらに続くのだが、周辺を固めるまで待って欲しい。

ここにもうひとつ、貴重な機密電報がある。

プロローグや本文でも紹介したが、事件発生から十一日後の明治四十二年十一月七日、曾禰荒助が桂首相に宛てた電報である。松井茂が作成した要注意人物に関する情報であった。繰り返すと――。

　真の兇行担任者は、安重根の成功と共に逃亡したるものならんか。今、浦潮方面の消息に通ずる者の言ふ処に照し兇行首謀者及び兇行の任に当りたる疑ある者を挙れば、左の数人なるべきか。

崔才亨、李相卨、安重根、厳仁燮、金泰勲（別名金基竜）、金仁洙、兪鎮律ら二十五名に混じって、「楊成春」の名前も挙げられている。

いまにして思えば、事件直後、真相に触れる情報が桂首相のもとに届いていたことがわかる。それを一顧だにせず、安重根ひとりに責任を負わせたのである。ロシア官憲の非協力的な姿勢にも問題はあろうが、事件を解明しようとするならば、これらの名を挙げて取調べの要請をしても良かったはずである。それがその形跡すらなかった。

旅順高等法院長平石氏人らが法の公正にこだわり、監獄における安の待遇が特別なものとなったのも、ここらに原因があったのではないだろうか。

安重根の夥《おびただ》しい数の遺墨は、それを如実に物語っている。遺墨は、ありあわせの紙や筆ではなく、書家が使う絹の白布、または紙に書いてある。死刑囚に、しかも自国の元勲を殺した属邦の罪人に、おおっぴらに墨と筆、白布を差し入れて揮毫《きごう》を赦す獄舎が、どこの世界にあろうか。また揮毫を求めたのが排日派の韓国人ならばともかく、安重根を裁いた当人、または関係者たちなのである。常識では考えられない事態が、旅順監獄では起きていたのである。

この異常な事態は、何を意味するのか。

おそらく平石、真鍋、栗原典獄そして千葉十七らまでもが、陰謀を薄々察しながら、その人身御供となる安重根に、心から同情を寄せていたに違いないのである。

上告断念を決めた二月十七日の『聴取書』を読む限り、一方的に語る安重根の言葉を、平石は愛情をこめて黙って聞き入っていたのがわかる。この平石の態度に、安は上告を取り止め、『来ル三月二十五日迄刑ノ執行ヲ猶予サレンコトヲ歎願致マス』と死刑執行の日を自ら指定した。平石は、その約束を守ったのである。これも異例ではないか。

興味深い学術研究がふたつある。

ひとつは、『犯罪学雑誌　26巻3号』（昭和三十五年八月／日本犯罪学会刊）に発表された山口県立医科大学（現山口大学医学部）法医学教室（主任上野博教授）の木村孝子氏と増本寛氏の研究『故伊藤公遭難時の肌衣に就ての法医学的考察』である。

伊藤が遭難したとき着ていた肌着は、数名のひとの手を経て山口県立博物館におさめられていた。木村氏と増本氏は、その肌着についた弾痕から、弾丸の射入経路を法医学の立場から検証した。

伊藤の主治医小山善は、それぞれ右側から射入した三発の盲管銃創を検視している。木村氏と増本氏は、これを基本データとして検証した。

第一弾は、右上膊外側中央部よりその上膊を穿通《せんつう》して右第七《ママ》肋間に向かいほぼ水平に射入。

第二弾は、右肘関節部外側よりその関節を通じて第九肋間に入り、胸腔《きょうくう》を穿通し、左季《き》肋《ろく》の下に留まった。

第三弾は、上腹部の中央に於いて右側より射入し、左直腹筋の中に留まった。

木村氏と増本氏は、以上の三弾による創口について着衣の弾痕と照合した。論文では、くわしく弾痕の部位を計測しているが、ここでは要旨にとどめる。

第一弾は、ほぼ水平に射入している。

第二弾は、水平に射入したが、第九肋間とかなり下方に入っている。これは、弾丸が何かに当たって方向を変えたと考えれば頷けなくもない、と推論した（ただし、腕をもちあげた状態で、うえから射入した場合を排除したわけではない）。

問題は、第三弾である。

小山善の検視では、銃弾は「上腹部の中央」右側から入った。なのに肌着の右側に、肝心の射入口が見つからないのだ。弾丸は、「左直腹筋内」に留まっているにもかかわらず、射入口がない！

ところが、肌着の背中、中央部右よりに弾痕があった。

論文には、『後面、正中線《せいちゅうせん》（注・背中のタテ中央部）の右方約5粍《ミリ》、首襟の下方約26㎝部で、右上腕の損傷部と略《ほぼ》同高の高さの位置に径約10㎝の、独立した類円形の血痕様汚斑《おはん》があり、その上端に近く径約0・7㎝の大きさで、前記数個の破孔と略《ほぼ》同大、不正形の破孔《はこう》が存在する』とある。

いままで記録されなかった部位である。木村・増本両氏は、おそらく背面から射入した弾丸が右胸腔内で方向を転じ、左直腹筋中に留まった、と理解しても差し支えないとした。

人体図がないとわかりづらいだろうが、第一弾は「上腕部」、第二弾は「肘」、第三弾は「ヘソ」の少し上ぐらいと考えれば良い。その第三弾が第一弾の高さから、「ヘソ」の上あたりに射入しているのだ。途中で曲がった可能性がある、としている。

そして――。

『主治医小山善医師に依って、偉人の遺体として精細な各部（43ケ所）の計測が行われているので、錯誤としても不注意による錯誤とは思われがたい節がある。武士は後傷を嫌うと云う昔日の観念と関係があるのではないかと疑うのは、思いすごしであろうか。』

と、結論づけている。

ちょっと待って欲しい。『細密な各部』四十三カ所もの計測をしながら、凶弾に無関心な検視があるのだろうか。おそらく小山医師の他に、少なくとも旅順衛戍《えいじゅ》病院長谷軍治郎軍医正が立ち会っているはずだ。谷は、外科が専門の軍医少将相当官だ。また、ホルマリン処理をする前に、頸動脈から残血を抜く作業が行われる。創口を絆創膏で閉じたことになっているが、軍医が凶弾の確認をしなかったとは、到底考えられないのである。

ともかく木村・増本両氏の分析は、室田説と隔たりはあるが、違った角度、すなわち他の場所から「撃った者」がいる可能性を示唆した。学術論文であったがために世間の話題とはならなかったが、この研究は、見逃してはならない重要性を秘めている。

もうひとつの研究は、工学院大学教授平川紀一氏の『伊藤博文の暗殺をめぐって』(昭和四十一年十二月刊/工学院大学研究論叢第五号所載)である。

平川教授は、『室田義文翁譚』に書かれた疑問を丹念に追跡し、新聞記事を連ねた『明治暗殺史』(坂井邦夫著/大伸堂書店刊)を参照して、安重根の単独説を否定しようと試みている。

その一例を挙げれば——。

第1に、(略)安重根が軍隊の整列の間から、約10歩をへだてて、伊藤とおぼしき人物の右側から狙撃したことは確実と思われる。しかし、約10歩の近距離にせよ、ピストルを連射して、これをことごとく命中させるのは神業に等しい難事である。そのうえ、銃口を少し左に向けて発射した2~3発で、随員の川上、森、田中3人を傷つけ、室田、中村2人の服に穴をあけたとあっては、あまりの鮮かさに目をこすりたくなる。

第2に、発射された弾丸の数と、使用したとされる拳銃の関係にも矛盾がある。

と、八項目にわたって論証している。

室田が田村検事に証言した陳述は、弾丸の数だけであった。ところが平川氏は、安の拳銃の技量に疑いを持ったのである。

安重根に関する著書には、必ず「射撃の達人」が強調される。『安重根伝記』に次の記述があるからである。

『自幼時特性、所好狩猟也、常随猟者、遊猟山野之間、漸長擔銃登山、狩猟禽獣、不務学文』（幼いころより狩猟を好む性格だった。いつも猟師について山野を狩猟して遊んだ。長じて銃をかついで山へ登って鳥獣を狩り、学問をしなかった。）

さらに十六歳を過ぎたころ、東学党と戦って勝利したエピソードが箔をつける。これで「射撃の達人」が定着したようである。

そこで平川氏は、連射してことごとく命中させるのは困難である、と主張する。さしたる根拠はないが、初めてのひとにはなんの不都合もなく安単独説を否定するかに読める。ところが、反証の新事実は、ほとんどないのである。

あとがきに、『ロシアの官憲によって、前日蔡家溝で目撃されている、騎兵銃を持った3人づれの韓国人を、犯人であると推定した。しかし、もっと感ぐった見方をすれば、韓国併合に消極的である、と見られていた伊藤を抹殺することによって、併合促進を企図した日本国内の黒幕が、その犯人である可能性も皆無ではない』としている。

残念ながら「3人づれ」が真犯人との結論は、安、禹、曺の三人と思われ、平川氏が求めようとした「新犯人」ではない。これを論及するに当たって平川教授は、関係本や中国の地図すら見ていなかったのではなかろうか。さらに「感ぐった見方」の「皆無ではない」とした『日本国内の黒幕』こそが、求められるべきなのだ。しかし、外交文書が一般公開される前の研究である。これを究明しようとした動機だけで良しとすべきだろう。

それを初めて論究した上垣外憲一氏の見解を紹介したいが、後述する。


いよいよ凶器の検証である。

まず、安重根ら三人が使用した拳銃について触れておこう。

わたしは、拳銃の調査は不可能とあきらめていた。

安が発射した弾丸の「一発」が、東京の憲政記念館に秘蔵されているのは知っていた。満鉄理事田中清次郎の足首を貫通し、靴のなかに残っていたものだ。

物的証拠として提出された弾丸は、明治四十三年三月五日、大連民政署から田中清次郎のもとに返却された。その返却書には、大きな大連民政署の印鑑が押してある。いわば保証書つきである。それを田中の次女小寺正子さんが昭和五十三年六月十一日に同記念館へ寄贈したもの、と由来も明確に把握されている。

実は、この銃弾が事件の謎を解くひとつのカギになったのである。

わたしは、同館資料管理課長補佐天田要治氏宛に申請書を提出して、銃弾の撮影許可をもらった。この弾丸が拳銃用か騎兵銃用かを調べるつもりだった。もしも騎兵銃の弾丸だとすれば、室田の疑問が裏づけられる。そんな期待をもったにすぎない。ところが——。

わたしは、友人金城宏孟氏から精密な三豊《みとよ》の「ノギス」を借り、友人の写真家岩松喜三郎氏に撮影を頼んだ。岩松氏は、特殊な写真電球をつかい、タングステン・タイプのフィルムで撮ってくれた。

弾丸を「ノギス」で計測すると、直径七・八〇ミリ。

さあ、これが安が使用したブローニングの拳銃か、それとも騎兵銃かである。騎兵銃というといかにも古めかしいが、一般的には「カービン銃」と呼ぶ。これは、船や飛行機など狭い場所で機動性を求められる場合に使用する小銃のこと。銃に詳しい友人小林幸久氏のご教示によるものだが、友人だけで判定するには、能力不足であった。

新潮社の情報力に頼って、銃の専門家床井雅美氏の助けを借りることにした。

生憎と床井氏は、ちょうど取材でドイツに出張していた。わたしは迷惑を省みず、FAXで銃弾と拳銃の写真を電送し、電話で連絡をとりながら、ふと拳銃の製造番号が記録されていたのを思い出した。倉知の問い合わせに、平石が応えた書面にあった。

拝復
先刻御問合はせ有之候安応七携帯の拳銃は「ブラオニング」式にして、番号は二六二三三六。又禹連俊携帯の拳銃も同一式にして、番号は二六三九七五号に有之候。

右及御回答候。　　　　　　　　　　　　　　　　　敬具

十一月廿七日

高等法院長　平石氏人

倉知政務局長　殿

わたしは、思いつきで製造番号をFAXしたのである。

床井氏の返信に、わたしは驚いた。長くなるので要点だけを記すと――。

まず、ニッケルか銅で被甲《ひこう》された弾丸に「十」字の傷をつけたようだ。もし、そうだとすれば、弾丸はオートマチック・ピストルである。ベルギー製の口径七・六二ミリのFNブローニング・モデル一九〇〇から発射された可能性が非常に高くなる。

この拳銃は、自動装塡式のため、変形を嫌い、弾丸の表面を堅い薄い金属で被甲してある。弾倉に七発装塡でき、引き金を引くだけで連射できる。この型式《かたしき》は、たとえ口径は同じでも、リボルバーには使用できない。FAXされた写真では、騎兵銃の弾丸とは、まったく形状が異なる。明らかにブローニング拳銃から発射されたもの。

ベルギーのFNブローニングを製作している会社は、現存している。その会社に残されたファイルで製造番号を調べたところ、販売日時は、「一九〇六年九月八日」に「クンスト」社に販売された。この取引きでの販売総数は、企業秘密とのこと。

オーストリーの皇太子がセビリアの青年に暗殺されたのは、この機種のひとつあとの型式。俗に『暗殺エクスプレス』と呼ばれている。

なんと！　床井氏は、弾丸の由来を知らずに、一挙にいくつかの疑問に応えてくれたのである。

当時の新聞は、使用した弾丸を「ダムダム弾」とか「エクスプレス」と書いた。ダムダム弾は、先端を平らにし、射的物に当たると破裂して銃創を大きくする。エクスプレスは、先端が尖ったまま「十」字の切れ込みをつけて破壊力を増す、としていた。これはロシア官憲が発表したプレス・リリースで、『暗殺エクスプレス』を、新聞記者が弾丸の種類と誤解したのだろう。それがブローニング拳銃の「あだ名」だったとは。

騎兵銃は否定されたが、販売日時が「一九〇六年九月八日」である。

わたしは、浦潮斯徳総領事館が放った密偵の『ミハイロフが拳銃を用意した』との情報に注目した。拳銃の入手に関して、安は「今年五月ごろ同輩が」、禹は「昨年、スキチョンで」、Ａは「数年まえから護身用に」と、いずれも曖昧な自白をした。ところが安と禹が持つ拳銃の製造番号は、たったの一六三九番違いである。しかも両方とも、三年まえの九月八日に、「クンスト」社が製造元から一括購入した。

護身用ならば、せいぜい何百挺単位の取引きである。一挙に何千挺も納入できる相手は、民間であるはずがない。つまり一般の銃砲店では、売られていないのである。おそらく

「クンスト」社は、ロシアの軍部に食い込んだ武器商人のはずだ。

憲兵大尉村井因憲は、つぎのように報告している。

安応七及禹徳淳の所持せし拳銃番号に就き浦塩日本総領事より露国官憲に依頼し、三年以前迄遡りて十三戸余の商店を悉《ことごと》く調査したるも、販売の形跡なかりし。「ノウキエフスク」即ち烟秋には、浦塩なる「クンストアルベルス」の支店あり。此店にては日露戦役当時、既に数十の「ブラウニング」式拳銃、其他小銃を韓人に販売し居れりと店員の談なり。或は安は同地に於て入手せしものなるや計り難し。浦塩にては銃器の購入手続頗る面倒にして、相当資格ある二名以上の保証人連署を要するが如きも烟秋にては、此手続き甚だ簡短《ママ》なる趣なり。

この「クンストアルベルス」は、クンスト社の正式名であろう。同社の浦潮支店が日露戦争当時に数十挺を販売したという。四年前である。安が使用した拳銃が輸入されたのは、その一年後のこと。つまり、販売されたと目される時期には、まだ犯罪に使用された拳銃は、輸入されていなかった。こうなれば、軍に影響力をもつ人物、退役中佐ミハイロフが用意した、とする情報を信じるのが順当であろう。そして拳銃は、安重根の手にわたって立派に役目を果たした。

だが、『犯人は安重根ではない。』と、室田は主張するのである。

上垣外氏は、『室田義文翁譚』を土台に新説を展開している。伊藤を狙う理由は、ロシアや清国にもあると、その著『暗殺・伊藤博文』に書いた。だが――。

　しかし、韓国独立運動家以外で、このころ伊藤の命を狙う理由をもっとも強く有していたのは、ほかならぬ日本の軍部、右翼ではないだろうか。韓国併合に対して、伊藤はおおむね韓国皇室を廃するようなことは、韓国国民の反発を招くだけで日本にとっても利益ではないと考えていた。名目的ではあっても韓国皇帝の主権は残して、日韓は対等という形式を残すべきと最後の時期まで考えていた。韓国併合を推進しようとした二人の中心人物、当時の総理大臣桂太郎と外務大臣小村壽太郎は、韓国統監伊藤博文をもって最大の障害と考えていた。（中略）

　右翼、軍部が伊藤暗殺を画策していたと仮定すれば、誰しもその主導者は山県有朋ではないかと疑うであろう。伊藤と山県の確執は、伊藤が政党政治を目指して政友会を設立して以来、修復できない溝ができたかのようであった。また山県は元勲としては、つねに伊藤に次いでナンバーツーでありつづけた。伊藤が死ねば山県の天下である。したがって、伊藤暗殺の黒幕が山県であるというのは、考えやすい図式である。

殺人犯を捜すにはまずその最大の「受益者」を考えるべきだからである。

上垣外説は、政治力学を縦糸に組み立てられている。その力学のモーメントとして明石元二郎や山座円次郎、杉山茂丸、内田良平らが横糸として活躍するのである。

そして上垣外氏は、「杉山」が暗殺計画を主導したと推論している。

計画立案と全体の指揮は、「明石」が執り、満州独立守備隊司令官仁田原重行少将、伊藤警護の責任者安島大佐の連携を挙げる。ともに明石の陸士時代の同期生である。明石ら三人の同期生は、間島の統監府派出所の腕利きの憲兵補助員、あるいは憲兵補助員あがりの巡査をヒットマンに仕立ててハルビン潜入を助け、ロシア官憲に金をつかませて駅舎二階の食堂に忍び込ませ、「騎馬銃」によって射殺する――。

この説は、安重根との連携と、ウラジオストックの韓民会の存在が不明確である。

杉山は、もっと単純な図式を考えたはずである。

まず、明石と杉山の関係から説明しよう。

ふたりは、ともに元治元年（一八六四年）八月、同じ福岡藩士の子として現在の福岡市天神町に生まれた幼な友だちで、杉山が十五日だけ年下である。明石は、二歳にして父が切腹。杉山は、父三郎平が版籍奉還となって職を失い、福岡県遠賀《おんが》郡芦屋《あしや》村に転居。杉山は遠賀郡の畔で乱暴者として育つが、明石は、陸軍幼年学校へ入学してエリートコースに乗る。

この両者の親密な関係は、お互いが世に出てなおも続く。杉山が宴会の主賓の席に坐っているると、明石はその席に割ってはいる。杉山が右翼の大御所的存在になっても、明石は「十五日の先輩」と称して態度を変えないのだ。わざと明石が茶目っ気を出しているようだが、杉山は文句をいわないばかりか、喜んでいるフシさえ見えるのである。

ここにからむのが黒竜会の内田良平である。明治七年（一八七四年）二月、福岡の生まれ。杉山よりも十歳年下だ。玄洋社社長平岡浩太郎が叔父にあたる。黒竜会は、玄洋社の分派といっても良い。

この玄洋社の人脈を中心に、日韓「合邦」運動は推進された。

最大の障害は、上垣外氏が指摘するように伊藤博文であった。杉山と内田は、伊藤引退のきっかけをつくる。これが明治四十二年四月ごろまでの動きである。

曾禰荒助に統監を譲った伊藤は、枢密院議長に就任。杉山は、桂首相の黙契を得て一進会の李容九と宋秉畯の「個人的」な顧問となる。これが、明治四十二年八月十七日。

最初、李容九は、杉山を一進会の顧問と考えたが、結果はそうでなかった。ここが第一のポイントである。

そして杉山は、桂の意を受けた形で日本国内で「合邦」を画策する。

これからは、わたしの推論である。

まず、九月に入って朗報が杉山のもとに入った。韓国皇太子を伴った東北・北海道の旅から戻った伊藤は、後藤新平と財界人大倉喜八郎の築地の別邸で密談し、清国と韓国の諸問題を解決するため、ココフツェフと交渉をはじめるらしい、というものだ。

かつて後藤は、台湾総督児玉源太郎に密着し、児玉亡きあと桂太郎に擦り寄った男である。その児玉と桂が日露戦争の戦端を切るために日英同盟を推進しようとしたとき、伊藤は日露協商を腹案していた。伊藤は、あくまでもロシアと話し合いで解決しようとした平和主義者であった。この腹案を児玉と桂に、ご注進におよんだのが杉山であった。

この六年前、児玉、桂、杉山の三者密談の席で、児玉は、日露協商の反対のためならば、「伊藤と刺し違えてもよい」（『山県元帥』杉山其日庵著／博文館刊）と、発言したらしい。この『山県元帥』の著者「杉山其日庵」は、杉山茂丸のペンネーム。余談だが、杉山の長男泰道が、のちの売れっ子作家夢野久作である。その杉山の「証言」である。児玉は、元勲とはいえ、いまだに維新の根性が抜けきっていない武断派である。その児玉亡き後、後藤は桂と昵懇の仲となった。桂も武断派の流れと見て良い。

杉山と桂は、そのような密接な関係にある。伊藤訪満のロシア側への打診が杉山に筒抜けになる可能性が極めて大である。また情報は、後藤新平から、直接入る可能性も否定できない。ここが第二のポイントである。

後藤が語る伊藤訪満の経緯については、小松緑著『明治外交秘話』にくわしいが、ひとまず触れないでおこう。

ここで伊藤暗殺の序曲がはじまるのだが――。

不思議な人物が登場する。


暗殺成功の報が伝わると、ウラジオストックの金邸では三日三晩にわたって大宴会が催されたという。当時、ロマンは日本にいたので、この話は帰国後に知ったことであろうが、晩年までこの話はよほど親しくなった人以外には打ちあけていなかったようにみえる。特に、相手が日本人の場合、伊藤博文を暗殺したのは自分の父親の派遣した刺客だとは言いにくかったのであろう。


この一文は、ソルジェニーツィンの『収容所群島』などの翻訳をしたロシア文学者木村浩が、『文藝春秋』一九八四年一月号に発表した、『ソ連の推理作家ロマン・キムの謎の部分』の抜粋である。

断っておくが、小説の一節ではない。

このロマン・キムを示唆したのは、財団法人国策研究会理事吉田弘氏であった。

「安重根は、独立軍義勇兵というか、義兵隊の中将で副司令だったといいますね。実は、ロマン・キムの父親は、ウラジオ方面でパルチザンを組織していた。だからその父親と安は、密接な関係にあった。ぼくは父親の名前を知りませんが、日露戦争が終わったころ、ロマン・キムは、慶応義塾の幼稚舎に入学して杉浦重剛の家から通っているんです。普通部の途中でウラジオに帰りましたが、昭和二十年、日本が敗戦したあと、GHQのソ連を代表する高級将校として、東京に現れた。肩書は、赤軍の大佐ですね。彼は、その時代に得た情報で、スパイ小説『切腹した参謀たちは生きている』（長谷川蟻訳／晩聲社刊）を書いています。モスクワで彼の世話になった日本人も多いらしいですね」

吉田氏は、語った。

杉浦重剛。久しぶりに聞く名前だ。昭和天皇が皇太子時代に帝王学を講義した碩学。わたしは、その皇太子の結婚にまつわる『宮中某重大事件』を執筆中、ずっとおつきあいをいただいた名前である。明治時代の国是「和魂洋才」（注・日本人の魂をもって西洋の知識を用いる）は、杉浦の好んで使った言葉である。

安政二年（一八五五年）、近江《おうみ》の国（注・滋賀県）膳所《ぜぜ》藩士の息子として生まれた杉浦は、若くして漢学と蘭学を修め、十四歳で塾長となり、翌明治三年、藩の貢進生《こうしんせい》（注・官費奨学生）に選ばれて大学南校《なんこう》英語普通科に入学。二十一歳で文部省留学生としてイギリスへ渡って農芸化学を学び、ついで物理学を修めてそれぞれ首席となる。帰国して東京大学理学部で教鞭をとり、二十七歳で東京大学予備門長になった。明治十八年末まで務めた予備門長の時代に、平石氏人、石井菊次郎、山座円次郎、白仁武、中川一介らが薫陶を受けた。玄洋社の頭山満とも親しく交わる希代の傑物である。

そして何といっても同じ明治三年、日向《ひゅうが》の国（注・宮崎県）飫肥《おび》藩の貢進生として大学南校に入学し、アメリカ留学を果たした小村壽太郎とは、まさしく刎頸《ふんけい》の交わりをした。その両人のもとに、杉山茂丸が出入りしているのである。

ロマン・キムは、その杉浦重剛の家から慶応義塾に通ったのである。よほどの関係がなければ、簡単に引き受けてくれる相手ではない。幼稚舎入学の当初は、寄宿舎だったらしいが、途中から杉浦の家になっている。ロマンの父親は、それができた大人物である。

木村が『金邸では三日三晩にわたって大宴会』と紹介した、この父親『金某』。

いったい、何者か？

さっそく『切腹した参謀たちは生きている』を購入。

〈訳者あとがき〉にこうある。

『ロマン・ニコラエヴィチ・キム（一八九八―一九六六）は、朝鮮の亡命政治家の子としてウラジオストックに生まれ、子供の頃から日本に一〇年以上も滞在して、慶応普通部二年まで進学、ロシア革命の起こった一九一七年に帰国した。一九二三年、ウラジオストックの極東大学東洋学部を卒業後、モスクワの大学などで中国文学、日本文学を講義するかたわら、芥川龍之介はじめ日本文学の翻訳を手がけ、一九五一年、本書をソ連作家同盟機関誌「ノーヴィ・ミール」に発表した。』

木村は、『ロマン・キムの謎――』で、次のように書いている。

『ロマン・ニコラエヴィチ・キムは一八九九年七月二十日(新暦八月一日)ウラジオストックで生れた。ロシアの姓でニコラエヴィチというのは、父親の名前がニコライを意味しているから、朝鮮人だった父親がニコライというロシア名前を持っていたのかもしれない。(中略)慶応の幼稚舎へ入学したのは明治三十九年(一九〇六年)九月十三日』と紹介している。そして『三日三晩』の大宴会は、『帰国後に知ったことであろう』と。

父の名前は、『ニコライ・キム』である。子供が慶応義塾へ留学――。

「おやっ」と、わたしは思った。

ニコライ・キム。韓民会副会長金秉学のロシア名である。事件直後、崔鳳俊とともに日本総領事館へお悔やみに行った、あの金秉学だ。

密偵の報告にも、『長男を日本慶応義塾に留学せしめ居れり』とあった。それが一方で、三日三晩、伊藤の死を祝って大宴会を催していたのである。

『父親は韓国の反日派の政治家で、最後まで日韓合併に反対し、韓国が日本の植民地になるに及んで、当時の帝政ロシアのウラジオストックへ政治亡命し、ロマンはそこで生れたのである』と、木村は書く。時代背景に齟齬はあるが、気にしないでおこう。

これでウラジオ韓民会と日本の人脈とがつながった。奇しくも両者は、「反伊藤」の一点において、利害を共有したのである。では、利害を共有した日本人は、誰なのか。

伊藤暗殺は、序曲から主題の旋律を静かに奏ではじめる。

伊藤訪満に一石を投じたのは、八月二十四日付ロシアの有力紙『ノヴォヘウレミヤ』が掲載した論説である。本野大使は、すぐさま同紙を外務省に郵送。九月十五日に届いた同論説で、小村、桂も伊藤訪満の好機と認識した。

もうひとり、いる。後藤新平である。当時、後藤は、満鉄を支配下に置き、その施策を完璧にしようとした。彼の政治性は、自国の利益のためには、他を省みないところがあった。もともと医者であった後藤は、科学のみが真実と考えることができた唯物論の男である。政治においても、利害得失にひとの情を介在させなかった。従って、自分の考えを実現してくれる相手ならば、とことんその相手のもとで、自説を遂行し、誤解を招くこともあった。

かつて伊藤統監の秘書官を務めたことのある外交官小松緑は、『明治外交秘話』を『中外商業新報』に連載していた大正十五年十二月十五日、偶然に後藤と会っている。達意の文章家として知られた小松の外交秘話は、連載中から政官界でも人気を博していたが、おそらく後藤も読んでいたのだろう。談たまたま、『伊藤は真に古今に稀な偉人であるという話が出た。すると、後藤は……』と、小松はその折の談話を紹介している。

後藤は例の快活な口調で、

『君に一つ外交秘話の材料を提供しよう。吾輩は伊藤公と厳島で三昼夜に亘《わた》り立国の大計について議論を闘わしたが、その結果として伊藤公が老軀を提《かっさ》げて満洲に行かれることになったのだ。実は伊藤公に会わせるために、ロシヤ蔵相ココフツオフをハルピン《ママ》まで呼び寄せたのは、誰でもない、かく言う吾輩だ。』

と話し出した。

明治四十年五月の厳島の会談は、『純然たる一個の経世家《けいせいか》として迂漫《うまん》の遊《ゆう》を大陸に試み、列国の俊豪の手を握って世界の大勢力を討究《とうきゅう》されては如何』と後藤が薦めたのに対し、伊藤が興味を持った。このとき後藤は、満鉄総裁である。そして二年と四カ月後、桂邸でたまたま伊藤と後藤が同席、場所を築地の大倉喜八郎の別邸に移して懇談。

同書によれば、次の会話に発展する——。

『……現今ロシヤにおいて最大の勢力を持っている蔵相ココツオフに会見せられては

如何です。』

『それは良い思い付きじゃ。しかし問題は如何にして彼と会見する機会を作るかというにある。』

『ココツオフは東洋政策について相当の見識あり、日本と事を共にしようという意思も持っています。拙者より一書を彼に送ってハルピン出張を促せば、彼は必ず欣《よろこ》んでそれに応じるでしょう。』

『君の言う事はいつも大袈裟じゃ。ココツオフは果して君の招きに応じて来るであろうか。にわかに信じられない。』

『それは一応拙者にお任せ下さい。その成否は遠からず判明しましょう。』

そして『二十日も経ぬ中にココツオフから電信が来た』のである。

『貴書接手、来意快諾、近日東露視察の名義を以てハルピンに赴くべし。』

あなたの手紙を拝受した、お出《い》でとのこと承知した、近くの視察を名目にハルビンに行く、と受け取れる。

後藤は、この電報を持って霊南坂の伊藤を訪れた。

『いや、これは参った。今度ばかりは兜を脱いで君に降参する。』と、伊藤も驚いたという。

ここには、後藤のハッタリが見え隠れしているが、微妙なところだ。

この『貴書接手――』の文面は、あくまでも後藤の「談話」である。『赴くべし』が「赴かるべし」と、仮に「か」が入れば、第三者が書いたもの。本野の文面であれば、「交渉は任せておいて欲しい」という意味になる。もしココフツェフ自身の返答であれば、日本への招待を断っている手前、ハルビンならば「会える」という意味だ。

外相イズヴォーリスキーに遠慮がある日本の元勲との会談である。ココフツェフの英文による自叙伝『わたしの過去より』に、その微妙なロシア国内の事情を窺わせる。残念なことに小松緑は、そこを明らかにしていない。後藤の「談話」を素直に受け入れたのだろうが、仲介者が本野だということを念頭に置かねばならないのである。

実は、前年四月から五月にかけて、当時満鉄総裁だった後藤は、ロシアを訪問し、大歓迎を受けている。当然にココフツェフとも会ったであろうが、ドイツ語しかできない後藤の通訳に立ったのが、本野である。

後藤と本野は、もともと対露強硬論者として極東のロシア政策に関与してきた。そして今回のロシア有力紙の論説は、事前に後藤へも報告されていたと考えられる。本野には、ココフツェフも、その論説に動かされないはずはない、との読みがある。

『わたしの過去より』にも書かれているように、本野は、ココフツェフを日本に招待するよう働きかけた。おそらく伊藤の意を受けた後藤の要請で動いたものと考えられる。前回訪問の返礼として、満鉄を管轄する逓信省が招待しても、不都合ではなかったのである。ココフツェフは、これを多忙を理由に断った。ハルビンでの出会いは、『マンチューリで知らされて驚いた』と書いている。

歴史のナゾと考えるのは、早計だ。本文でも触れたが、一国の元勲が、約束もなくハルビンを訪れるはずがないからである。だが、この事件が起きてしまった。あたかもロシアが陰謀を巡らせたと疑われては国益を損なうために、ココフツェフは「偶然」と書かざるをえなかったのか。ここもまた微妙である、と言いながら解答はあるのだが――。

小冊子『伊藤公の最期』に紹介された一文によれば、伊藤はココフツェフに、『出発前一日、恰も閣下の極東御巡視のことを耳にし』たと挨拶している。

『出発前一日』は、出発前日の「十月十三日」ではなく、「ある日」の意味だ。『伊藤博文伝』で確認しようとしたが、この部分の記載はなかった。しかし、文脈から考えて両者ともに「偶然」を演出していた、と見るのが妥当であろう。『伊藤博文伝』上中下巻の共同執筆者代表金子堅太郎は、あくまでも伊藤を中心にしたがために、このあたりの含みを伊藤の「手前味噌」にした印象が強い。

九月二十日前後には、伊藤訪満が決まる。日程の調整は、時間の問題である。

この時点で計画は漏洩しているはずだ。かなり具体的に――。

では、いったい誰が漏らしたのか。

わたしは、杉山茂丸八分、後藤新平二分の折衷説をとる。

按分の理由は、伊藤訪満の計画を杉山に伝えれば、どのような事態を招くかを、後藤が知っていたに違いないからだ。後藤の胸中に「未必の故意」があったとしたらどうか。いや、仮になかったとしてもだ、問題の責めは、負うべきであろう。

自己顕示欲の強い男には、放言癖がある。かつて後藤が愛知医学校長だった明治十五年四月、自由党総裁板垣退助が、岐阜講演の際に凶刃に倒れた。「板垣死すとも自由は死せず」と、名セリフが残されたあの事件である。名古屋にいた後藤は、県庁の役人が渋るのを強行して、二人牽《ひ》きの人力車で駆けつけて治療した。そのとき、板垣が、「政治家であったなら」と、後藤の胆力を残念がったという。誰がこのエピソードを伝え広めたのか。

——後藤、若冠二十五歳のときのことだ。

後藤が小松緑をつかまえて、自ら語った態度からもわかるように、たとえ大事な隠し事でも、じっと自分の胸に秘めておける性格ではないのだ。後に「大風呂敷」と呼ばれるゆえんだが、それが政治が大好きときている。

確かに後藤は、伊藤の訪満を成功させようとしていた。ところが伊藤を目の敵にしている杉山の肚を知らないわけがない。本書第十二章で明らかにしたように、内田良平の伊藤に対する批判をわかち持っているのが杉山なのである。その杉山に漏らせば、どのような結果を招くか、わかっていなければならない。よしんば不用意に自慢めいて口外したとしても、その責任を免れることはできない。

従って、杉山が「計画主導」だとする上垣外説と、部分的に交わる。ただひとつ、後藤が杉山に「告げた」、確実な証拠がないのが最大の難点ではある。だが裁判騒動の真っ最中に、杉山が奇妙な行動に出る。そこは驚嘆すべき事実だから最後に述べるが、まず杉山の「立案」説から見よう。ただし、杉山の情報源は、特定しないでおく。

伊藤訪満の情報を得た杉山は、「阿吽《あうん》の呼吸」で行動した。

杉山は、頭山満・杉浦重剛・小村壽太郎の人脈から、日本と密接な関係をもつ金秉学・崔鳳俊のラインにつなぐことができた。もちろん、今回のために作った人脈ではなく、すでに繋がっていたものだ。頭山はともかく、杉浦と小村の潔癖性からすると、杉山に心を許していたとは考えにくい。そこで杉浦と小村を除外する。

残るは頭山だが、この大御所を動かさなくても、杉山には手があった。福岡に本部を置く玄洋社は、大陸への玄関口長崎をも支配下に置いていた。後に清国を打倒して中華民国を樹立する孫文を庇護した宮崎滔天といった、大アジア主義の原動力になる人脈を配下に持っていたのである。

また、炭鉱とか港湾労働者を支配する資本家もいた。遠賀川の畔で腕白仲間として育った三歳年下の吉田磯吉などが代表格だ。崔鳳俊に「俊昌号」と船名を変えた貨物船「伏見丸」を提供した「吉田某」が、この吉田磯吉ではなかったかと疑うのは、吉田自身が石炭運搬船を多く所持し、九州一円の港湾を牛耳る大親分になっていたからである。そして崔鳳俊もまた、その筋に関係を持たなければ、商売が順調に立ち行かなかった。商品の買い付け、荷物の積み下ろし、どれひとつを取っても、港湾関係者との関わりを無視できなかった。つまり長崎とウラジオストックの人脈は、意外と密接に結ばれていたのである。

だからといって信条、祖国愛を同じくしているわけではない。特に在外朝鮮人は、祖国から逃れてきたものだ。多くが日本に対して敵愾心を抱きながら商売をしている。杉山ならば、それらを結び合わすことができた。そして、「伊藤が満州に来る」と告げただけで、千載一遇の好機と思うだろうことも織り込み済みである。

だが、それだけでは不十分であった。それぞれが身の安全策を講じなければならないからだ。この安全策にも、希代の策謀家杉山の面目躍如たるものが窺える。

崔鳳俊は、事件発生前、長崎を訪れている。いったん、戻ってから、再び船でウラジオストックを離れ、城津へ行ったのを記憶しておられよう。

崔鳳俊は、なぜ、長崎から戻るときに城津へ寄らなかったか。杉山か、杉山の配下から長崎で伊藤訪満の「日程」を伝えられたからだ、とわたしは見る。報奨金などの運動資金を受け渡したかもしれない。とにかく崔鳳俊は、「日程」をウラジオストックに報せ、金秉学に後事を託して身を安全な場所に移した。

これで日本とウラジオの情報経路が消され、崔鳳俊のアリバイが成立する。金秉学は、伊藤訪満の情報を、表面的には知る立場にない。だから疑念を持たれるはずもない。金秉学の「三日三晩」の大宴会が、その成功の喜びを表している。

杉山は、暗殺の結果いかんにかかわらず、ロシアとの関係を悪化させ、国際問題化させては国益を損なう、と考えたはずである。また、徹底的に調べられたならば、自分の名が挙がる可能性もある。そうなれば、当然に政府関係者に累がおよぶ。だから、絶対に「杉山」の名が、表面に出ない仕組みを編み出さねばならないのである。

安全圏に身を置くには、どうしたら良いのか。

策源地の攪乱だ。

そこで徹底解明を不可能にするキーワードとして、孝明天皇暗殺の一件を加えた。これを狙撃者に訴えさせ、背後にある得体の知れない力を暗示させれば、さしもの日本政界の伏魔殿も震撼する。しかも、世界の信用を失墜する可能性も少なくなる。

ただし、狙撃者が確実に覚えられるように「明治天皇の父君」とした。従って安は、一度も「孝明天皇」と明言しなかった。ここが重要なところだ。これについては後述する。

ウラジオ韓民会でも、いかにして確実に狙撃者の身の安全を図るかが課題となった。退役中佐ミハイロフは、狙撃者の身柄をロシア側に留めれば、なんとかなると考えた。

ミハイロフもまた、漁夫の利を得たいと考え、協力を承諾した。

そして狙撃者の人選にかかる。

「楊成春」と目される「誰か」が名乗り出た後、仲間に呼び寄せられた安重根がやってきた。安の移動日程から憶測すると、この順序が妥当なところだ。

役割分担も決まる。ここで伊藤の『罪状十五項目』が示される。

小説『安重根』では、大東共報社の事務室で、兪鎮律、李剛、尹一秉を前にして、鄭在寛が『罪状十五項目』を書いた紙切れと、ハルビン通信員金衡在への指令書を手渡し、そして兪鎮律が三挺の拳銃を持たせたことになっている。ここで『罪状十五項目』と『拳銃』を、安重根が用意したものではないとする韓碩青氏の指摘は、村井憲兵大尉の報告書にも合致して、正しい。

さて、問題は、暗殺の場所である。

安重根は、わざわざハルビン駅から蔡家溝駅へ移動した。この不可解な行動について、従来の安重根研究者は、誰ひとりとして疑問視しなかった。なぜか——。

理由は、至極簡単である。獄中記『安重根伝記』の記述に頼ったからだ。

わたしは、本文の最初の部分を『伝記』に添って記述した。安の立場を正当化することが、狙撃に至る彼の心情を把握できる、と判断したからである。

溝淵検察官らが、富寧からウラジオストックに至る行程を散々安重根に書かせたが、ついに決定版を見なかった。最後に安は、境警視に「いままでの供述は嘘だった」と。それが正直なところだ。続いて境に供述した内容も、正しいとはいえない。

安は、最初、寛城子駅を考えたが、切符を買う金がなかった。だから途中の駅を選んだように述べている。その嘘に、誰も気づかなかった。

伊藤は、ハルビン駅へ来る。ここが肝心なところだ。確実にハルビンへ来るのである。だから資金は、ハルビン駅で暗殺を挙行するに足るだけ与えられていたはずだ。

義兵大将李錫山を脅して百円を得たというのは、ことが計画的であれば、端《はな》から疑ってかからねばならないのである。事実、溝淵検察官は、執拗に李錫山について問い糺《ただ》したが、どうもはっきりしなかった。また密偵たちが懸命に調べた中に、李錫山なる人物はついに現れなかった。李錫山は、安がこしらえた架空の人物なのだ。ちなみに義兵軍司令官金斗星大将の名前も、密偵の情報にはなかった。安は、『伝記』にさえ、いや後々にまで残る『伝記』だからこそ、真実が書けなかったのである。

そして安は、わざわざ特別列車が夜のうちに通過する悪条件の駅に移動する。もちろん、寛城子駅まで移動できれば良かったが、それが不可能とわかった。

蔡家溝まで移動し、列車がどのような編成になっているかも知らず、あえて闇雲に車中に踏み込もうというのである。それこそ伊藤を捜しているうちに、射殺される虞れもあるだろう。このような悪条件のもとに、世界を震撼させる重要な任務が遂行できると、あの賢明な安が考えるだろうか。否、である。

これは暴挙でしかない。だが、ひとつだけ移動する「理由」がある。

安は、「別動隊」の狙撃者がいるのを知っていた。それが「楊成春」かどうか定かではない。ただし、「安の仲間」ではない。

とにかくハルビン駅に、「別動隊」がいる。それらに先んじるには、ハルビンよりも手前の駅でなければならなかった。その他の「理由」は、まったく考えられない。その「理由」の奥にも、隠された秘密があるのだが——。

そして十月二十六日朝、当初の計画通りに、安は任務を遂行した。

ミルレル検事は、安が「自殺の挙動」をしたと証言している。証言の訳文には、『格闘の際、拳銃を携へたる手を自己の方に向けんと努むる挙動をなしたり』とある。

最初に安の身体を押さえたのは、騎兵二等大尉ティツコフであった。同大尉がいきなり発砲した犯人の襟首をつかみ、拳銃を持った手をねじあげようとして揉み合いになったとき、犯人はもの凄い力で跳ね返しながら、さらに数発を発射。そこへ騎兵一等大尉ニキヴォルフが駆けつけ、ようやくプラットホームにねじ伏せた。その直後、安は懸命に拳銃を自分の方に向けようとした、というものだ。ミルレルは、それを間近で見たのである。

拳銃に残された、一発の銃弾。

溝淵検察官は、当然にこれに関して問い糺した。安は、第三回の訊問で『目的の人を射ちましたから後射つ必要がありませぬ』と応え、第十回の訊問では『左様の事はありませぬ』と、自殺を否定している。が、溝淵は、「三年前、伊藤を殺した後、自分は自殺する」と、安が友人に公言していた内容を質問している。これに安は、「そのようなことがあったかもしれないが、覚えていない」と、応えている。

わたしが、なぜ一発の銃弾と自殺にこだわるかと言えば、最初からミハイロフによる身柄の保障など、眼中になかった安の覚悟を知るためである。なぜならば、「別動隊」の狙撃者が誰だか、安はあらかじめ承知していた、と考えられるからである。

明治四十三年二月七日に開廷された第一回公判で、安は、判官真鍋十蔵から「最も親しくしていた人物」を訊かれている。安は応えて、李致権、崔鳳俊ら六名の中に「楊成春」の名を挙げている。安は、「楊成春」と親しく交わっていたのだ。まさかその「楊成春」がわずか十日前に殺されていたとは、獄中にあって知る由もない。

狙撃は、死を覚悟した行動だった。自分が自殺をすれば、その場は大騒動になり、その間に「別動隊」が遁走すれば、事件も完全に闇に葬られる。せめて親しい友人だけでも守ろうとした安重根の真意のほどが見えてくる。

ところが捕縛された。安に残されたのは、第二の選択だった。

これが『罪状十五項目』の訴えである。

ウラジオストックでも誤算が生じていた。金秉学らが「三日三晩」の大宴会をしているうちに、ココフツェフの意を受けた官憲が安重根らを日本側に渡してしまったからだ。ロシアの権益が及ぶ範囲ならば、ミハイロフが何とかしてくれた。ところが、安らが日本側に引き渡されて計画の一部瓦解を見、旅順へ送致されてさらに遠のくのだ。

ここに暗殺事件から三カ月後に起きた「楊成春殺人事件」がからんでくる。

崔鳳俊ら民会幹部は、会員の「結束」を訴え、いくたびか奪還計画を立てるが、実行に移せなかった。「結束」とは、もっと運動資金を出せということだ。

では、なぜ民会幹部は、安重根の身柄にこだわったか。崔鳳俊や金秉学は、いずれも日本と関わって巨富を蓄えた。肚の中は別として、自らの身の危険を冒してまで「流れ者」を救い出す必要はなかった。ところが、ひとつだけ弱みがあった。

ミハイロフが保障した「身柄の安全」という肝心な約束を果たせなかったからだ。これを「安の仲間」が、強引にねじこんだ。

報奨金で黙らせる手もあったが、安の家族を援護するだけで精一杯。そこでミハイロフに協力を頼むのだが、これまた一千二百ルーブルという巨額の弁護料。これを受けて泣く泣く崔鳳俊らは、最善を尽くすことで「安の仲間」を慰撫しようとしたのである。そうしなければ、乱暴者の「安の仲間」は、何をするかわかったものではない。身の危険は、同胞内にあったのだ。

最初、わたしは「楊成春」が逮捕・訊問された場合を考えた。崔鳳俊らは、ロシア国籍があるから安全圏にいた。「楊成春」にぼろぼろ自白されて困るのは、「安の仲間」である。そこで焦った末に口封じのために殺害に及んだ、と解釈した。これは、明らかに誤りである。ロシア領内に潜んでいれば、日本の権益が及ばないことは「安の仲間」もわかっていたからだ。現に鄭淳萬や金基竜ら強硬排日派は、ロシア領の「ヤンチカ」にいた。

つまり崔鳳俊らが恐れたのは、「安の仲間」の暴力である。

本書第十四章で、佐藤友熊に託して「鄭淳萬」と崔鳳俊らのやりとりを想像して書いたが、民会幹部としては、「楊成春」を守るために安重根を何とかしなければならなかったのだ。

これに報奨金の問題をからめ、怨嗟と嫉妬の要因を加えたのは、安の仲間「金基竜」が安の家族を追っていったためだ。この行動は、伊藤暗殺が必ずしも大義のためではなかったことを暗示する。安重根もそうだというのではない。少なくとも「金基竜」は、それと疑われる行動に出たのである。余談だが、安の死刑が確定したのち、またもというべき事件が起きた。『大東共報の社員たりし李剛は、在米韓人より安重根遺族救済共同会に寄附し来りし壱萬円中、五千円を携帯し、何れへか逃走したり』と、大鳥が報告している。大義と貧困は、並び立たないということでもあろうか。

民会は、安重根を何とか厳罰から救出しなければならない。民会から委託されたミハイロフは、英国人弁護士ダグラスを上海から招致して懸命な努力をする。あらゆるツテを使って名乗りを挙げさせ、平石高等法院長を困らせた外国人弁護士たちすべてがそうである。ミハイロフは、外圧の効果を狙ったが、本命はダグラスであった。

安自身も、世論に訴えて、第二の選択を有効にしなければならなかった。

そこに日韓双方の「安全弁」となるキーワードがあった。

明治四十三年二月九日の公判における申立てで、『日本皇帝に対しても大逆賊なり、彼は先帝孝明天皇と言ひ掛るや、裁判長は（中略）公開を禁じ、傍聴人の退廷を命ず。』（二月十一日付『東京朝日新聞』）と、安が「孝明」の名を公言したことになっている。他の新聞もそうだ。

これは、当時の外交資料を見れば、明らかに誤りである。わかりやすく書こうとした新聞記者の、早とちりと見て良い。

明治四十二年十一月六日午後二時三十分に提出した『伊藤博文罪悪』には、『一千八百六十七年大日本明治天皇陛下父親太皇陛下弑殺大逆不道事』と最初に挙げ、公判中に書いた獄中記『安重根伝記』でさえ、『日本天皇陛下父皇太皇帝弑殺之罪』と、十五項目の最後にある。孝明帝を指してはいるが、「孝明」と呼んではいない。たとえ意味は同じでも、微妙な言い回しによって安の認識度が百八十度変わる。また、韓国人弁護士安秉瓚も、この轍《てつ》を踏んで『大韓毎日申報』に電報送稿している。

すなわち安は、「孝明」の名を知らなかった、と断じて良いのである。

安は、『罪状十五項目』を三度、最後の申立を入れれば四度表明したが、毎回、項目のいくつかが入れ替わっている。これは、「先に十五項目ありき」で、なんとか十五の「数の辻褄」を合わせる必要性に駆られた結果と読める。

従って、『罪状十五項目』を書いた紙切れを鄭在寛が安に渡した、とする小説『安重根』の著者韓碩青氏の指摘は、正しい。ちなみに同書に挙げた十五項目は、安が明治四十二年十月三十日、溝淵に陳述した最初の「罪状」である。

こうして安重根の死刑によって伊藤博文暗殺事件は、幕を閉じた。


すべての責任を一身に背負った暗殺交響曲のフィナーレである。

安重根は、黄金色の賞讃と歓喜につつまれた寂光の世界へと導かれる。

「二十年ほど前ですが、小野田セメントの会長で安藤豊禄《ほうろく》という財界人がいました。もう亡くなりましたが、このひとが安重根の信奉者で、ぼくは、『安藤先生、どうして安重根を信奉するのですか。われわれからすれば、とんでもない男ではないですか』と訊いたことがあるんです。すると安藤さんは、『おれは、直接知らないんだ。しかし、郷里山口の先輩で田中清次郎というひとがいる。伊藤博文の秘書官をしていたこともあるんだが、その田中さんが、安というひとは処刑されるまで従容としていた。実に肝の据わったひとで立派であった、と褒めていたんだ。安に撃たれた田中さんから直接聞いているから、おれは尊敬するようになったんだ』と言っておられた」と、国策研究会理事の吉田氏は言い添えた。

次に掲げるのは、未完に終わった安重根の『東洋平和論』の冒頭である。漢文体を訳してみると——。

むかしも今も、四方の国を論じなければ、国家の将来を測ることもできなければ、国民の心も知らずにいる。甲午の年の日清戦役を論じることがこれである。

あのとき朝鮮国は、盗賊の輩東学党が騒擾を起こして日清両国の軍隊に渡来の口実を与え、はしなくも開戦に至った。相互が戦ったすえに日本が勝ち、清国が敗れた。勝ちに乗じた日本は、遼東半島を占領し、堅固な旅順要塞を陥落させ、黄海艦隊を撃破したのち馬関で談判をもった。そして条約を締結して台湾一島を割譲させ、二億の賠償金を約束させた。これがいわゆる日本の維新後の一大奇跡である。

清国は、日本に較べて数十倍も物が豊富で国土も広大であるにもかかわらず、なぜ、このような小国に敗れてしまったのか。

むかしから清国人は、自ら中華大国と称して、外国を野蛮人と呼んで奢《おご》れること極めて甚だしかった。いわんや権力者やその親族は、国権、臣民をもてあそんで世間の憎しみを買ったがこれを知らず、このような恥辱に遭遇したのであった。

日本は、維新以来、隣国と睦まじくすることなく競争を続けてきた。また、その外交も争うのみで、こうして同じ部屋で矛《ほこ》をとるまでに変貌した。かと思えば、いきなり和解して両者が連合してひとつの愛国党になろうと。ゆえに勝者は、いうところの親切な外国人であるが、争うことなく兄弟になろうという。このときロシアは、行動を起こしたのを記憶しておられよう。当時、東洋艦隊を組織して、フランスとドイツ両国と連合して横浜海上において大議論となり、ついに遼東半島を還付して清国の賠償金を軽減させた。これらを観るに、この措置は天下の公法、正義というべきであろう。（以下略）

この『東洋平和論』は、前鑑、現状、伏線、問答の四章にわけて論じるところ、前鑑の途中で死刑が執行された。今日、これを最後まで書かせたかったと思うのは、わたしだけではないだろう。それは、日韓双方の為政者に訴えたかった痛烈な諫言《かんげん》だからである。

そして、『安重根伝記』は、こう書いて終わっている。

去る一八九五年、在韓日本公使三浦（注・梧楼）、兵を駆りて韓国を犯し、明聖

（注・明成が正しい）皇后閔氏を弑殺せり。しかして日本政府、三浦を処刑の別なく、以て釈放せり。（中略）今日に至りてわれ之を論じたりと雖も、個人の殺人罪と云ふ。三浦の罪とわが罪、誰軽く誰重きや。脳砕け、胆裂ける処と謂ふべきなり。

われ何の罪ありや。われ何を過ちたるか。千思万量をなして忽然と深く悟れり。手を叩きて大笑して曰く。果たせるかな、われ大罪人なり。われ罪を犯せしにあらず。われ仁（注・韓帝の意か）弱き韓国の民たる罪なり。すなわち疑い解け、安心せり――。

（中略）

天主、汝を棄てず。しかして必ずこれを収めあるかな。安心あるをおもんぱかるなかれ。ついに手を挙げ、われ降福にむかう。これより相わかれ、以て去る。

時、一九一〇年三月十日午後四時ごろなり。以上安重根の三十二年間の歴史のあらましのみ。

一九一〇年三月十五日　旅順獄中
大韓国人安重根　畢書《ひっしょ》

なんと悲しいことか。世界を震撼させ、韓国人に快哉《かいさい》を叫ばせた安重根は、自ら韓国人として生まれたことが「大罪」だった、という。そう思ったら疑いが解け、「大笑」した、と。民は帝《みかど》を選べないと嘆かせるこの罪を、どこの誰が科したのか。

そこに旅順高等法院の平石氏人らの同情が追い打ちをかける。安重根の三十数点におよぶ遺墨に託した悲しみを、もう一度、嚙みしめてみる必要があろう。そのひとつ。

『国家安危労心焦思』

国家の安泰と危機とを、心を焦がして心配している、と。これは今日、わたしたちが肝に銘じなければならない、血で贖《あがな》われた警句ではないか。恩讐《おんしゅう》を超えた、安重根の悲痛な叫びに聞こえるが、どうであろうか。

だが、非情にも事件は、これで終わったのではなかった。

安が刑死する二カ月半前の明治四十三年一月四日、前内務大臣原敬は、桂首相を訪ねた。そして次の内容を桂首相から打ち明けられたのだ。ちなみにこの時期の原は、西園寺公望率いる最大政党「政友会」のナンバー・ツーの重鎮である。

『伊藤が統監を罷《や》むるに際し将来の方針を覚書に記載し置く事必要と認め、朝鮮は時機《じき》を見て之《これ》を合併するの方針を確定せり』（『原敬日記』原奎一郎編／福村出版刊）と。

『時機を見て』とは、すぐには行わないという意味だ。それが『覚書』になっていた。原敬は、『合併は国内輿論の一致するところなるも、覚書に伊藤転任前記載し置きたる事は始めて聞知する所なり』と、文書を取り交わしたことに驚いている。

また同じころ曾禰は、次のように語ったという。

『日韓問題は決して事を急いではいけない。是は伊藤前統監の持論であり、統監を辞任されるに当たり私と桂の三人で固く約束したことは韓国事情、列強諸外国との関係を十二分に検討し、見究めながら七〜八年の時間的余裕を持つべきだ、ということであった。』と、『杉山茂丸伝』（島津書房刊）の著者野田美鴻《よしひろ》は、書いている。

これは杉山が、盟友小美田隆義を片瀬に走らせ、療養の日々を過ごす曾禰統監を見舞って取った言質《げんち》である。杉山は、前述のように「合邦」強硬論者である。

この『七〜八年の時間的余裕』は、伊藤・桂・曾禰三者の密約である。これを『覚書』にした、とは。さらに曾禰は、次のように語っている。『内田良平著作集　第二巻』（皇極社出版部刊）より、平文にしてみると、曾禰は——。

「伊藤公の言葉に、桂も同意して外部の急進論者を防ぐことになっていたが、合邦の議は、桂が命じたものか、杉山か内田らが勝手にやっているものかは知らんが、桂がこれを処分しないのは、不可解である」と。

何と曾禰は、合邦を勝手にやっている「杉山か内田ら」を処分しない桂の態度を、「桂が命じたものかは知らんが」と、訝っているのである。

これを聞いた杉山と内田は、桂を訪ねて詰問した。同書によれば——。

「首相は大いに驚き、『曾禰がそんなことを君に語ったか』と顔色を変へられた」と。

そして小美田は、小田原の山県有朋へ報告におよんだ。山県は——。

「曾禰は、正直者だから密約を守ったのであろう。これで不可解な行動もわかった」と、通商局長と軍医総監に命じて曾禰を厚く見舞わせた、と言うのである。

山県のいう「不可解な行動」とは、合邦の機運が最高潮に達したとき、曾禰はそれを積極的に阻止しようとした行動を指す。だから山県は、曾禰を快く思っていなかったのだ。曾禰にすれば、『覚書』があるから当然に、「なぜ桂は、内田たちを処分しないのか」となる。これで山県は、初めて謎が解け、曾禰を厚遇する気になったのである。

伊藤の施策は、『対韓統治策の出立《しゅったつ》は、何処迄《まで》も文化主義であつた。而《しか》も漸進的文化主義であつた。而も亦其文化主義の、東洋文物、道徳に基礎を置くものたるは勿論である。何事も彼の千七百万の韓国民をして、日本人と同一の文化程度迄誘導して、而して後の相談であつた』（『明石元二郎』小森徳治著／原書房刊）に基づくものである。

『即ち、合邦に関して明治天皇が示されたことは、第一に李王朝の存立、第二に一、八〇〇万に上る韓国民の幸福という二項目であった』（『杉山茂丸伝』）のを、伊藤が厳守しているかに読める。それが本書第一章の冒頭、李垠《ぎん》皇太子に臣下の礼をとり、日本国内を巡幸した伊藤の態度にも現れている。

昭和十四年十一月、倉知鉄吉は、外務省資料蒐集編纂の折り、明治四十二年当時に関して興味ある口述を残している。

『合邦問題は、廟堂《びょうどう》の議に二派あり。山県、寺内等の軍人派は合邦説にして、伊藤、井上、小村等の文官派は現状維持なり。桂は後者に属すれども二派の両端を握り、自己の去就自由なる地位に立てり』と。

この問題には、政府部内にふたつの派があった。合邦強硬論者は、山県と寺内。現状維持者は、伊藤、井上馨、小村壽太郎。桂は、中間にいて日和見を決め込んだ。

そして『其の後、次第に韓国の状勢が悪化して到底放置し難くなり、且つ我が国内外の形勢にも変化があり、最早、併合を断行しても条約改正の事業に支障をきたさぬとの見込が付いたので、四十三年一月、愈々即時断行の方針を確定し……』と、倉知は外務省資料のなかで語っている。

伊藤の死によって、『覚書』が帳消しになった。まさに前年の明治四十二年二月、山県が伊藤に向かって、『最早日本天皇兼韓国皇帝陛下となし奉りては如何』と発言したことが、現実味を帯びてきたのである。

いよいよ主旋律はフィナーレを迎えたが、副旋律が鳴りやまない。

曾禰統監の更迭は、必至となった。そこで杉山茂丸は、奇妙な行動に出る。これが伊藤暗殺事件の、最も重要なところである。

杉山は、山県有朋に書き送った書簡に次の内容を認《したた》めている。

『就きましては曾根《ママ》統監は只今病気ご療養中のことであり、何れ次期統監のご決定もあるやに存じますので、その節は是非後藤新平を第三代統監にご推挙頂き度く心からお願い申し上げます。云々』（『杉山茂丸伝』）

当時、陸相寺内正毅大将が統監を兼任する噂が大であった。そこをあえて杉山は、後藤新平を山県に推薦したのである。

杉山の真意が奈辺《なへん》にあったかは、明らかである。

『杉山茂丸伝』の著者野田は、『韓国の現状を凝視した時、武官統治は絶対に止めるべきだ、といった発想からの推薦状であったと推理する』と書いている。そして、『突飛な独りよがりであろうか』とも。後藤との蜜月関係からすれば、まったくその通りである。

だが、杉山に後藤を推薦しておかねばならない「暗黙の義理」があった、としたらどうであろうか。後藤が漏らした情報が、今回の事件になったとしたら――。

ここにわたしが「立案」を、杉山八分に後藤が二分とした根拠がある。

むしろ「未必の故意」が後藤の胸中にあったとすれば、後藤こそが伊藤暗殺計画図の原案を提供した張本人、ともいえる。後藤が責任を免れえないのは、このことである。

そして杉山は、策源地の攪乱と、不気味な黒幕の存在を暗示させる『天皇陛下父皇太皇帝弑殺之罪』の一項を『罪状十五項目』に加え、政府の徹底追及の矛先を鈍らせた。

今や政界トップの座にある元勲山県有朋も、この一項目に日本人の、いや杉山茂丸の関与を薄々悟ったであろう。まして伊藤の死は、山県の天下を実現させた。それを暗黙裡の前提とした杉山は、桂首相にではなく、山県に後藤の推挙を頼み込んだのである。

杉山は、日韓合邦「第一の功労者」は、後藤新平だと、次期統監は当然に後藤が執るべき職責だと認識していたのである。

そうなれば、杉山が個人的な顧問を務める李容九が主宰する一進会は雄々しく立ち上がり、庶民の力を背景にした挙国の体制が整い、韓国内も安定するであろう、と。

杉山の願いも空しく――。

明治四十三年五月一日、寺内正毅大将が次期統監に内定した。ここで武断統治の方針が明確にされた。そして五月三十日、桂首相は、曾禰を解任し、後任に寺内を据えた。

同年六月二十四日、明石元二郎は、韓国警察官制度を全廃して日本政府に委託する覚書を調印し、七月二十三日、寺内新統監を韓国に迎えた。

そして終局の八月二十二日、日韓併合の条約が締結された。

『民衆の総督官邸前に群衆して、万歳を三唱したるものさへあつた』が、『在浦潮韓人は、合邦成立の電報に接し、約七百人集合して号泣し、電報を以て列国へ嘆願するに決し、露領と清領に在る韓人に檄文五千を配布』(『明石元二郎伝』)した。

日韓の関係は、こうして新たな局面を迎え、統治三十五年間の遺恨が、戦後七十五年(注・二〇二〇年時点)を経た今日に及ぶのである。

そしてひとつ、つけ加えておきたい人物がいる。

あの一進会会長李容九である。

併合のあと、一進会は解散させられ、李容九は何ひとつ報われなかった。解散費として政府は、十五万円を支給した。百万の会員に分配すれば、ひとり十五銭である。

翌明治四十四年五月、李は病を得て兵庫県須磨に転地療養した。そして翌年五月、いよいよ危篤の報せが政府に伝わると、勲一等瑞宝章が天皇から授与された。歴代首相と同格、もちろん伊藤博文も含めてのことだが、それと同格の勲功が認められたのであった。

内田良平は、『人爵の栄を知らざる李容九も、真に感激の色を浮べ、「有り難ふ」と答へ、東方に向つて拝伏した。』（『内田良平著作集』）と書く。そして、西郷隆盛の大陸政策は、当時は破れたが、その死後、着々と実現されている。李容九の精神理想もかくやあらん、と結んでいる。

このとき、韓国民の自立のために父母妻子を省みず、未来に夢を託した李容九は、天涯孤独の身であった。その思いや如何《いか》に。

明治四十五年五月二十二日午前九時、李容九、永眠。四十四歳。

安重根と同じ、『国家安危労心焦思』の短い生涯であった。

極楽に往生されんことを。合掌。

あとがき

わたしは、この本を書きながら、幾人かの在日韓国・朝鮮の友人たちの顔をいつも思い浮かべた。

小学校の低学年のころ、新井くんという同級生がいた。わたしは、小学校の帰りに彼の家に立ち寄り、ひとしきり遊んで帰宅したのを憶えている。いっぱい玩具やマンガ本をもっていたが、両親の顔を見たためしがなかった。いま思えば鍵っ子のはしりだったのだろう。四年生の組替えで離ればなれになった。

そしてわたしは、金くんという同級生とめぐりあった。彼の家では、両親が激しい喧嘩をしていた。父親がくぎ抜きを手にしたかと思うと、母親が出刃包丁で身構えるという喧嘩だった。幼心にも、怖いと思った。

金くんの近所に金田さんの家があった。板で囲っただけの、いまでいうならバラックである。そこの主人は、土工をしていたが、夜になると酔客の声高な話し声が聞こえた。ときどき、警察がきて密造酒の摘発をしていた。

わたしが名古屋の中学校に進学すると、新井くんも同じ汽車に乗って朝鮮学校に通うようになった。マンボ・ズボンに学帽をあみだにかぶった、いかにも不良という風体だった。その新井くんから両親が「朝鮮人」だと告白されるまで、わたしはなにも違和感もなくつきあっていた。なのにあれ以来、彼のほうから、わたしを避けるようになった。そのうちに彼は、引っ越してしまった。

同じ汽車通学をしていた崔くんと知り合ったのは、高校二年のころだった。崔くんは中学生で、わたしよりも汽車で三十分ほど遠くの町に住んでいた。なにかの拍子に話すようになった。汽車のなかでは、名古屋の学校に通うフダつきの高校生がいて、朝鮮学校に通う生徒を目の仇にしていた。崔くんは、空手をやっていて喧嘩が強かった。フダつきの不良高校生にも負けなかったのである。

そんな彼から、「おれの兄貴になってくれ」と、わたしは頼まれた。引き換えというわけでもないだろうが、「不良にからまれたら、おれが仇討ちをしてやる」と言う。そういう事態はなかろうと思ったが、非力の「兄貴」を引き受けた。

わたしが大学に進学して東京で生活をはじめると、崔くんがいろいろな悩みを手紙に書いてよこした。両親のこと、恋人のこと、学校のこと。彼の切々たる思いは、筆圧の強いエンピツ文字が訴えていた。わたしは、助言できるような年齢ではなかったが、必ず返事を書いた。そのうちに手紙がこなくなった。

帰省したとき、名古屋市内で新井くんにでくわした。彼は、繁華街のスタンド・バーでバーテンダーをしていた。開店まえのバーでコーヒーをごちそうになった。彼は、なにか面倒なことがあったら、おれに知らせろという。なんでもモメゴトに強い組織に知り合いがいる、と匂わせた。二、三度そのバーへ呑みにいった。彼は、未成年でありながら立派なマスターだった。わたしも未成年だったが。

あれから四、五十年、在日韓国・朝鮮の友人たちとは、交流が途絶えた。

昭和四十六、七年のことだったか。ある青年がわたしの家にころがりこんできた。そして、二、三カ月のあいだ居候をした。彼は、北朝鮮で生まれた日本人だという。経歴に興味があったから、わたしは彼の体験をノートに記録した。

彼の実父は、満州で憲兵をしていた。のちに養父となる朝鮮人は、その同僚で親友だった。日本の敗戦によって引揚げとなり、軍用トラックを運転して二家族が陸路を北朝鮮の養父の郷里にもどった。そこで実母と養母がほとんど同時に出産した。養母は死産、ぶじに実母から生まれたのが居候くんだった。ところが実母は、乳がでなかった。彼は、養母の乳をもらった。そのうちに日本人が強制的に引揚げさせられることになり、実父母は、その居候くんを養父母に託して日本へ帰った。もちろん、本人は知る由もない。

養父は、満州から持ち帰ったトラックを使って、建築資材を運搬した。建築業も始めて立派な暮らしをしていた。そのころ、共産党政権は国家建設に貢献する土建業者には寛大だった。やがて妹と弟が生まれ、家族五人の幸せな暮らしが続いた。ところが資本家への締めつけが厳しくなり、養父母の財産は没収されて韓国へ逃れたところへ朝鮮戦争が始まった。その最中に養母が亡くなり、養父は後妻を迎えた。新しい養母に子供が生まれる。ようやく平和が訪れたころ、養父が病気がちとなり、後妻が居候くんたち弟妹を虐待するようになった。

兄弟三人は、ワラ小屋を借りて住む。養父がたまにお金をもってきたが、それも後妻の手前思うに任せなかったようであった。居候くんは、新聞売りをはじめた。新聞売りの少年たちは、夜、新聞社の地下室でゴロ寝していた。冬は暖房があったから、ワラ小屋よりは暖かい。彼らは、夜明けとともに新聞を小脇にかかえて街中を売り歩くのだ。昼間は学校へでて、夕方からまた売る。売り切るまで深夜になっても駆けずりまわる。

新聞社のちかくに日本語を教えてくれる小父さんがいた。高校へ進学したころ、なんとなく日本への憧れがあったから、その小父さんを訪ねるようになった。いつも酒臭い「先生」だったが、居候くんに目をかけてくれた。

ところが高校二年生のとき、ある日本人が新聞社の地下室へやってきた。

「おまえは、わしの息子だ。一緒に日本へ帰ろう」

生まれて初めて日本人と交わした日本語だった。一瞬、居候くんは、怖くなった。日本人は、恐ろしいと教えられて育ったからである。

「いやだっ」と、居候くんは、咄嗟《とっさ》に口走った。

「明日、またくる。それまで、よーく考えておくんだ」

「変わらないよ」と応えると、居候くんは養父のもとへ駆けつけ、「お父さん、どういうことなんだ」と、問いつめた。

「おれも、なんでいまごろノコノコきたんだ、と言ってやったよ。おまえは、おれの可愛い息子なんだ。ロクなこともしてやれないが、やっぱりおれの息子だってな。あいつは、約束通りに迎えにきたんだって、困ってた。話しているうちに昔の気分が甦ってきた。約束は約束だが、決めるのは息子だ、とおれが新聞社を教えたんだよ」

養父が言った。きっぱりと断ってくれたのが内心嬉しかったらしい。引揚げから北朝鮮での生活までを饒舌に語った。居候くんは、そんな良かった時代をいくらか覚えていた。トラックの荷台に乗って、従業員たちと一緒にピクニックに行ったりしたのだから。

つぎの日、同じ時刻にやってきた実父に、居候くんは断った。

が、それだけでは済まなかった。翌年秋、彼は、不法滞在者として国外退去を命ぜられたのである。それが新聞売りの少年のあいだに伝わった。

「なんだ、あいつはチョッパリ（日本人の蔑視語）だったじゃねえか」

仲間が聞こえよがしに言う。

「それでこそこそ日本語を勉強してやがったか」と、ほかの仲間がささやく。

「なにっ」と、居候くんは同年の少年を殴った。相手も殴りかえす。すると中学生から小学校高学年の少年までもが、いっせいに居候くんにかかってきた。七、八人を相手に大喧嘩になった。仲裁するものがいないから、どちらかが倒れるまで続く。全員、へとへとになって床にへたりこんだ。誰もかれもが、泣いていた。

「どうしても、おまえは行ってしまうのか」同年の少年が言う。

「強制送還だからな」

その言葉に仲間が顔を見合わせた。少年たちは、なけなしの金をだしあって、ジュースを買ってきた。ささやかな地下室での送別会である。

養父と弟妹が釜山まで見送りにきた。お金のない仲間は、さすがにこなかった。

船に乗った。デッキに立って養父と弟妹に手をふる。すると、建物のかげから数人の少年たちが、手拭いやら上着やらを力いっぱい振っているのが見えた。

「やっぱり、きてくれた」居候くんの目から、どっと涙がふきだした。

彼は、ずっとデッキに立って半島を眺めていた。この青い海のどこに国境線があるのだろうか。そして知らないうちに、その境界を越えたのだった。

わたしは、居候くんの物語を『青い国境線』と題して書く約束をした。それは果していない。鞄ひとつで日本に帰った彼は、韓国人の妻を迎え、いまでは億ションに住み、ジャガーに乗る身分だ。そして、五、六年間、妻子と一緒にソウルで暮らした。自分が育った国での暮らしを子供たちに味わわせてやりたい気持ちと、日本人になった自分を韓国社会が受け入れてくれるかどうかを試すつもりで、懸命に努力したという。その希望は、残念ながら叶わなかった。それでも彼は、日韓両国の橋渡しにつとめている。

日本と韓国の関係は、いまもって微妙である。なにかコトが起きれば、すぐにややこしい国際問題にまで発展してしまう。そして日本が謝罪する。そんな図式が完全にできあがっているかのようだ。三十五年間の日本統治を知る世代は、おそらく両国民ともに三〇パーセントに満たないだろう。だが、韓国の若者は、その時代を教育されて育っている。日本の若者は、前しか見ていないから認識にギャップが生じる。そんな無知さえも批判されるのが日韓関係である。

わたしは、安重根の事件を通して日韓併合前夜を再現してみたかった。可能な限りの外交機密文書に目を通し、既刊の書物を読みあさった。そしてこの著作が生まれた。

またしても、多くのひとのお世話になりました。著書名およびご芳名を挙げ、万感のおもいをこめて謝意を表する次第です。この本がひとりでも多くのひとに愛されることを祈らずにはいられません。

平成十五年六月六日

葉山にて　　大野芳

文庫版へのあとがき

この作品は、二度、朝鮮語に翻訳される機会があった。一度は、日本の代理店をつうじて韓国の出版社から話があり、版権委託の契約を交わして翻訳作業が終わり、出版の直前に中止になった。もう一度は、友人の作家・金文学氏が翻訳して韓国の出版社で発行する予定だった。同氏は、わたしの本の記述は正しいと太鼓判を捺してくれたが、ソウルの出版社が乗ってくれなかった、という理由で挫折した。

本著は、二、三千ページにおよぶ外交機密文書を基に書いた。通読するだけでも二カ月はかかる膨大な資料である。日本の在外公館が総力を挙げて集めた情報であり、これらの傍証調査のためにペテルブルクの図書館司書の協力を得て確実を期した。この事件には、ロシア側に隠れた協力者がいたからである。おそらく伊藤博文の暗殺事件に関しては、もっとも詳細かつ実証的な著作になっているはずである。

出版中止になったのは、真犯人と目される楊成春の名前を明らかにした本著が、すでに定まった安重根の英雄像を毀損すると判断されたのだろう。歴史の真実を知らない民族は滅びると公言する韓国人が、なぜ真実を突きつけられることを怖れるのか。

安重根は、れっきとした国家観を持った知識人であり、りっぱな義人である。彼の未完に終わった『東洋平和論』は、公爵・伊藤博文の見識と見紛うばかりの内容を窺わせた。しかも真犯人・楊成春と安重根は信頼関係にあり、事件の推移を熟知した行動を思わせた。しかし、ついに真相を明かさなかった安に、旅順の裁判長や典獄、刑務官までもが敬意を払ったのは、莞爾として刑に服した彼の潔い態度にあった。

最後に『安重根伝記』の末尾を抜粋しておこう。

《われ何の罪ありや。われ何を過ちたるか。千思万量をなして忽然と深く悟れり。手を叩きて大笑して曰く。果たせるかな、われ大罪人なり。われ罪を犯せしにあらず。われ仁弱き韓国の民なる罪なり。すなわち疑い解け、安心せり——》

本著は、企画、編集を手がける幣旗愛子さんのご尽力によって実現しました。心より御礼を申し上げます。

令和二年五月五日

府中の仕事場にて　大野芳

取材協力者（順不同・敬称略）

鈴村善一／金沢洋児／池口恵観／コンスタンチン・サルキソフ／床井雅美／茂木文子／池上みどり／山田実／山田ゆきよ／斎藤充功／明石散人／吉田弘／内藤和壽／天田要治／金文学／リュドミラ・ミハイロヴナ・キタイチュク／オリガ・ヴォイニシ／岩松喜三郎／金城宏孟／吉成勇／浅見雅男／早川清／小林幸久／志村耕一／金熙鎮／河信基／波多辺浩明／加藤一／荻野景規／坂上知之／伊藤公爵資料館／外務省外交史料館／衆議院憲政記念館／国立国会図書館／都立中央図書館／都立日比谷図書館／明治大学図書館／所沢市立図書館／工学院大学図書館／神奈川県立図書館／葉山町立図書館／防衛庁戦史資料室図書館／交通博物館／サンクト・ペテルブルグ図書館／ロシア公文書館

参考資料

田谷廣吉・山野辺義智共編『室田義文翁譚』常陽明治記念会東京支部
春畝公追頌会編『伊藤博文伝』（上中下）統正社
伊藤博邦監修・平塚篤篇『伊藤博文秘録』原書房
『安重根伝記及論説安重根書写原稿（七条清美文書）』
佐藤四郎『伊藤公の最期』吟爾賓日日新聞社
H.Fisher 編・LauraMatveev 訳『OUT OF MY PAST THE MEMOIRS OF COUNT KOKOVTSOF』STANFORD UNIVERSITY PRESS
『Izdanie Zhurnal Iliustrirovannaia Rossiia（ココフツェフ伯爵回顧録ロシア語版）』, Paris
市川正明『安重根と日韓関係史』原書房
市川正明編『日韓外交史料第八巻保護及併合』原書房
中野泰雄『安重根と伊藤博文』恒文社
中野泰雄『安重根日韓関係の原像』亜紀書房
佐木隆三『伊藤博文と安重根』文藝春秋
上垣外憲一『暗殺・伊藤博文』ちくま新書
西尾陽太郎『李容九小伝』葦書房
一又正雄編『山座円次郎伝』原書房
長谷川峻『山座円次郎―大陸外交の先駆』時事新書
黒竜会編『日韓合邦秘史』（下）原書房
黒竜会編『東亜先覚志士記伝』原書房

『内田良平著作集第二巻』皇極社出版部
小松緑『明治外交秘話』原書房
国際地学協会編『満洲分省地図地名総覧』国書刊行会
斎藤充功『伊藤博文を撃った男』時事通信社
呉善花『韓国併合への道』文藝春秋
呉善花『攘夷の韓国開国の日本』文藝春秋
久保寺山之輔『日韓離合之秘史』日本乃姿顕彰会
韓碩青著・金容権訳『安重根』作品社
藤本尚則『巨人頭山満翁』谷口書店
野田美鴻『杉山茂丸伝』島津書房
滝沢誠『評伝内田良平』大和書房
斎藤泰彦『わが心の安重根』五月書房
ロマン・キム著・長谷川蟻訳『切腹した参謀たちは生きている』晩聲社
ロマン・キム著・高木秀人訳『切腹した参謀達は生きている』五月書房
朴殷植著・姜徳相訳注『朝鮮独立運動血史』(上下)東洋文庫
河信基『朴正熙』光人社
鄭敬謨『ある韓国人のこころ』朝日新聞社
李瑄根・金定漢訳『韓民族の閃光』国書刊行会
保田孝一『最後のロシア皇帝ニコライ二世の日記』朝日新聞社
相田重夫『帝政ロシアの光と影』三省堂
角田房子『閔妃暗殺』新潮社
米沢藤良『山本権兵衛』新人物往来社

徳富蘇峰著『公爵山県有朋伝』（上中下）原書房
杉浦重剛全集第六巻日誌・回想明治教育史研究会編杉浦重剛全集刊行会
小森徳治『明石元二郎』（上下）原書房
小島徳弥『大事件の真相と判例』教文社
石田文四郎編『新聞記録集成明治大事件史』錦正社
原正志『帝国議会解散史笹』内外社
原奎一郎編『原敬日記』福村出版
青柳達雄『満鉄総裁中村是公と漱石』勉誠社
全日本新聞連盟編纂『近代日本世相史』全日本新聞連盟新聞時代社
朝日新聞社編『史料明治百年』朝日新聞社
編纂代表中山泰昌『新聞集成明治編年史　第十四巻』財政経済学会
菊池寛『満鉄外史（前篇）』時代社
満鉄総局建設局編『満洲鉄道建設秘話』満鉄社員会
坂本辰之助『公爵桂太郎』大江書房
『日本政治裁判史録明治・後安重根裁判記録』第一法規出版
飯山達雄『遥かなる中国大陸写真集1　満州・蒙古の大地』国書刊行会
小川一真『日露戦役写真帖』陸軍省
坂井邦夫『明治暗殺史』大伸堂書店
辛基秀編著『映像が語る「日韓併合」史』労働経済社
杉山其日庵『山県元帥』博文館
『職員録』（明治四十一年同四十二年度版）
韓桂玉『「征韓論」の系譜』三一書房

明治四十二年版『外務省年鑑』クレス出版
木村孝子・増本寛「故伊藤公遭難時の肌衣に就ての法医学的考察」『犯罪学雑誌』所収
平川紀一「伊藤博文の暗殺をめぐって」『工学院大学研究論叢』所収
『伊藤公爵満州視察一件（一二三）』倉知政務局長旅順出張犯人訊問之件（聴取書）
ノーヴァヤ・ジーズニ新聞（一九〇九年九月十月十一月）
東京朝日新聞（明治四十二年九月十月十一月）
東京日日新聞（明治四十二年九月十月十一月）
木村浩「ソ連の推理作家ロマン・キムの謎の部分」『文藝春秋』（昭和五十九年一月号）所収

※本書は、二〇〇三年に『伊藤博文暗殺事件　闇に葬られた真犯人』のタイトルで
新潮社から刊行されたものを、増補改訂の上、文庫化したものです。

大野 芳（おおの・かおる）

1941年愛知県生まれ。ノンフィクション作家。『北針』で第一回潮賞ノンフィクション部門特別賞受賞。著書に『近衛秀麿――日本のオーケストラをつくった男』（講談社）、『絶海密室』『瀕死の白鳥――亡命者エリアナ・パブロバの生涯』（以上、新潮社）、『8月17日、ソ連軍上陸す――最果ての要衝・占守島攻防記』『「宗谷」の昭和史――南極観測船になった海軍特務艦』（以上、新潮文庫）、『死にざまに見る昭和史――八人の凜然たる〈最期〉』『無念なり――近衛文麿の闘い』『裸の天才画家　田中一村』（以上、平凡社）、『天皇は暗殺されたのか』（二見文庫）など多数。

二見文庫

伊藤博文《いとうひろぶみ》を暗殺《あんさつ》したのは誰《だれ》なのか
安重根《あんじゅうこん》と闇《やみ》に隠《かく》された真犯人《しんはんにん》

著者　大野《おおの》 芳《かおる》

発行所　株式会社 二見書房
東京都千代田区神田三崎町2-18-11
電話 03(3515)2311［営業］
03(3515)2313［編集］
振替 00170-4-2639

印刷　株式会社 堀内印刷所
製本　株式会社 村上製本所

ISBN978-4-576-20062-0
http://www.futami.co.jp/